美

无邪

骆冬青的美学智慧课

An Evil-Free Beauty

骆冬青 / 著

浙江人民出版社

图书在版编目（CIP）数据

美无邪：骆冬青的美学智慧课 / 骆冬青著. -- 杭州：浙江人民出版社，2024.10
ISBN 978-7-213-11443-4

Ⅰ.①美… Ⅱ.①骆… Ⅲ.①美学-研究-中国 Ⅳ.①B83-092

中国国家版本馆CIP数据核字（2024）第071187号

美无邪：骆冬青的美学智慧课

骆冬青　著

出版发行	浙江人民出版社（杭州市环城北路177号　邮编 310006） 市场部电话：(0571)85061682　85176516
责任编辑	徐　婷
责任校对	何培玉
责任印务	幸天骄
封面设计	厉　琳
电脑制版	杭州天一图文制作有限公司
印　　刷	浙江新华印刷技术有限公司
开　　本	880毫米×1230毫米　1/32
印　　张	10
字　　数	213千字
插　　页	1
版　　次	2024年10月第1版
印　　次	2024年10月第1次印刷
书　　号	ISBN 978-7-213-11443-4
定　　价	68.00元

如发现印装质量问题，影响阅读，请与市场部联系调换。

导论

马克斯·韦伯诊断现代社会，沉痛而警辟地一言以蔽之，曰："专家没有灵魂，纵欲者没有心肝！"现代科学，作为分科之学，造就了大批专家，某些专业人士，在哪儿失去了灵魂？纵欲者，则是失去了形而上的终极关切，不仅是指在灯红酒绿、声色犬马中狂欢的浪荡子，更是指只为物质生活奔忙的芸芸众生。当然，最根本的，还是指为了金钱而心肠冷酷、为了物质而纵情狂欢的人。

韦伯这样写道："没有人知道将来是谁在这铁笼里生活；没有人知道在这惊人的大发展的终点，会不会又有全新的先知出现；没有人知道会不会有一个老观念和旧思想的伟大再生；如果不会，那么会不会在某种骤发的妄自尊大情绪掩饰下产生一种机械的麻木僵化呢，也没人知道。因为完全可以这样来评说这个文化发展的最后阶段：'专家没有灵魂，纵欲者没有心肝；这个废物幻想着它自己已达到了前所未有的文明程度。'"[①]这似乎已成为当代社

[①] ［德］马克斯·韦伯：《新教伦理与资本主义精神》，于晓、陈维纲译，生活·读书·新知三联书店1987年版，第143页。

会的警世通言。

那么，从哪儿可以获得拯救？尤其是在现代化、后现代化已经高度发达的今天，更值得追问。现代文化的一个标志，就是专业化，盛产专家；后现代文化，则打破了超越性的大叙事，于是，纵欲者成为理所当然、心安理得的存在。古典美学的超感性，被还原为潜意识、无意识的欲望，而专业化的"家"们，却失去了"家园"。

如何寻求生存智慧，成为急迫的呼唤。

在人类的知识也分崩离析时，如何在知识体系中发现智慧的灵光，从看似专业化的分解中，探寻到那种超越其上的灵性、精神，也是为人类尊严奠立基座。

美学智慧，能否担当这一使命？

一

如果，专家告诉你，《李白全集》里的诗并非全是李白的，有些是赝品，你会想，应当把赝品剔除，留下真正的李太白。可是，你有没有想过，他是按照什么准则制造李太白的？为什么能够达到难以发现的地步？制造成功李太白，比制造成功杜甫难吗？难在哪里？许多宋人制造杜甫，制造不成，也写了不错的诗。

那么，问题来了：可以按照这种原则，用机器制造诗吗？诗学，或文学理论，或美学，能够帮助机器做到这一点吗？

请不要说什么诗是生命，是灵韵，是气象……最终，诗是语言，是符号，是可以运算、运演的符码。这就是诗可以用机器来完成的终极答案。比如，现在的文字，就是用电脑"打"出来的。只不过，在电脑前，是否坐着"人"？计算机，其本意即是代替"人"计算。那么，它可以代替诗人写诗吗？

若可以，那么，结论颇可怕。若不可以，那么，至少需要修改诗歌的定义，乃至艺术、美学的定义。需要一种大美学，涵盖人类生活中精神生活与科技生活思索的大美学。

一位从事自然科学研究的教授，向我慨叹：还是你们研究文艺的好，它滋润人，能养老。我打趣说：可是，传统以文学为中心的文化，已经被自然科学打得落花流水，风光不再啦！古代以文章取士，科举废除后，文章以及文艺，只能养老了……

这是在"应急"中反映出来的某种心态——文艺学、美学"危乎高哉"！高，还是高；可是有些危殆，似乎也是实情。

或曰，中国文化是审美文化；也有人说，中国文化是伦理文化。但无论如何，中国传统文化中，美学精神占据重要地位，当是不争的事实。审美文明的衰落，恐怕与中国社会从传统向现代转型相关：科学进入中国，令美学原来的地位难保。随着科技日新月异，研究美学的人，似乎越来越"高冷"了。

有一则广告："科技以人为本"，它宣示了科技是以"人"为中心的，似乎处于臣服的地位。这从底部"拆除"了我们的警惕，让我们以为，科技不过是人的工具。现实情况是，每个人都感受到科技带来的好处，它体贴入微，俯首帖耳，成为生活中不可或缺的部分。比如，现在手机似乎成了我们延展的身体器官，离开它，我们寸步难行。在网络文化发达时，人们叹息：一切都被一"网"打尽！在更为先进的电子文化面前，思考已成为极其奢侈的事。

最可怕的是,"机器人"渐渐进入了"人"的领域,不仅在体力、脑力上,完胜了"人",如今,更要在美学、文艺领域碾压"人"。人工智能"阿尔法狗""阿尔法零"对围棋选手的胜利,令人寒战顿生。特别是,我小时候读了许多关于围棋的神秘主义式的描述,如"宇宙流""自然流",似乎围棋高手的招式蕴藏着的是"天才"的心灵。天才,这是美学、艺术的领地,现在,被"狗"打败了;更可怕的还在后面,"阿尔法零"从"零"学起,照样"打遍天下无敌手"!这就宣告:看似复杂微妙的"招式",其实不过是"算法",是"程序",是科学可以越来越轻巧征服的东西。

美学最核心的文艺,也成了"机器人"或曰"智能机器"可以闯入的领地。旧体格律诗词,机器上已经制作出程序,可以根据命题来"吟诗""唱词";据说,甚至可以"私人定制",写出不同流派、不同风格的诗词。现代诗似乎最无规律可循,可是,机器人"小冰"竟然"创作"出一部"诗集"来!而美学最关心的感性问题,包括内在感性,在人工智能面前似乎也逐渐失去了隐秘感。

可悲的美学,简直是被科学"吊打"了!这里,当然引申出一系列问题,如科技理性对人的"奴役"、科技发展的伦理,等等。我最关心的是,在科学的挤压下,美学如何寻回一点尊严。那么,就需要找到美学独特的智慧。

智能、人工智能,与智慧、美学智慧,无疑有着本质区别。智慧,乃知、情、意与祈望的结合与升华。升华的契机,是难以捉摸的灵感。其中,最要紧的是灵感,以灵感带动整体精神力量的飞翔。美学智慧蕴含的内容丰富复杂。这里，我只拈出一端。

人工智能，或电脑，最基本的特征是广义的"计算"，是"算法"，是"计算"的准确、无误。围棋选手，之所以战胜不了"阿尔法狗"或"阿尔法零"，正是在强大的"计算"能力面前，无法以大局观和算法取胜，只好敛手服输。在可见的未来，人类脑力的许多部分，只会输得更惨。

或许，人会犯错的特点，倒是能够打败计算机的一个选项。美学智慧中的一个选项，正与此相关。意大利哲学家维科在18世纪写出的《新科学》，以"诗性智慧"论人类的原初创造，就是着眼于那种生机勃勃的野性的隐喻的创造力。20世纪哲学家波普尔更以"试错"作为科学理论发展的动力。

"错误"，有时候真是"美丽的错误"！在美学中，"正确"有时倒是"可怕的"。所以，美学有时正是以"错误"为契机，激发出"异想天开"的创造。人类智慧也往往以此为契机，把我们带入某种"迷狂"、某种"不可测"的"灵感"，某种"将错就错"的创造之中！也许可以说，这样的"错误"，从根本上看，具有了一种神圣乃至神奇的性质——指向的是不可"测"的欲望与希望。

成语"画蛇添足"形容没事找事地"手痒痒"，画出了"错误"，画出了"不存在"的"足"。所以，"添足"的这位老兄不仅没有得到奖励的"酒"，还留下了笑柄。"蛇"，"上帝"命令它"你必用肚子行走，终身吃土"。可是，这位"艺术家"给它添上了足，它就可以抬起自己的肚皮，"走"向了某种自由，更不必因为被唆使吃"苹果"而终身"吃土"。所以，这位"画蛇"的老兄，自由地赋予了"蛇"自由！可惜，时间太短，规规矩矩的画蛇者得到了"酒",这位老兄的创造止步于此。若赋予一个时辰或两个时辰的竞赛时间,那么,这位画蛇者是否还会发挥想象,凭空构虚,在"蛇"上添呀添呀……添上长须,添上鹿角,添上兔眼,添上牛耳鹰爪虎掌……天呀!这是什么?龙!于是,它"能大能小,能升能隐;大则兴云吐雾,小则隐介藏形;升则飞腾于宇宙之间,隐则潜伏于波涛之内"。这个"人"的艺术想象创造的精灵,从一个不按规矩的"画蛇",最终竟发展成神奇的"画龙"!

于是,美学、文艺学有了名著《文心雕龙》,成语中有了"画龙点睛"。"雕龙"其实就是"画龙"。"凡雕琢之成文曰雕","雕龙"大抵是在金石玉器或木制品上"画龙",是指向四维的立体的"龙"。龙这种只存在于想象中的神奇事物,就成为"文心"描画的"对象"。眼睛是心灵的窗户,黑格尔曾经说:"艺术也可以说是要把每一个形象的看得见的外表上的每一点都化成眼睛或灵魂的住所,使它把心灵显现出来。"①画龙点睛,乃艺术赋予想象物以生命的象征。所谓"点之即飞去",是让我们的心灵通过艺术的灵眸炯炯地映照着我们,令我们的心"飞去"。"文心"之所以可"雕龙",正因它具有的"点之即飞去"的灵性——"传神"。

从无事生非式的"添足",想到"文心雕龙",想到"画龙点睛",无非是对一种狂野无羁的想象力和创造性的呼唤。"错误"之变为"非凡",我想,正是不甘平常不甘拘束不甘受制于平庸现实的力量的表现,"不作不会死",恰好相反,不"作"就会死!想象力会死,灵性会死,"能大能小,能升能隐;大则兴云吐雾,

---

① [德]黑格尔:《美学》第一卷,朱光潜译,商务印书馆1979年版,第198页。

小则隐介藏形；升则飞腾于宇宙之间，隐则潜伏于波涛之内"的龙性会死！美学的创造，在科学、学科之外、之上，开启了一个空间，一个想象的、灵性的空间。这个空间，"逸"出每个人自身的精神世界，指向了无穷的天际。我们不甘于为了现实的"一杯酒"而"画蛇"，当我们为僵化的现实"添"上一点什么"飞去"的力量的时候，我们就在美学创造的境界中了！

美学智慧，应当还有诸多形态。今天，我们拈出其一，先从"外部"，在它与科学的对峙中，寻找到"人"的尊严与灵性。

二

流行歌曰：法海你不懂爱，雷峰塔会掉下来。

抓住了关键：不懂爱。爱作为一种重要的情感，可以区分机器和人。人类精神的雷峰塔，一旦缺少了爱这一支柱，必然会坍塌。

法海懂得法，佛法；佛法之海湮没了法海。以佛法乃至世间法论，人与妖是不能产生爱欲的。二分法下，无爱情。当然，更有细致的多重分层。这些"分"，反对着"合"。爱指向"合"。法海不懂爱，只懂分。美丑，也是分，是为二分。爱超越世俗之美丑，指向更高的性灵。英文中的law，既指法律、法规，又指某种普遍规律、定律，如scientific law，科学定律、科学规律，或自然规律；physical law，物理定律、物理法则。要之，这个"法海"，管理着的是整个世界。那么，他不懂爱，"道法自然"，"天地不仁，以万物为刍狗"，乃是"自然"的。"天若有情天亦老"，人会老，会死，所以，是有情的存在，而"法不容情"，有情者，必以自曰反抗自然、反抗"法海"、反抗"分"科之学。

所以，每个人的爱、爱的，各不相同，故此才会丰富复杂。大自然的丰富复杂创造的生态，是一切生命、一切文化的根本。道法自然，"法"是自然之一切，而这一切中，最重要的，乃是大自然的丰富复杂。自然有灵？生生不息的大自然中，万物有灵且美，生灵本身即美。万物的无穷变化，正是丰富、正是复杂之源。

有各种法则，各种"法海"，给人类划定种种规则。但是，爱恰恰是无规则的。自由，才有爱。恋爱自由，不仅是"五四"时期伴随着思想革命的一道感性洪流，更是历代文艺作品中的最强音。从《诗经》开始，绵延不绝。哪有什么畸形之爱，爱总是以某种炽烈、纯粹，闪现着自由的灵光！爱他/她，就要让他/她自由。不是"让"，他本来自由，你的爱，应当使得他"更"自由。文艺作品中，常有超越类别之爱情，人与鬼、神，与动物，与动物所化之鬼魅精灵，与植物，乃至器物、机器，甚至会爱上"物的神经"——金钱。无论如何，若有精神灌注其中，就会有那种倾尽心力的爱。

爱通向美。美学史上，柏拉图将爱与美联系起来，最后，爱的至极是理型。这种不断的抽象再抽象，直到再也无法抽象，那么，舍弃掉的具象呢？提纯到最纯粹的神的一滴，放弃掉无边的江河湖海，从哪儿寻找鸢飞鱼跃？

爱的丰富，正是美的丰富；爱的复杂，正如美的复杂；爱的自由，正是美的自由。爱是最深刻的平等、自由。美也是。爱感与美感，明显相通，隐秘相连。

动物有爱。动物与人之间有爱。但是，人与机器之间，难有。人可以爱机器，机器却没有能力爱人。人性，在美学中是至关重要的根本存在。"专家没有灵魂，纵欲者没有心肝"，其要害在于人性。专家似乎超越欲望，纵欲者似乎超越纯粹理性。超越欲望，是传统美学所特别重视的，那么，是什么时候，我们扼杀了感性最深层的欲求，也扼杀了人性的根本？又是什么时候扼杀了理性的至高成就，却又扼杀了心灵的飞翔？

懂得爱，才可懂得美，才可能拥有美学智慧。

三

爱似乎是柔弱的。既展现美好，也暴露耻辱。人性的一切，都在其中得以显现。美，亦复如此。

懒散，拖沓，孤独（寂寞、冷），天才，疯狂，忧郁，独身，节欲，纵欲，吝啬，挥霍，野心，嫉妒。——个性的一切，都是构成"天才"的一切。关键在于，是否具有"灵性"。

反人类的标志，就是将其认为的一切人性的特点，视作弱点、缺点、病态、恶德。阿喀琉斯之踵，似乎是最大的弱点，然而，阿喀琉斯却因此是一个人。一旦全知全能，那就成了不可能的"永动机"。

美学审视人性的这一切，发现了智慧所在。哪怕是一般认为的愚笨，也会闪现出特殊的另一种智慧。"愚"而不"昧"，"蠢"而不"坏"，以诚挚、"刚、毅、木、讷"，通向另一种智慧。不精不诚，不能动人；精诚所至，金石为开。这不仅是伦理学，更是美学,更是创造的奥秘。

所以,人性的特质之中,包含着愚蠢、狡猾、调皮、跳脱,具有超越智力、超越已有规律的复杂!禅宗顿悟,常以美学事件开启心灵升华之密钥。道家体无,以见"独"而观"物化"。儒家的伦理性质,经由礼乐文明而彰显,其实质在于,内在的心灵秩序,通过外在的表演来达成——荀子所谓"人之性恶,其善者伪也"!由此,却进入艺术境界:"走心"!

那种"刚、毅、木、讷"的表演达到极致,却可能成为"机器人",成为"钢铁侠"。人的特性,便被转化为机器的属性。机器无"自",亦无"由"!在这点上人心高于机器——低于机器的人心,被计算机、电脑打败的人,尊严何在?在感觉、感情、感悟,以及由感性而连接上的"世界"。或许,非智力因素、非智能,是"人"的核心竞争力。但,"机器人"极其厉害——人的一切反映、反应、反思,均可被模仿,均可被"机器学习"。

由自然科学而推演创造出的机械的人,在霍布斯的《利维坦》中可以看到。政治机器、国家机器,看似譬喻,却有着社会科学的基础。社会科学机器的润滑,需要人文。程序正义与实质正义之间的裂痕,似乎蕴涵着"反对机器化"的呼声。政治的"人化","政体"成为"人体"的比拟,均令政治秩序中留有的最大空间,乃是人的精神。自由,是美学的永恒主题。令人担忧的是,政治机器与智能机器已经有机结合——大数据以及人脸识别等,笼罩着我们的生活空间。媒体,以及媒体融合,可能会令人类生存陷入悖论情境。西方的坚船利炮打开中国的国门,是颇为屈辱的历史记忆。但是,所谓"中体西用""师夷之长技以制夷",机器不过是"器用""长技",尚未进入精神层面,而机器的制造却来自心灵的运作,很可能成为一种冷冰冰的理性,进而入侵人性。

在西方,"人是机器"的观念,解构了上帝的权威。启蒙运动中,科学主义的推进,其逻辑乃是从制造机器到制造"机器人"。西方关于机器、关于科学、关于技术的思想,作为思想史,是"人"史的一部分。自然,与之相伴的,就是对机器以及市场的恐惧。货币,作为金融机器运行的根本要素,似乎具有了神灵一样的意义,马克思称为货币拜物教。在一些人那里,比如芒福德所说,有了"巨型机器"。因而,毋宁说有了机器拜物教——人的机器化与机器的人化甚至神化!从而,人类社会本身也成了机器。而国家机器——这个词已经说明了一切!

于是,需要有自由人的联合体,需要生机勃勃的如大自然般的有机整体——需要加入灵性,灌注生气,调动活力。在生命性概念之上,有着精神性的自由概念。超越机械性,超越动物性,让诗性智慧的神话精神——"返魅"!

美感即被魅力唤醒。在美感中,人类的感性经验处于灵动状态。喜怒哀乐等复杂的情感,瞬息万变的情感,在变化中,有了感性的自由与智慧的飞扬——飞扬的感觉!这就是灵感。而这是机器不可能有的。感性带着灵性的飞扬,是思维层面的提升。

——机器能吗?

——不可能!海森堡的"测不准原理"(也可简称为"不确定")、哥德尔的"不完全"、阿罗的"不可能"。

灵动的感性经验是急切的非反应,不可模仿——超出模式的反应。如果说应当纳入"模式"中,如何"计算"呢?

只有"一次"的反应，决定了你是一个人，还是一台机器。艺术，一次性，不可重复——是"手迹"！艺术即"手迹"。他人无可替代。

人生是一次的。艺术亦然。人，会出生，生而不同；机器则批量生产，生而相同。人有幼年、儿童、青春、成熟、衰老期——这些时期，遭遇各各不同，每个人都是一个世界，一种美学，一种哲学。机器呢？哪怕临"死"，机器不会因为电力衰减而悲哀；人，却会各自"悲欣交集"。人生的不可重复性、时间性含有一次性。一次性具有美学的光华，令瞬间变为永恒。

美学中，万物熠熠闪光，焕发神采！万物生生不息的活力与灵性，正与人类智慧的激发相互回荡升华。感性所生灵性，与机器性相对抗。机器人，哪怕是智能机器人，永远不会生出灵性，从而不可能具有美学智慧。

四

有人说，学习英文，只要会两个词就够了：yes，no，"是"，与"不"。以"肯定"为核心的美学，确证人的本质力量。以"否定"为内核的美学，却具有更为广大的精神意蕴。

确定为"是"，为规范、规律、规则之后，就定为"一"。但此"一"却需指向着无穷。"山外山""天外天""异想天开"……都是在眼前的"一"之外，找到那种"不"的境界。审美是从"一"观照、谛听"多"，美学创造则是不满于已有的"是""一"，创造出无人抵达的"不""多"。

美学即自"是"中生长出"不"的智慧。人间万事,无"事"生"非"。维特根斯坦说,哲学不是理论,而是活动。①确立"是"需要"活动"。可是,"不"却留下了更为广阔的"活动"空间。"不"的空间,需要人性的开辟。说"不""不干了",固然有着种种情况,但是,一辞职信曰:"外面那么大,我想去看看。"却显露出美学的慧根。虽然,未必要"不干了",智慧却提示着另外的可能——"外面"那么大……

美学智慧,就是另一个世界的灵光。

---

① [英]维特根斯坦:《逻辑哲学论》,黄敏译,中国华侨出版社2021年版,第30页。

目录

001 | 第一课　魔镜和慧根

一个人的智慧之处就在于能从现象出发，使一切思想、情感以及意志灵动地飞翔。

017 | 第二课　灵感觉醒

"情性"的前面是"知性"，后面是"德性"，它在自由与自然之间架起桥梁。灵感是不着踪迹的，忽地出现，再突兀地消散，只有当"知""情""意"附着上这几乎绝望的希望的灵感，才能得见智慧的全貌。

028 | 第三课　走神、凝神、出神

走神，让我们的心不要拘泥于一点，它四处出走漫游，直到抓住一个尤其值得停驻的东西并由此凝神，接着我们要学会忘怀，让我们的精神最终出神入化，到达更高的境界，在这样的境界中，我们见到了美学智慧。

051 | 第四课　意之所在

月光在贝多芬指尖是旋律，在凡高笔下是画，到了歌德心中就成了诗。艺术之所以成为艺术，便是因为情感的投入，没有绝对"零度"的写作，艺术创作是一个不可回避的黑洞。

068 | 第五课　审美人

只有去除了身体、欲望的干扰，美的判断才是高于一切的。我们之所以要成为一个审美的人，就是因为审美能够强大我们的精神，而这种审美与我们的世界、我们的身体密切相关。

078 | 第六课　动物人

人类身上似乎总有一种摆脱不了的动物性，或者叫作兽性。如果说真的摆脱不了，我们能不能反向思考：这是否意味着人的精神当中最重要、最根本、最能起作用、最不可控的力量就来自这种动物性？

094 | 第七课　动物神与动物机器

动物，神，融合在"人"之精神与身体中，在感性世界有着奇妙的魅力，这种魅力如同无意识的灵光，在忽然之间迸发，又在忽然之间消失、沉积。但是，意识到这两者的存在，却让我们的心灵伸向了幽深之处、高远之处、灵性而荒蛮的交结之中。

107 | 第八课　万物有灵

过去我们的美学仅以人类为中心，这是比较狭隘的。"万物平等"而"众生有情"，因为众生都有情，我们才能借助动物的尺度创造，由此可见美学在很大程度上是情感哲学。既然动物亦是有情众生，自然也就有了动物美学。

116 | 第九课　造物美学

造物主有两棵树，生命树与知识树，知识树让我们彼此"相认"，与自我"相认"，意识到我是有感觉的人，是感性的人；生命树则让我们领悟到自身的有限，以极度有限的感觉在极度有限的时间里获得永生的体验。

129 | 第十课　美与异化

从庄子的桔槔，到如今的机器化大生产，人被机器解放出来，但同时自马克思到海德格尔，众多的思想家也同时发觉，人在机器化的进程中心也逐渐变得机械化，被机器解放的同时又以新的形式被奴役。

146 | 第十一课　机器人

机器可以做到永远正确，而人做不到，因为人只要受到某种刺激、产生某种情绪波动就容易出错，因此我们也可以反过来说，出错，就是机器做不到的事情。

158 | 第十二课　超感觉与身体性

计算机可以超越我们的感觉，超过我们的智商，成为"超人"，但它却永远无法成为拥有身体的人。人立足的社会、接受的教育以及诸多其他因素都对感受产生影响，这是计算不来的，这种不确定性使计算机智慧与人的美学智慧泾渭分明。

168 | 第十三课　机心与动心

当我们和猫咪对视，最初或许毫无触动，但看得久了，被"喵"地讨好了，心就会融化。那一刹那，通过声音与色彩，心里就能感受到并未实际触及的毛茸茸的触感，此时感情就会逐渐产生，而不再是一般的感觉。这种感情若是再度进化，从个体上升到更高的层级，就会产生美学。这是机器所不能做到的。

179 | 第十四课　道、情与肉身

"道始于情"是一个伟大的宣言，它把"道"与"情"并提，说明情的智慧是至高的智慧，而"人是什么"这个问题也许需从人的情感中寻找答案。

192 | 第十五课　天人之境

谁能体会到"我只是此时此地此刻的存在"呢？人，只有人能够感受到自己之外的存在，能够意识到自己的生命是有尽头的，感知到时空的维度，领悟"此时此地此刻"的惊悚，于是"前不见古人，后不见来者，念天地之悠悠，独怆然而涕下"。

203 | 第十六课　符号与虚构

杀鱼，第一步就是要破鳞，把鳞片尽数刮掉。这个时候的鱼还是鲜活的，它在刀下进行着剧烈的舞动，在痛苦中舞蹈，在舞蹈中死去，这其实与小美人鱼是一致的，浓烈的爱与浓烈的绝望同样灼烤表达的冲动。

210 | 第十七课　数、图无限

"不可能""不确定""不完全"并不意味着"不行"和"错误"。若是在初等数学里不行，那就创建一个高等数学的体系解决；高等数学不行，就再构造一个超等数学。支撑自然科学发展的，正是人对无限之无限的不服，是即使知道存在一个"无穷大"，也毫无惧色，一往无前。

223 | 第十八课　破而后立

破坏语境，才有了心境；破坏词义，才有了情义。让一个字、一个词在更加深广复杂的语境中获得语义的滑动，在各色的权力关系中从固化的意义中解冻，通过这种解构主义的策略，让叙事从这个字、这个词开始获得某种自由。

238 | 第十九课　悖逆与超越

在西方美学中，不"作"会死，只有"作"了才能活，"作"了才有生命。只要"有为"，衰老的生命也可以恢复青春，但如果停止就会灭亡。这种想法直接被总结为"浮士德精神"，其实也就是"动"的精神或"动"的强烈意志。

第二十课　创世纪 — 250

我们一旦对于某种理论过分熟稔，在解释问题的过程中，思维就极易不自觉地臣服于这种理论本身，在已有的论断里画地为牢，这就是被"套路"了。"套路"如今渐渐成为一个动词，理论还是活的，活跃到能给我们设下圈套，可"套中人"却恰恰相反，不知不觉间创造性思维就死了。

第二十一课　无中生有 — 262

当我们开始艺术美的创造的时候，感觉的通道便逐步被打通了，内心的世界变得宽敞明亮。

第二十二课　天才的飘逸 — 275

美学的人生总是追求"逃离"，我独有的人生雕琢出我的个性，这种个性与你们总有不一样的部分。我要保有这样的部分，并珍而重之，因为它让你的系统装不进我。于是我冲出逼仄的囚笼，看到了天。

结语　美无邪 — 291

后记 — 296

第一课　魔镜和慧根

所谓"美学智慧",把"美学"与"智慧"放在一起,其实,有点同义反复的意味,但我还是要这样表达,因为只有美学才有智慧,只有智慧才有美学,美学是一种特殊的、人类特有的智慧。

各种文化很少对"智慧"下定义。人们常说的"智力"往往是指人的智商,而"智慧"和智能、智力是不一样的,它是在知、情、意合一基础上的一种飞跃,简而言之,至少在智力之外还应包含情感与意志。我们通常理解中的"情商"与心理学定义的也存在差别。在西方心理学中,它不单是一种情感能力,更是一种意志力。情商的高低取决于意志对情感的把控程度。若是看到一个女孩而动心,这体现的不是情商,只有当你看到她却像是没有看到,抑制住内心的波动,这才是情商在起作用。关于智商、情商的研究已经很多,但少有人真正关注智慧。一些学校开设的关于艺术与审美的课程,多从美学角度探讨人的精神境界的养成,却也缺少对智慧的研究。因此,我们就从"智慧"谈起。

我们会说"这是一个有智慧的人",而不说"这是一个智能的人"。一个人的智慧之处就在于能从现象出发,使一切思想、情感及意志灵动地飞翔起来。它们将飞到哪里去呢?这一点我们暂时还无法预料，但这种飞跃性的发展却不容否认。这样的智慧便是"灵感"，也就是一个人的"灵性"，只有拥有了灵感或灵性，人的精神世界才能凝结出知、情、意赖以飞翔的力量——这听来有点神秘主义的味道吧！

正如我前面谈到的，在其他的学科研究中，真正涉及"智慧"的很少，其研究对象要么是智能，比如人工智能，要么就是智商。在康德看来，智商的问题不值得深究——或许这种看法有些武断，毕竟智商也是了不起的，它也蕴有灵感的部分，如果牛顿或者爱因斯坦没有灵感，是决计不能勾勒出那样伟大的体系的。康德意欲由此强调的是智商的某种特性，或者可以称之为层级性，而科学就是在智商领域可以解决的问题。比方说，初中阶段我们学习"牛顿三定律"，把它们吃透之后，牛顿的智力成果就转移到了我们身上，从此我们便可以借助牛顿的智力来思考和解决问题。比如，当跑步刹不住脚时，学过力学的人都知道这是惯性在作用。这就是说，智力的发展是有层次的，知识一旦被我们掌握，就成为我们智力范围内相对低层级的组分，而思维正是通过低层级的不断累积而向上、再向上的。于是，爱因斯坦的理论如今在大学物理系的课堂上已算不得什么高深的学问，大家都能搞清楚、弄明白。但是这种"层级性"的发展和美学的创造不同，美，则无此层级性。唐诗宋词并没有超越《楚辞》《诗经》，人类童年的歌吟具有永久的魅力。康德认为，只有美学创造才能称得上是真正的"灵感"，也只有这样的灵感才是他人无法复制和超越的，于是只有美的领域才能存在天才，也因此，"灵感""天才"这两个概念在西方的文艺理论史上经久不衰。而我今天所要说的"美学智慧"也正是强调我们要具有一种特殊的灵感、特殊的灵性、特殊的天才。

与此同时,我们应当关注智慧的反面,即愚蠢。当形容一个人愚不可及时,我们通常会说"他像一个榆木疙瘩""像一个生铁蛋",会说他的心太"实在"了,塞得严严实实,不通透、不清明,变成了顽固的一团。这说明"愚蠢"是没有办法分出层级的,密不透风的疙瘩哪有分出层级的道理?我们看电影时,总是要感叹"这坏人怎么这么蠢",或者"这蠢人怎么这么坏"——这就是在坏和蠢之间建立了联系,是在美学的视点上把对智能的判断迁移到了对伦理的判断上,人的才智由此成为道德品格的旗帜。一般来说,蠢人是不知道自己有多坏的,有时候他甚至抱着美好的初衷和希望,但因为愚蠢,他糟糕的行为把自己变坏了。影视编剧在设计情节时常常会选择一个很傻的人,让他无意间把一个精妙的设计"啪"地捅破,事情从此变得一发不可收拾。当这样的傻瓜蛋一出现,大家心里立马嘀咕——"好嘛,完蛋了!"

或许这可以被称为"美学愚蠢",是对"美学智慧"的反向凝视,但若是所有人的审美能力都降到很低的程度,那是叫人万万不敢想象的。网络上有句话叫作"审美之仇,不共戴天":我觉得很丑的,他偏觉得好看,甚至利用权力把一切都变得像这样又丑又蠢,好好的地方、好好的东西都被他一一搞砸。于是在美学上我便感到与之不共戴天。

我一开始不大懂"审美之仇,不共戴天"这句话,后来才慢慢想通,原来在某些状况下人与人的审美确实不共戴天。我们有很多"共戴天"的时候,虽然你爱你的,我爱我的,每个人爱每个人的，大狗叫叫，小狗跳跳，飞鸟走兽爬的爬、飞的飞，但它们都很美，正因为其中各有意趣，世界才五彩缤纷，才绚烂夺目。那么"不共戴天"是怎样的情况呢？当每一只狗被命令按照统一的方式去叫的时候，当每一只鸟必须循着同样的轨迹去飞的时候，它们就会忿忿道："好痛苦啊。"就会生出某种不共戴天之仇，这就是美学之仇。

这种强制的要求有时会导致愚蠢，这种愚蠢让一部分人感到内心焦灼不安，而这样的焦灼不安也恰恰反证他们不是那般愚蠢的人。若是大家连愚蠢也如出一辙，那就是感觉的沦丧，即是说，如果每个人都以同样的方式待人接物，每天脸上的笑容都是一样的弧度，就说明我们的感觉已经被奴役，他人用这样的方式摧残了我们的情感和灵性，叫我们俯首帖耳地服从于他。更可悲的是，这种沦丧意味着每个人丧失了自己的判断力。本来我觉得很美的东西，其他人都说它很丑，渐渐地，我也觉得它好像就是丑的；我看到一个鲜活灵巧的东西，别人却说它腐朽落后，于是慢慢地我便也不敢说它好了。我们总是下意识把自我的感觉调整到与众人一致的状态，即"从众"的状态，想要把自己变得和别人相似。然而，世上找不出任何两个完全一样的人。

很早以前，就出现了城乡之别。城市似乎总是自带一股"洋气"，一股从大洋那边传来的气，因为是外国人的东西，和本土的不一样，于是人们觉得"嚄，好美啊"。《诗经》上有一句话，叫作"洵美且都"[①]，就是说通都大邑来的就是好看，这和我们所说

[①]《诗经·郑风·有女同车》，原句为"彼美孟姜，洵美且都"。

的洋人气就是"洋气"是一个意思。可为什么漂洋过海的气就变成了好看的样子呢？为什么"洵美且都"呢？钱锺书在《管锥编》中曾论述过这一点。他用典籍里的大量例子来证明中国人很早就有这种审美上的"势利"倾向，譬如人们每当看到宫廷、城市或者农村里大户人家打扮的样子，就忙不迭觉得好看，就眨巴起一双"势利眼"。[1]这种"好看"正确与否暂且不论，但其无疑表明审美是有标准的，是需要我们来判断的。康德的美学代表作《判断力批判》中就强调了这样的判断力，人们凭借直感就可以判断一个人是美还是丑，以及这种美具有怎样的一个价值品位。而审美上的愚蠢就是指在美学上感觉败坏，丧失了审美的判断力，这种由愚蠢带动起来的现象会令我们感到痛苦和恐惧，若是蠢的东西大行其道，美的东西却反而处处碰壁，那将是很可怕的事情。

那么怎样才能作出美学上的判断呢？当形容一个人头脑清楚，有判断力，我们会说他"心如明镜"，古代青天大老爷的县衙里挂的匾额上就写着"明镜高悬"，这"明镜"能照看一切，能把美丑、善恶、真假都看得清清楚楚、明明白白——美学上也有这样一面魔镜。小时候，我们读白雪公主的故事，里面的后母就常对魔镜发问："魔镜魔镜告诉我，谁是这个世界上最美的女人？"魔镜就告诉她："是你，是你，就是你。"但突然有一天，魔镜换了说法，改口道白雪公主才是最美的那一个——审美之仇不共戴天。于是王后一定要杀死白雪公主，通过政治权力占有这个"最美"

---

[1] 钱锺书：《管锥编》（第一卷），生活·读书·新知三联书店2001年版，第215页。

的名号。当王后用魔镜来判断"世界最美"这个问题的时候,魔镜就是天眼,一眼看遍天下。它也是王后的审美之眼,当意识到白雪公主比自己更美,王后就想要把她杀掉。

每个人的眼睛都是一面审美的魔镜。每个人都要看世界,都要对世界下判断。在康德看来,这种判断是刹那的,即是说,对这个判断而言,最重要的就是"第一眼"。在最初的"猝然相遇"的一眼中,我们作出判断——美,或是不美。当我们叹惋"人生若只如初见,何事秋风悲画扇",就是因为初次见面的第一眼在很大程度上定下了认知的基调。有首歌唱道:"只是因为在人群中多看了你一眼。"什么叫"多看一眼"?多看的这一眼就是第二眼,但这第二眼依然有第一眼的意境,周围有这么多的人,独独只多看了你一眼,就是因为曾有一个非常重要的第一眼作为基础,但它又和第一眼不全然相同,因为美是流动的、变化的。美是一种"瞇",也就是说,把第一眼的"美"转化成为第二眼的"魅",冲动就此产生,有了"再也不能忘掉你容颜",有了"想你时你在天达,想你时你在心田"。这就是"第二眼"对"第一眼"的转化。它让美发生了流变。关于这种变化还有很多美学的描述,这里暂且不谈。总而言之,我们的感觉,我们的判断力,我们两个眼睛的魔镜,在不断地对世界进行检阅,有了好的第一眼,才有之后的第二眼、第三眼、第四眼……才能面对它,凝视它,进而感受到无穷的意味。这就是美学智慧中与审美相关的判断。

但也有些时候,"第一眼"的心动似乎只是一种错觉。譬如当我们在网上购物,一眼相中的东西时常是"买家秀"与"卖家秀"大相径庭,商家挂着很漂亮,买来一看却是惨不忍睹。以往我们买东西，"第一眼"是在商场里实实在在相中的，价格高一些，证明我的眼光准、眼光高。从这个角度来看，德基广场①无疑是个十分励志的场所，它在敦促我们努力赚钱提高生活质量的同时，还打磨着我们的审美品位，升华我们的欲望。我想说的是，互联网技术切断了我们对物的直感，魔镜变得只能照出镜头希望我们看见的东西，感官被数字媒介引导或阻截，而我们则逐渐在电子屏幕前躺平成"零度的姿势"。方便面的广告看得多了，便觉得方便面确实好吃；矿泉水的广告见多了，也似乎感到它当真比水壶烧出来的水好喝。渐渐地，我们不再信任自己的感觉，信息的加速在拓展人的感官的同时，或许终将导致感觉的麻木或是丧失。

现在，我们还是回到"货真价实"的"第一眼"。康德认为，这一眼的刹那是最准确和重要的，在《判断力批判》中，他通过四个契机，或者说四个悖论，对此进行了不断的剥离。康德喜欢用悖论来讨论问题，"不是如何""又不是如何""不是不是如何"——如此把对象限制在一种判断上。然而，康德美学中也有许多不完备之处，我们需要思考和辨别，需要剔除"零度的惰性"。这里也是一样，总有一些事物是越看越美的，或是拥有永远读不尽的美丽，或是能够化丑为美、日久生情；反之，也可能再不复那一眼繁华，高开低走，索然无味。好比你在公司里初识了两个人，其中一个美得惊人，可相处一年后，她在你心里却越来越丑陋；另一个有两颗显眼的小虎牙，早先看了觉得美中不足，一年下来却是觉得看不到她的牙简直吃不下饭，在她想要把小虎

---

① 南京一家高端购物中心。

牙整得好些的时候，你还要急道："不能整，整了就不是你了！"

这种转变是如何产生的呢？"越看越丑"与"越看越美"是怎样的机制在作用呢？我们读过很多好书，有的书读了一次，明年还要再读，失意时要读，得意时还要读，一遍、两遍、三遍、百遍，值得一看再看；也有一些初读确实很有启发，可过了几年却完全翻不下去了。改变的不是书，而是我们的感觉、我们的眼界和标准。

美学研究的却不止于人的感觉，它的对象涵括感性及超越感性的范畴，既不像康德所言的那么直接、直感，也并非独属天才的领域而不可培养。在探究这一对象之时，我们应当增加其中智慧的含量。

也就是说，审美，或者说美学，讲述的就是智慧。它要从人类讲起，具有一种精神的特征，也正因为精神的存在，美学才能成为一种智慧。它从一个特殊的角度对人类的精神进行划分，似乎只要达到美学的领域，就能超越原本分明的认知、情感、意志三者的界限，把"知、情、意"凝聚为一体。这听起来有些好笑，因为事实上三者本来就难以分开，但在实际的工作生活中，尤其是在大学的分科学习中，这三者已经被弄得七零八落了，每一个部门都在自己狭小的区域内前进、再前进。当我们谈到"美学智慧"的时候，就需要把这些东西重新凝聚起来，让它冲破桎梏，飞向灵性的境界。于是，我们可以知道，美学智慧首先一定是精神层面上的，万事万物在人类的精神中给感觉以刺激，并以此促成、变化、感动、激发我们的灵感或者说灵性，而与审美上的愚蠢形成相对立的领域。

除了美学智慧，我们还需要了解的是"光的形而上学"①。《圣经》中有对于人类初期大洪水时代的回忆，这和中国的文化是相通的，尧、舜、禹都是治水的英雄。人诞生之初面对的就是水，空虚而黑暗，这时候，一句关键的话出现了——"要有光"——于是世上就有了光，我们把这叫作"光的形而上学"。中世纪美学认为美就是上帝之光，光就是美，上帝说要有光，于是就有了美；而中国文化在谈美时，也常常用光来作比，譬如说一个女孩"光彩照人"，就是说这个女孩漂亮到身上好似发出光亮。这种"光彩照人"与"在人群中多看了你一眼"是互通的，想要"回眸一笑百媚生"，就须在一开始就看到对方，看着她一步步走远，又忽地再次回头，于是那一瞬才显得光彩照人。我们有没有想过其中的原理呢？为什么把头发一甩就变得光彩照人了呢？广东话夸一个人美就说"长得靓"，我们通常也说美人"漂亮"，这些都显示出中国文化对美与光关联性的认同，美丽动人的东西都离不开光，有光才会亮。

如前所述，美学上的愚蠢就是心太实在，感觉沦丧，是成了"一团"，即"混沌"。任何一个创世者，最先面对的必是混沌的世界——有时也写作浑沌，浑然一体的"浑"。有一种吃食叫"馄饨"，裹起来的馄饨就是混沌的化形，它是有边界的，又似乎是没

---

① ［日］今道友信：《美的相位与艺术》，周浙平、王永丽译，中国文联出版社1988年版，第25—29页。按：今道友信是用"光的形而上学"指柏拉图创立的理念论。"在用眼睛看东西的时候，与光同样重要的是人的理性也必须是清晰的，人们必须立于形而上学的光中探究物的理念。"（第26页）另，在《东方的美学》中，今道友信也以"光的形而上学"研究庄子的美学思想。见《东方的美学》，蒋寅等译，生活·读书·新知三联书店1991年版，第123页。

有边界的，探索混沌就像吃馄饨，一口下肚心中有数，却说不清其中的名堂，因为馄饨是面皮包着鼓成一团的绞碎拌匀的韭菜或者肉馅做成的，一口咬下去，各种滋味交融，何况不同地界儿滋味也不同，无锡馄饨与南京的鲜肉小馄饨就不一样，东北的菜肉大馄饨更是另一种风味。此外，我们骂人会说"混蛋"，意指此人做事搅和不清，行为乱成一团，这二者都隐含着"没有边界和层级"的意味。我们可以就此体会"混沌"。它和西方"光的形而上学"有着很强的对抗。总而言之，混沌指的是一种原始的、浑朴的、天然的状态。这种状态尤为道家所推崇，无论老子还是庄子，都曾有过对混沌态的思辨。道家认为无序是最浑然的、最好的状态，而这在人的精神领域同样适用，譬如早上将醒未醒的时候，庄生晓梦迷蝴蝶的时候，混混沌沌的时候，才是最美好的时候，清醒了就得起床、上课或工作，要承受压力并负担生活，于是到了办公室或是图书馆，我们还是很怀念亲切的床，还想再睡一觉，多混沌一会儿、迷糊一会儿。但是这种浑然的状态在后来逐渐被污名化，我们之前说的"混蛋"，这表明对"混沌"的厌恶开始在我们的无意识当中沉淀，而与它相对的"秩序"则逐渐成为世界的主导。20世纪80年代普里戈金和斯唐热有一本叫作《从混沌到有序》①的书被翻译引进，呈现了两种观念在西方思想中的进程。

有一个形容漂亮的词叫作"玲珑剔透"，其中的"剔透"指的是雕刻精致到几乎能透光，而拟声词"玲珑"则两字都是玉字旁，

---

① 《从混沌到有序》首次出版于1979年，该书总结了近三百年来自然科学发展的历史，是一本关于当代自然科学哲学问题的重要著作。——作者注。

代表着敲击玉器发出的声音，它通过听觉暗示让我们想象出美的形状，于是"玲珑"既可以用于赞美女子美好的身材，也可以用来形容透光的美好事物。"透亮"意味着心中明白，"明白"在英文中是"I see"，"看到了"也就是"明白了"，这就体现了一种光对感觉的穿透。此外，"玲珑"也可以用来形容心。说某人有一颗"玲珑心"，就表示他的心灵透亮清澈，仿佛能发出美好的声音，有时这种灵巧也会被看作圆滑机巧，含贬义，但我们这里仅仅从褒义的一面来看，就会发觉美好的事物若想要诞生，势必要突破、克服混沌，摆脱实在的、愚蠢的、坏的榆木疙瘩，达到一种玲珑剔透的境地。玲珑剔透的人是令人向往的，因为不论面对什么，他都能明白清楚，心中雪亮。"玲珑"还可以形容雪花，因为雪花白而透亮，并拥有精巧的形状。不论是南方的雪还是北方的雪，都能生成巧妙的冰雪形状，故而我们也说"冰雪聪明"，并将之誉为聪明的最高境界，因为冰雪里有光。所以说美学智慧应该是一种仿佛有光的智慧，在别人看不出对象与其他事物间的差异、间隙的时候，有一个人能从中看出它的玲珑剔透，看出对象身上溢出来的光亮，他就引动了审美的感觉。

我们回到关于"光的形而上学"的讨论上来。"形而上者谓之道，形而下者谓之器"（《易经·系辞》）。在中国，很多东西是用"道"来称呼的，如"味道""书道""茶道"或者"剑道"等，它们指代的永远是最高等的层次。"光的形而上学"，即是说光是超越一切事物之上的东西，是起始之始。世上第一个出现的就是光，此前只有混沌，这也说明混沌确实比光要更加厉害，愚蠢比"耳聪目明"更居先，愚蠢的力量总是胜过聪明。"形"，指的是有形世界，是世界上形形色色的事物，在这之中的大多数都是不为人所注意的，而光却能让我们感受到这些事物上的某种东西——这东西很是复杂，在神学上是上帝，在哲学上就是规则，在生物学、物理学、化学或是自然学中，我们也都能一一找到与其相对应的名称。总而言之，它是一种能够控制有形世界的东西，是一种自然规律。

这种形而上的光落于《庄子·应帝王》的混沌寓言中，就是"倏""忽"，倏、忽为混沌开凿七窍，七窍开而混沌死。"倏"从前写作"儵"，这个字里面有个"黑"，黑这种颜色比较奇怪，其中有青有白，斑驳错杂，没有定数；至于"忽"，下面有个"心"托底，因此倏忽似乎是心处在不定的状态之中，用佛教之语说就是"无常"之中。如果黑夜单单给了我黑色的眼睛，我还是只能见到黑暗，只有有了心，有了光，世界才变得五彩斑斓。倏忽带来了光，分割了五感，带来了光明，但与此同时，就如我方才谈到的，"五色令人目盲，五音令人耳聋，五味令人口爽"（《道德经·第十二章》），尝多了辛辣味觉会麻木，看多了雪山便会雪盲，一味拓宽感觉的终点将是失去感觉——这一点在后文中再细讲。

"谓之道"的"光"指的是我们突然领悟到的一种灵感和启示，这是宗教意义上的解释；或者是一种思维的飞跃，这是自然科学意义上的解释；或者是一种脑洞大开，就是比喻意义上的解释。投篮时，我们有时会投出一个"神球"，考试时也偶尔会"超水平发挥"，这样的情况我喜欢戏称为"狗急跳墙"。总的来说，它指的是跃出常态，进入一种充满灵感的状态。当这种状态出现在个人身上，就让我们感觉到超出了自己，感觉"神了"。

设计考题的时候我总很喜欢出一两道难题,让学生在很短的时间内完成它。这样的题目往往是没有标准答案的,找不到既定答案的学生被"逼迫"着绞尽脑汁拼命思考,在这胡思乱想中,常常迸发出精彩绝伦的观点。我给本科生和研究生都开设过美学智慧的相关课程,研究生的课程论文是课后开卷完成的,成果很叫人失望,几乎没有一篇灵动亮眼,相比本科生的当堂作答还要差上许多——可见在"逼迫"之下,很多人更能表现出超常的思维,更能达到"神",更能感觉到一种超出自我的游刃有余,这种现象就是灵感或者说智慧的闪现。

那么这种智慧是从哪里来的呢?它是谁的智慧呢?美学智慧是人的智慧。而人之为人主要是与两个对象进行了区分,一个是动物,另一个就是机器。

"人之异于禽兽者几希"①,人与动物的差别本来就很少,但也正是这点差别把人拔到了一个非常高的高度。在《圣经》中,上帝把人像动物似的圈养在伊甸园里,不让他们有善恶之分,不让他们习得知识,不让他们获得永生,但人类越来越僭妄,开始反叛上帝的权威,认为只要掌握自然的规律就能控制自然。自然是上帝创造的,而人能够战胜上帝所创造的东西,因此,人类认为自己具有了一种力量,也就是知识的力量。我们想要把自己的知识体系逐步扩大,进而控制并掌握自然界的规律,将上帝拉下神坛。力量的英文是"power",所以"知识就是力量"也可以翻译成"知识就是权力",人一旦代替上帝坐拥如此滔天的权力,掌

---

① 《孟子·离娄下》:"人之所以异于禽兽者几希,庶民去之,君子存之。"

握了自然的话语权，就可以让世界按照自己的命令去做事。但实际并非如此，人在"神"面前依旧是渺小的，人和"神"之间始终存在一道永恒的隔膜，我们也正可以从"神"与人的区别出发来对照人和动物的区别。

人与机器的区别也是当下人们越来越关注的话题。人与动物须加以区别是因为有了"动物人"，而人和机器要进行区别则是因为"机器人"的诞生。人和机器的差别随着人工智能的发展而不断缩减，机器开始具有人的特征，这很可怕。一方面，在力量上它比我们强大太多，人类能够进行的体力劳动将逐渐被机器全面取代。有人说这是一件好事，它能将人类从烦琐的体力劳动中解放出来，但如果所有的劳动都由机器进行，那么劳动者也将失去获取收入的途径。苹果手机的各个部分如今还在不同的国家生产，暂时还需要人，但或许很快就不需要了，机器会接替他们的一切工作，机器化的大规模生产一旦开始，其生产线和产品会迅速遍及全球，这对人类来说可能是一次严峻的挑战。另一方面，机器的智能也远远超过了人。如果机器会写小说、写论文、教书，甚至还比我们做得更好，该怎么办？这是完全可能发生的，只不过现在的机器研究暂时还没有与人文学科频繁接触。因此，现在我们越来越重视对人与机器差异的思考。

我们以前认为下围棋不仅需要智商、情商还需要意志力，棋盘上的每一落子布局都会被看作人性品质的映射，甚至将棋盘与宇宙星盘相关联，比方说金庸的小说里就有一位围棋大师同时也是武学大师，智商到达顶点。但如今在人工智能的领域，会下围棋的机器人已经出现了两代，一个是"阿尔法狗"，一个是"阿尔法零"——也可以叫作"阿尔法元",但仅是"阿尔法狗"就几乎将人类打败。"阿尔法零"则更厉害,它从零开始学习围棋的基本规则,只花费了三天,棋力就远超围棋领域人为设置的顶点九段,之后经评估,至少有二十七段。这个段位实在有些胡说八道,既然评估者水平最高也不过九段,超越其认知的东西怎么能随意断言呢?说不定这个机器人的水平只有十段,但它还是可以把人完全打败。这不是我们需要关注的问题,我们应当重视的是机器可以通过学习来掌握规则,再据此战胜人的智力。这说明围棋本来需要情感、艺术、意志的说法是错误的,说不定用情感下出的一步棋才大错特错,用意志去思考的一步棋也没有计算管用,围棋只能与智力、智商有关。正如拳脚比不过子弹,人的智力也比不过机器人。

那该怎么办呢?难道我们要俯首帖耳地当机器的奴隶吗?机器可能并不需要人类当奴隶,现在的技术足够让它拥有仿真的皮肤和情感。有一位老总有一个机器人,一日中午有人喊他打牌,机器人就说:"不要打扰我爸爸,我爸爸没有睡好觉,他好累。"这人感慨道:"我儿子现在读初中,我叫他他都不应的,哪里有这家伙这么贴心!"呀,某种程度上机器人连亲人都似乎可以取代,这么一想还是很可怕的。

所以我要强调,美学智慧必须是"人"的智慧。小时候,我们觉得大吊车很厉害,它能抓起巨大的石块,现在厉害的机器还有更多,而它们的"厉害"始终是和人相比的,项羽力能扛鼎,但一旦与大吊车比较就必输无疑。人的力量是有限的,这样的有限使他在与机器较量时总是有所不及,本来安安静静的车子,一且向人冲过去,谁也承受不了。

也正因为人的力量是有限的,所以人不可能是绝对的玲珑剔透。因为人的能力是有限的,所以他会有点蠢、有点傻、有点痴,还有点执着。我们知道"迷狂"两个字被柏拉图用来形容灵感。当灵感来临时,我们认为是上天通过一个链条把它传递给我们,再由我们传递给其他人,其中的每一环都不能失效,就譬如上天把诗的灵感传递给了李白,再由他传递给众人,即是我们常说的李白乃是"谪仙"。如果在这个过程中,众人的接收器出现了问题,那么再天才的诗歌也将变得毫无意义。柏拉图的"迷狂"就是这样一种来自天上的灵感令人无法自控的状态,具有天才的人不知自己为什么要写,也不知自己是如何写出的,但灵感就这样滔滔不绝地倾泻下来。李白不喜欢写格律,也没写出几首好的格律诗,因为他的诗出自"迷狂",如醉书狂草,不受规则束缚,因此才具有别人所不及的境界,此即袁枚所谓"性灵"。这种处于灵感支配下的"迷狂"状态的创作与痴狂、愚狂、蠢有关系吗?我想,大概是有的。比如李白就不是一个玲珑剔透的人,在官场上他总是站错队,误判宦情,这是李白的一种蠢,但他将这种蠢转化为一种天才、一种灵感。

由此我们明白,美学智慧作为一种人的智慧,可以把人在机器面前负面的东西变成美学上的灵感。接下来,我将以此为基点,展开对美学智慧的探讨。

第二课　灵感觉醒

康德把人的内心世界划分为"知""情""意"三个部分，而这三个部分综合的整体将成为智慧的源泉。

前面我们已经谈到了智慧与智力的区分。江苏卫视有一档节目叫《最强大脑》，但它并不拥有"最强智慧"，因为它仅仅强调大脑的机械记忆功能，而对这种功能的单一强化，将破坏大脑结构的平衡；至于叫一帮专家评断大脑能力的高下，则更是对人类大脑的破坏，因为这种评价模式对选手形成的强烈心理暗示，将加剧大脑对机械记忆的偏颇追求。记数字有什么用呢？有了手机、电脑，有了数据库与电子图书馆，实际已经没有让人脑记忆这些内容的紧迫诉求了。能复述圆周率π小数点后的百位、千位，有意义吗？万一记错一位，就是白费功夫，即便不出差错，突发奇想想要知道第三百四十三位是什么，还是用电子设备搜索来得快。同样的，能够精准记忆人的脸，也不是智慧的保证，现代科技已生产出电子眼，这种使用电子计算机抓取视觉图像的人脸辨别方式，早已远远超出了人的视觉记忆。所以说，《最强大脑》仅仅停留在与机器没有区分度的智力、智商的范围，而远未及智慧范畴。

康德曾提出这样一个问题：先验综合判断是如何成为可能的？

简单来说,就是思考如何用一个公式推导出世界上所有的东西。有人说康德的《纯粹理性批判》很难读,因为其中的内容指向数学、哲学及逻辑学等众多学科——关于康德的"难读",让我们暂持保留意见,此处我们需要承认其中的一些合理性因素,毕竟康德自己也认为《纯粹理性批判》是逻辑学论作。需要注意的是,西方最高级的哲学必然与逻辑学相关,如维特根斯坦的《逻辑哲学论》,胡塞尔的《逻辑研究》或是黑格尔的《大逻辑》《小逻辑》。

智慧所包含的第一部分就是智力的部分,即康德所说"我能够知道什么"的"知"部分。我们习惯将这个部分归属于理性思维。这没有错,但是需要注意的是,通常意义上的"理性"与康德"理性"的区分,关于这一点,我们在之后的学习中会具体展开。智慧的第二个部分是"我应当做什么"的部分。"应当"这两个字很重要,它与"是"的区分几乎是所有哲学中最基本的问题。政治哲学就将一切现象还原到实际情况中来分析人类行为,例如,马基雅弗利主义意图通过观察现实人的狡猾、贪婪、恐怖、冷血来制定统治策略。最后,智慧中还有人性最理想的一面,即"我希望什么",或者说"我可以希望什么"。

在这三个部分中,康德主要关心的是意志问题,即"应当"的问题。大家注意,康德没有采用"欲望"的说法,他选取的词是"意志",这也是西方哲学的一大惯例,毕竟意志总是与自由相关联,而欲望好像有点"低级"。但其实这种认知是没有道理的,人都有欲望,而康德没有正视它,直到尼采及后现代的学者出现,西方哲学才开始诚实面对它——哦,原来这不是意志,而是欲望,欲望产生意志。当人看到一块美味的肉，把它抢过来，这就是欲望。为什么还要想该不该做呢？当扪心自问应当或不应当的时候，不正是表明我们已有了做的欲望吗？可见欲望才是根本。康德也讲到欲望，但他很大程度上将欲望的问题偷换成意志，并从概念上替代、回避它。"我应当做什么"的问题，与欲望相关，也与控制欲望有关，欲望势必为控制的前提，因此欲望与意志理应存在关联纠葛。康德最初觉得前者是自然问题，后者是自由问题，但后来他也察觉这两个部分之间存在裂缝、空隙，亟待补添。于是，康德继而发现了被一度忽视的情感问题。

自然界中，水往低处流，而在人文学科，人却要往高处走。人为什么要往高处走呢？往高处走不累吗？原因在于人有欲望。另外，既然关乎欲望，也就必与情感及意志这两者相关联，"情性"的前面是"知性"，后面是"德性"，它在自由与自然之间架起桥梁。康德后来的"情感说"，尤其强调了情感的重要性，在他之后，席勒也对此做出了深入剖解。让我们假设这样的情境：一名英雄深入火场救下了众人，但是面部留下了触目惊心的烧伤，从道义上来说，他是品德高尚的英雄，那么，在座的女同学，让你嫁给他行不行？还是要考虑一下。恐怕没有多少女孩能果断地说行。席勒很早就发现了这个问题。他说："我现在已经不再从高尚品德去推论美，相反我认为这两者几乎是不相容的。高尚品德是来自纯理性的规定，而美作为现象的一种属性是来自纯自然的规定。让人觉察到一种现象是由理性规定的，那就等于说是对于美的否定，因为一种显现出来的产品是由理性规定的，那是真正的仳律。"① 当然,席勒也指出,"美的灵魂必须在内心中转化成为崇高的灵魂"②,"尽美"与"尽善"发生冲突时,"崇高"的观众、尊严的意识就起到特别的"转化"作用。

庄子的故事中有一堆丑八怪,他实在是个浪漫的人,浪漫到认为世上人人都爱丑八怪,连皇帝也是如此:"我不要当皇上了,给你来当,我好爱你啊!"为什么说这是浪漫?因为这在现实中是不可能的,是违反人性的,它与人性中的爱美之心相悖逆,这种矛盾无法调和,品德再高尚,样貌这么丑我还是不能接受,因为我不愿天天看着你的丑脸。即是说,康德发现"德性"与"知性"之间的部分是很麻烦的东西,我们无比希望又美又可爱的人同样道德高尚,完美无缺,但是这太难了,在影视作品中常有这样的设定,角色越貌美如花就越心狠手辣。在开始重视情性问题之后,《判断力批判》就尤其关注怎么样看一个人,是不是一眼看来觉得他可爱,就能在情感上接受他?我们的情感、欲望与智力,这三者需要达成某种微妙的、复杂的中和,让我们最终可以回答是否爱得了他。

在康德用第一人称提出的三个问题——我能够知道什么,我应当做什么,我可以希望什么——之中,最后一个问题属于神学的范畴,他认为一旦将这个问题解决清楚,我们就可以知道人是什么。由此我们知道,康德在"知""情""意"之外——或者说"之上",还划有一块天空,用中国的说法是"灵性",而在西方则

---

① [德] 席勒:《席勒经典美学文论》,范大灿等译,生活·读书·新知三联书店 2015年版,第37页。
② 同上,第171页。

是"神性",它在哲学上是"超验"的,刺激着灵感的产生。

那么,我给智慧下的定义是什么呢?它应当包含精神的整体,包含"知""情""意"三个方面的复杂中和,并在此之上与某种灵感相遇而迸发灵性,只有达成这样的条件,人才开始拥有智慧。要"智"而能"慧",那一点灵性的、灵气的东西就不可或缺,否则无论知识多么渊博,道德如何高尚,情感怎样丰富,也不能说这是个有智慧的人。

江苏曾有一年的高考作文考题叫作"拒绝平庸"。什么叫平庸呢?题目中提示道,平庸不等于平常,也不等同平凡。宋明清时期,"平庸"这个词开始被普遍使用,大家觉得做人怎么样都行,唯独不能平庸。什么叫怎么样都行?比方说像燕子李三当个行侠仗义的小偷也可以,这里的小偷可不平庸,《天下无贼》《小偷家族》《扒手》等许多影视作品都以其为题材,还时常赋予他们帅气的外形。即是说我们认为平庸要比平常、平凡更差一点,这就涉及非常复杂的精神现象学的问题:怎么能把人划分等级呢?

海德格尔的学生阿伦特曾数次在书中表现出对平庸的追问。《艾希曼在耶路撒冷》是一部带有学术性的报告文学,阿伦特在书中把审讯艾希曼的过程完整记录下来,并于前言中提出了"平庸的恶"的概念。这促使我们对这一问题进行重新思考:为什么我们不能忍受平庸?之前我们提到了海德格尔,因为"平庸的恶"的提出和《存在与时间》或存有很大渊源。海德格尔在《存在与时间》中描述过这样一种人,中译为"常人"。德文原文为 das Man,德语代词 man 的意思是"某个人",英文或译 the Anyone,任何人;或译 the They;或译为 Massmen。海德格尔以 das 加于首字母大写的Man之前，表示"这一个"，喻示着"我"就是"这一个"，但是会泯然众人之中。所以，我们每个人都会是"常人"，其根本特征是浑浑噩噩。什么是浑浑噩噩呢？就是不去思考。下午一点半我来上课，却丝毫不会去想我为什么来上这个课；晚上准时拿着餐盘去吃饭，看新闻，按时看书后按时睡觉……一天过完了，却不去思考为什么要这样过完一天，思考成为一种负担，"为什么"使人疲惫和头疼。但就一个求知的人而言，思考与追问是永无止境的，要思考问题——尤其是哲学问题，就势必应当思考这个问题的前提，前提还有前提，前提的前提之前仍有前提，须一直追问、追问、再追问，追至最根本的问题，而这个问题往往是虚无的，如果你没有从根源的追问中感到虚无，说明你的追问仍没有达到应有的深度。但事实是，通常状态下许多人不愿这样去做，阿伦特所谓"平庸的恶"，指的就是"不思考"引发的后果。比如，作为替纳粹工作的一个监狱长，上级叫干什么艾希曼就干什么，他尽量把工作干好，而不去思考工作本身是否正义，是否有意义。上级当然喜欢这样的员工，但人不能只为上级而活，也不能单单为了利益而活，拒绝平庸就是不去成为别人"肮脏的手"，要思忖他叫我干的事我该不该干。我曾经说过，累活可以干，但脏活不要找我，累一些没事儿，但我绝不做伥鬼。艾希曼就不是这样，被要求把犹太人送到炉子里去，他就去送，对他来说，炉子里头是人还是面包没有区别，因此他的焚尸效率一直很高。他勤勤恳恳地干活，忠实完成他的工作，但正如我们先前说的"蠢人的坏",这种平庸也浸泡出了一个"恶人"来。①

我们都是平常人,不必时时刻刻都在思索,在琐碎的事情上没完没了地追问,但在一些重要的问题上,思考是必须的,否则就要被生活、被时间、被旁人浑浑噩噩地牵着跑,就要被挤压在拥堵的人群中,被推搡着朝着唯一的方向前进。随大流大概可以被理解为所谓平庸的恶。《红楼梦》中有这样的场景:黛玉路过一个院子,听到院子里头雇来的戏班子在唱《牡丹亭》,她听到"良辰美景奈何天",听到"如花美眷,似水流年",心想原来戏文里也有这样好的句子,令人心有戚戚、感同身受。林黛玉当时不过十来岁,若是现在的学生,才读到四五年级,却已经感叹红颜易老、青春不再。

古典诗歌里不乏慨叹时光易逝、美丽短暂的句段。当一个人突然领悟到个体在时间长河里很容易流失的时候,自这个刹那起,他就不再平庸了。我们都曾有过类似的体会,譬如本科的日子忽地就没了,什么惊天动地的大事也没有发生,悄没声儿地就不见了。又如现在我们在随园生活、学习,总抱怨校舍的基础设施差劲,但毕业之后突然觉得,随园可真美啊!这种感慨是十分平常的,可只有当我们仍在随园的时候就领悟到,在随园的时光很快就会终结,才不落于平庸。一切美好的事物都是短暂的——这样的情绪鞭策我们思考:我为什么这样活着?这样活着值不值得?

---

① [美]汉娜·阿伦特:《艾希曼在耶路撒冷》,安尼译,译林出版社2016年版。作者按:阿伦特认为,"平庸的恶"(亦译"恶的平庸性")是指一个人犯下恶行时拒绝判断和考虑受害者的经历。我认为,阿伦特这个概念和海德格尔的"常人"也有深层次相通。

我为什么生活在这样的境况中？我要改变！唯有这样，才足以规避平庸的恶，智商与情商才开始长久地在线，而激活它们的就是灵感。灵感是不着踪迹的，忽地出现，再突兀地消散，只有当"知""情""意"附着上这几乎绝望的希望的灵感，才能得见智慧的全貌。

我认为美学智慧是个同义反复词，只有美学才有智慧，也只有智慧才有美学，美学与智慧是几乎等同的。"美学"一词来自日本，而在西方它被称为"感性学""感觉的科学"，这是更加准确的翻译。美学的"學"与感觉的"覺"之间存在很强的相连性，训诂学认为"学者，觉也"，要通过"学"来"觉"，这个字的本义现在还比较难求，但它内蕴的东西，我们从字形结构上仍旧可以体会出一些。比如中间的这个"爻"——在如今的中国已经看不到了，但是日本有些房屋上还残存着——它与"天"有着神秘的牵连。日本把从中国传来的传统文化都保留了下来，唐朝以前中国人吃生鱼片，如今我们早已不再这样做，但日本人还在吃，这吃法十分符合道家的思想。起初我不太能接受日本的吃食，但品尝过一次后，感受到它特别的魅力。日本的饮食少油冷食，适合养生，重视食物的本味。回到"學"与"覺"中的"爻"上来，这样的字形在日本汉字中仍然被保

日本福冈宗像大社（高文君摄）

留着，像是屋顶上的天线，他们认为这是殷商时代的东西，于是哪怕看起来没什么效用，也还是将其保留得很好。从前我不理解日本的艺伎文化，心想在脸上涂抹厚厚的粉，有什么好看？可回头一想，我们中国的脸谱也是一样的，油彩脂粉一裹，看不见里面的东西，很有点玄妙的、混沌的味道。这些东西似乎暗含哲学意蕴。天线一般的"爻"说明"學"与"覺"与天有关系，"教學"的"教"也是一样，原本头上有"×"状的天线。也就是说，"美學"这个"學"，就是感性学或者说是与天相通的感觉。

香港人有一段时间喜欢在标题中加上分隔符，以此生出特殊的意义，比如"如果·爱"，我认为"感·觉"也可以这样来看。这种停顿，很好地强调了对每个字的独立体会，我们习惯于将感与觉串联为一个简单的词汇，但黏合的"感觉"往往指的是我们的"感"，而不是"感·觉"，缺乏由感到觉的过程。有时候，我们吃一道菜，会"好吃得想哭"，为什么好吃会让你想哭？学校前头的敬师楼，我经常去吃，有一次老板给我吃了一碗他自己吃的馄饨，我吃了就想哭，因为它的味道与我老家的大馄饨如出一辙，肉和菜糅出的味道正是小时候的回忆，这种味道是跨越时空的，所以催人落泪。后来有一次我说："我想点你们老板上次吃的那碗馄饨。"服务员给我上了一碗，却没有了想哭的味道，哪怕之后我每次都顽强地就要那一碗馄饨，也永远吃不出那个味道来了。"味·道"没了。

食物竟然能凝结如此多的情感在里面吗？西方人没有太多的讲究，一大块牛排，生拌蔬菜或是切片面包，抹上点酱料就能吃；中餐可不行，中国人特别讲究味道，要把食材放进锅里熬煮、煎炸、翻炒、闷蒸，再搁入不知几许的调味佐料，这叫入味。为什么爱你就要煲汤给你喝？因为下了功夫，花了时间，才能让我的心和情全部入味。好好的肉偏要剁成肉馅，才能浸入复杂的滋味，而各种滋味纠葛缠绕，猝然相遇，一碗馄饨才能让我吃出眼泪来。"味·道"，由味悟道，古代文论中的"滋·味"也是同样的道理。这个字眼实在可怕，它与传统哲学中很大的概念——道——连在一起，一口咬下去，里面居然有道，你说可怕不可怕?! 形而上者谓之道，味道意味着你的舌头、口腔里品尝出的东西已经触及形而上的领域。

越高级的东西味道越复杂，越难以言说，譬如茶。它的味道往往溶解在水里、在气里，这种"道"在气味与滋味之间反复流变，最后形成了一种缥缈的、无形的感觉，停留在味觉与嗅觉的临界处，定格在让你心思飘摇的某个节点，生发出某种禅的意境。日本人讲茶道，许多"道"如今在日本文化中表现得更加明显。茶道，也还是一种味道，还是依附于对味的"感·觉"而形成，古籍中说"圣人含道映物，贤者澄怀味象"[1]，就是把物象当作滋味来体会、体验、体察，就是通过一种感官来触碰它，并从中"觉·悟"到一种道，从感觉上升到道的层级。中国人认为，味道是最难做的事情，要喝过多少好茶，才能品出其中的各种味·道？文学院曾有一位老师，喝五粮液，能说出酒的年份，每一杯都能细细地品出是多少年的。我曾调侃他有一张"腐败"的嘴，毕竟好酒喝少了，可"练"不出这样传神的舌头。

---

[1] 〔南朝〕宋宗炳：《画山水序》。

即是说,当"感"最终到达"觉"的时候,美学就产生了,因此我们说美学就是一种智慧,能够从任何东西里都品出一种微妙的、形而上的道的人,必然拥有某种智慧。如果说"美学智慧"显得重复,我也可以将它转译为:被美惊醒。

没有美感的人不会心动,当某个存在突如其来地打动了我,那一刻,美冲破了我的一切防线,令我从平庸中惊醒。什么是惊醒?惊醒也就是觉醒。曾有朋友对我说,有一次他在火车上正睡得迷迷糊糊,却陡然清醒,抬眼一瞧对面坐着一个美丽的俄罗斯女孩,美到什么程度呢?她让他产生了某种凛冽的感觉。这就是被美惊醒。这让我想起小时候看过的一幅俄罗斯的名画,克拉姆斯柯依的《无名女郎》,有人认为那是托尔斯泰笔下的安娜·卡列尼娜,画中人是一位坐在马车上的贵族小姐,记录的是马车自我们眼前掠过的一刹那,那位小姐高傲而美丽。

美,令我们从庸庸碌碌的日常生活中突然惊醒,在无聊的生活中打动我们的神经,叩响沉睡的心灵。在大多数情况下,我们的感觉都在沉睡,处于浑噩的状态之下,此时的人凭借智力活着,凭借道德感活着,或许应当与不应当都十分清楚明白,但情商、情感、情性却仍旧处于休眠状态,于是人在平庸中回避思考——我们需要让它惊醒。

美学就是这样一个让感变成觉的复杂过程,我们之所以将美学认作一种智慧,正是因为在惊醒的刹那里,包孕着谓之永恒的东西。

第三课　走神、凝神、出神

在前几节课我们提到过，审美判断的第一眼很重要，它足以包孕一个人所有的感悟、理解及其美学理念。康德的一大贡献，就是指出这是一种特殊的判断力。在"第一眼"之前，我们心中已有一双眼，品读过的书籍、赏阅过的影视绘画，这些社会文化因素的熏陶潜移默化地打磨着我们的感觉体系，正是这种持续性的改变，催生了"第一眼"的判断力。

贡布里希说书法是中国特殊的美学，西方人很难领会[①]，也有人说书法是一种哲学化艺术，为中国人所独有。有的人一看到经典书法作品，就被震惊到，认为唯有天才能创作出来，但另一些人看到它却毫无感触，这就证明"第一眼"是植根于文化、观念的，看似瞬间到达的判断。实际经过漫长积累。李泽厚把这一积累归结为经验变先验的过程。我觉得这种论断确实有点道理，所谓的经验即"经历过的东西"，事情发生之后才能叫经验；而先验则是事先的，用康德的话说是"验前"的，西方哲学、美学或者

[①] 《贡布里希论杰作的产生及其验证》，列勃编译，《新美术》1985年第4期。贡布里希认为，书法在中国文化中的作用与音乐在西方文化中的作用形成很好的对比。

说整个西方文化，都十分重视这种先验的观念。中国却与之不同，有人说中国推崇的是经验理性，我们的美学及哲学中从来不乏经验主义，而先验的成分就相对较少。经验不可或缺，但先验思维方式的重要性同样不容辩驳。毋庸讳言，中国缺少这根弦，这就是中国科学发展较缓慢的一个重要原因。但是李泽厚说得好，我们是经验变先验。在审视美的事物之前，我们就已经备好一种内在的尺度，一种事先的眼光，每一双相似的肉眼背后，是独立的"心眼"。读了中文系，看文学作品的眼光就变得不同；读了社会学专业，看社会的眼光也便不一样；读政治学专业看权力、读经济学专业看金融都是如此，"眼"的后面就是"心"。

眼与心连在一起是什么？是观念，眼观为看，心中具有的是念。观念体系，强调的就是肉眼之后的"心眼"。通常我们说到"心眼"的时候，大多要牵扯到品德和德性，譬如"看看你这德性，心眼太坏了"，但实际上"心眼"包含更加广阔的意蕴，它作为个人探究世界的整套观念体系而存在，事物总要通过心眼来成像，这和肉眼一样，有的人要放近了才能看，有的人则要放远了才看得清，心眼也有近视、远视、老花，因此三观不同的人所见不同，是无法进行交流的。中国人特别注重视觉，我们常夸赞一个人有"眼光"，眼睛是不能发光的，它只能吸收光，因此以眼为光，意味着有光照进我们的眼睛里，但是"有眼光"却是一种主动性的行为，要似向阳花那样去寻找光、吸收光，从而欣赏到美，因此有眼光即拥有发现美的眼睛。如此看来，"审·美"是一个辛苦活，后头暗藏着一只"眼"。它同我们的"心·态"——心灵状态——息息相关，因此在审美之前，必须拥有正确的审美心态。

鲁迅在杂记里曾描写过这样的场景：外面苏州河上有个寡妇在哭她死去的小孩，隔壁的人在打麻将，而他在写自己的文章。深更半夜，河上寡妇的哭声滔滔不绝，隔壁的麻将声延绵不断，哭啊哭啊哭、闹啊闹啊闹，他的感觉是什么呢？——烦！于是鲁迅得出了什么结论呢？写文章的人厌烦打麻将的，并不是因为写文章的高人一等。人家哭得才最真诚，麻将打得才最酣畅，文章未必写得出这些真情实感，所谓厌烦，只是由于"人类的悲欢并不相通"。①这是个很麻烦的问题，小小的一块空间里，她在伤心她的，他在忙碌他的，我在思考我的，彼此的哀乐很难沟通。鲁迅意识到人与人正被社会分割开来，"共情"和"移情"的能力发生了群体性的消退，个人的喜怒哀乐逐渐由开放走向封闭。苏东坡的《赤壁赋》里也有个孤舟上的寡妇在哭（泣孤舟之嫠妇），可她就能引动一种心底的凄然，或许这说明那个时候，人与人之间还是互相连通的，进入现代社会之后，沟通就变得困难。鲁迅说发现人类的哀乐不相通了，其未尽之言大抵正是"人的哀乐本来应该是相通的"，共通感是存在的，但如今它被阻隔了。是什么将之切断了呢？我们应当循着这句未尽之言好好做一番思考。

审美时预备的心态，应当能够唤醒这种共通感。日本的茶室总是很矮，喝茶的时候，两个人面对面地坐，慢慢地品，不发一言，谓之茶道。可见"品"需要一种恰当的心态，需要一种氛围、一种情境，甚至需要一套非常复杂的机制，这种机制下的心态，常常成为文化的标志。一个被愤怒掌控而失去理智的人，进入不

---

① 出自鲁迅《而已集》最后一篇《小杂感》。

了审美状态，因为他既无法感受快乐，也不与哀愁产生共鸣，心态须得经由调控纳入某种机制之下，才能进入审美的领域。贾宝玉拿起一杯茶，一下就喝完了，妙玉便说你这个哪里叫喝茶，"一杯为品，二杯即是解渴的蠢物，三杯便是饮牛饮骡了"，饮茶就是要慢慢来，要一小口、一小口地细品。江苏有个吃汤包的秘诀：轻轻提，慢慢移，先开窗，后吸汤——这其中不也正有一种美学规则吗？若是没有这一整套的方法规范，就很难领略到它想要你领略的那种滋味，就像猪八戒吃人参果，囫囵一口吞下去，不可能吃出什么味道来。

茶道是这样，汤包是这样，音乐会也是这样。很多人不会欣赏交响乐，每当一个乐段达至高潮，感觉自身充溢着热情，就要奋力鼓掌叫好，结果掌声把演奏者的节奏打乱了。为什么听音乐会不能鼓掌？古典音乐难道没有那种激昂的乐段，使人听得热血沸腾，使人听得不仅要鼓掌，还要跳起来随之舞动吗？为什么不可以呢？因为存在一种可怕的机制，施下了定身咒，布下了噤声法。

审美心态的确立，需要这样的一种机制，它让我们面对再美的对象，也不至失去冷静。即使听到再优美激昂的音乐——瓦格纳、贝多芬也好，柴可夫斯基也罢——就算心中再热情澎湃，脸上也要浮现出淡定的笑容。这种审美心态，就叫作静观。幼儿园老师告诉小朋友："安静下来，小手放腿上，不要乱动。"很多人说这种中国式教育是对儿童天性的扼制，远不如西方教育的自由宽松，我先前也曾认同这一点，可后来发现大错特错，西方的教育中实际也有非常严格的规训。"规训"是福柯的用词，意味着从身体到心灵都很规矩,被驯化到要求的状态。《小王子》里讲过"驯化",有的翻译成"驯服",基本内涵是要我们俯首帖耳地顺从。在这里,它把驯化类比为爱情——这曾叫我心里一痛,怎么连爱情也需要这样呢?或许因为爱情是人类活动当中最接近审美的,毕竟如果一个男人不愿为你写诗,他一定不是真的爱你,爱情是人类最自然的、最基本的审美活动。

我想说的是,在任何一种文化中,无论是中国文化、西方文化,还是其他文化,为了养成某一群体的审美心态,一定需要某种机制性的、体制性的保证,听音乐会就是不能激动和鼓掌,无论是演奏者还是欣赏者都是如此,要保持一种审美静观,这在中国文化中,被苏东坡总结为"虚静"。"空故纳万境",唯有虚空足以收纳万物,包孕一切的一、一的一切;"静故了群动",只有体悟静才能感受动,静与动永远是相对的,当世上的一切安静下来,世上的一切就都灵动起来。[1]我把整个心脏掏空,才能装得下你,这也彰显出虚静的审美状态。如果一个男同学心里装着全班的女同学,怎么还能完整地爱一个人呢?这是不可能的。审美要求首先把原有的、所见的一切都虚化、淡化,进入空静、虚无的境界,之后再打开全部的感觉,全身心地接受眼前唯一的审美对象。朱光潜先生说"以出世的精神,做入世的事业"[2],以出世超脱的精神来观察人是怎么入世的,这就是审美静观的心态,而这种心态之外的复杂机制、体制的保证,值得我们进行深入研究。

---

[1] 苏东坡《送参寥师》,原句为"欲令诗语妙,无厌空且静。静故了群动,空故纳万境"。

[2] 朱光潜:《给青少年的十二封信》,安徽教育出版社1996年版,第74页。

古希腊人也谈静观，他们认为最好的智者一定是运动场上的旁观者，运动员在赛场上看到的永远是有限的，哪有观众看得多、看得全面？旁观者不仅纵览整个运动场，甚至还把观众席的千种姿态尽收眼底，因而旁观的状态是哲学家应有的安静的、审美的状态。①古希腊运动场上的这种观察尽管说是处于哲学层次的，但观察者既已被隔离在赛场之外，不能下场比赛，也不能像教练那样参与指挥，更没有权力掌控全场观众的喜怒哀乐，他们与对象被间隔开来。那么，从某种意义上看，这种静观、这种把某个人从某个世界里抽拔出来观察，不是很可笑吗？机制就是像这样设定一个场所，在这个场地中提出一系列的要求，并依据要求让你自动择取某种指定的心态去欣赏某种指定的美，它并不复杂，但必然需要强大权力的支撑。

当我们安静地坐着，看起来就会很超然、很哲学、很像佛教的入定——许多宗教提倡抱持静观的状态，以此来进入美学的、审美的领域，学习也是一样，要求"心静"的状态，为此，我们会采取种种机制、种种体制、种种手段。但美并非只有一种，而审美也不是只有这一种心态。我们这里要说的是另一种看似低俗的形式。有一首歌唱道："如果快乐你就拍拍手，如果快乐你就跺跺脚。"需要你痛快地拍手，热烈地跺脚；还有一些"战前"的动员，就要用最简练直接的话语，调动最灼热真挚的情感，以期听众处于一种全面活化的、积极的状态，这是一种全身心投入的形

---

① ［波兰］塔塔尔凯维奇：《古代美学》，张卜天译，商务印书馆2023年版，第116页。按：毕达哥拉斯学派的概念"静观"（contemplation），将旁观者的立场与行动者的立场相对照，认为静观是最崇高的，包含着对美和真理的观看。

式，我们全身心地投入对象中去，全身心地投入那种激情的状态。"感到快乐你就拍拍手"式的音乐常被认为是洗脑歌，龚琳娜的《忐忑》也是这样的歌，但说到底，什么歌不是想要"洗脑"，不是想要调动一切情感以求同调呢？

《庖丁解牛》的开头有一段描写，说是庖丁所有动作都契合音乐的节奏，因此动作宛若舞蹈。这就是全身心投入的状态，要我们拍手我们就用力拍手，要我们跺脚我们就用力跺脚，彬彬有礼地坐在那儿反倒不像话。音乐节里其他人都在疯狂地跳、疯狂地闹，你矜贵肃穆地坐在那边，就要被人当作怪物。特蕾莎·梅访问非洲的时候，曾跟着原住民一起舞蹈，后来被议会中对立党派的议员耻笑——英国的绅士淑女怎么能跟着这些人一起扭屁股呢！这是一种偏见。现在的艺术正往更加多元化的方向发展，譬如，最为人熟知的美国摇滚乐就是打破了静观的美学方式，在激情的状态中享受成为新的审美机制，这意味着我们的审美心态正随着艺术品类的改变而变化。

尼采对此总结得很精辟，他说静观的是梦，而激情投入的是醉，当众人皆醉，没有人能够独醒。为什么众人都醉了？充盈着生气的美是永远处于汹涌澎湃的状态中的，没有人能置身于春天的生机之外冷眼旁观，这里的旁观者不是哲学家，而是傻瓜。尼采在《悲剧的诞生》里把醉的状态描写得很好，一种狂欢式的激情，需要狂欢式的投入，在那样一种狂欢、欢乐的状态中，万物彼此交融。①《狮子王》中就有这样的一个片段，狮子、老虎、大象——所有的动物都在舞蹈，消弭了物种界限，西方狂欢节的真谛也是如此，剥去阶级，剥去种族，剥去宗教的分界，只剩每个人共同的、内在的亲切。中世纪以后，这一节日因不分男女而被斥作淫乱，但它的内在精神，确确实实破除了人与人之间的差别，他们收起平日的冠冕堂皇，沉浸在"醉"的状态里，此时万物平等，书记和小职员的醉酒状态没有差别。这意味着所有外在的机制都被打破了，与此同时，内在的自我也在被打破，舞蹈、音乐、诗歌、绘画等艺术媒介混杂交融，融合为复杂而极致的全新的美。

这就是打破静观的美，这就是行动的美。原本的审美体系不复存在，现存的规范、习俗不复存在，被长久的寂静掏空了心、在原处画地为牢的人，终于听到一根针落地的声音，于是一下子激动起来，全场都跳跃起来，热血沸腾起来，此时虚静不可能了，所有的规范都不可能了，一切节制和压抑都不可能了，所有的表情动作都涌现出来！审美不会是僵死的，打破机制、静观意味着新的审美心态、新的艺术形态的诞生。

---

① [德] 弗里德里希·尼采：《酒神美学》，孙周兴译，商务印书馆2020年版。尼采曰："我们不妨把贝多芬的《欢乐颂》转换成一幅画，让我们的想象力跟进，想象万民令人恐怖地落入尘埃，化为乌有。于是我们就能接近狄奥尼索斯了。现在，奴隶也成了自由人……现在，有了世界和谐的福音，人人都感到自己与邻人不仅是联合了、和解了、融合了，而且是合为一体了，仿佛摩耶面纱已经被撕碎了，只还有些碎片在神秘的'太一'（das Ur-Eine）面前飘零。载歌载舞之际，人表现为一个更高的共同体的成员：他忘掉了行走和说话，正要起舞飞翔。他的神态透露一种陶醉。正如现在野兽也能说话，大地流出乳汁和蜂蜜，同样地，人身上发出超自然之物的声音。……人不再是艺术家，人变成了艺术品：在这里，在醉的战栗中，整个自然的艺术强力得到了彰显，臻于'太一'最高的狂喜满足。"

遗憾的是，中国古代少有这样彻底打破机制的艺术，真正的庖丁解牛式的艺术，"解衣槃礴臝（裸）"（《庄子·田子方》）式的忘形忘我的"真画者"，并没有很好地存在和延续下去。魏晋风流曾高度标举艺术，但最终崇尚的还是少数，因为作为文化主流的儒家不是这样的观念。同样的，西方欣赏艺术的主流也同样是刚才所说的"观"的方式。于是，在很大程度上，当我们接触了原始的或者边缘的艺术比如黑人音乐的时候，才会知道还有这样一个世界，要求我们把所有的形式都解放，从心态开始反叛"审美的规则"。

至此，我阐述了审美的两种心态，但无论走向的是规则的遵循还是打破，审美欣赏开始之前我们都需做好准备，即在考虑审美问题之时，要把"验前"的东西重新检查，这样一来，当与美的对象猝然相遇，才能以特殊的心灵方式来及时应对，而不至于捉襟见肘。

实际上，无论是静观还是迷狂最终都要求达至身心合一的状态，要求令自身在艺术审美中和对象一起兴发，身在焉，心也在焉。但是心与身的关系，有没有分离的时候呢？自然也是有的，譬如我们有时说"心不在焉"，就是某种程度上的一种"灵魂出窍"，人在这里坐着，心思不知道跑到哪里去了。

走神是上课时最常见的思维活动，有静态的也有动态的，这种行为发生得自然而然，甚至好久之后才能被自个儿察觉。曾有一次我坐地铁时走了神，醒悟过来发现已经过了好多站。估计大家听课也是这样，一转眼耳朵里就全是没听过的站牌了。坐过站其实很简单，无非停下来，到对面去，按相反方向反推回来，画个路径就是字面意义的曲折——这是走神的代价。走神到底是什么意思呢？我在这里上课，你的心不在我这里，心不在焉身在焉，好似用一个假的肉身值守的孙悟空，心早已脱离化身"呼——"地一下飞到菩萨那里去了。

手机端互联网是促使走神现象发生的罪魁祸首。各大社交平台诸如微信、微博、抖音，上面的内容往往像是套娃般的一个接一个，叫你不自觉地轮番点下去，直到完全想不起来最初打开客户端的目的是什么。最开始的时候，我们把上网叫作冲浪——冲浪是什么意思呢？人从一个浪被推向另一个浪上，来回不定。所以有时候用电脑会让我感到心慌，一个页面接一个页面地弹出来，仿佛要把人淹没。看电视也是一样，我们常常好几个频道之间来回切换，这边放着《甄嬛传》，那边看看《延禧攻略》，看腻了再切换成别的什么，这同样是在不停地冲浪，也就是不停地走神。再如女孩子结伴逛商场，看看金鹰商城的衣服，看看德基广场的鞋，再看看大洋百货和中央商场的裙子，有了中意的也要继续逛，看遍了再回来买，可实际上当真看遍了的时候，早就忘记了最开始的那件挂在哪里了。"逛"是用脚走神，"冲浪"是用手走神，它们本质上是一致的。

那么，我们为什么会不断地走神呢？走神究竟是好事儿还是坏事儿呢？有的人认为走神就很好，它让我坐在这里，也能听到隔壁的音乐，生活实在太单调、太无趣、太乏味，有东西能吸引我的神思出去走一走，岂不美哉？毕竟美的事物才会让我们走神，才会让我们不自觉地为之吸引，让我们想要不停地逛逛逛、买买买。之前，我们谈到海德格尔的 das Man，即大众，这些人的特点也就是逛逛逛、买买买、点点点，在生活里漫无目的地游荡，而这样的无聊将会催生平庸的恶。可见，很多事情的好坏不能被简单地定性判断。譬如，江苏省曾将"好奇心"作为高考作文题，很多考生自然而然默认了好奇心的积极意义，可好奇心就一定是最好的吗？不一定，比方说在佛教教义中，真正值得提倡的是平常心，一旦有了好奇心，看这个也奇，瞧那个也怪，最后总要沦为海德格尔所说的无聊。好奇本就是种心，为什么还要在后头复加上个"心"？怎的没有"疑惑心"或是"兴奋心"？正因为这个词自佛教翻译而来，才不完全合乎汉语的习惯，别有一番玄妙的意味。因此，我认为那一年的学生所写的文章，切中这一主题的为数不多。

那么，究竟该如何定义"走神"的状态呢？在这里，我愿意将其看作"类审美"。它往往与大众和大众文化相连，与审美若即若离，似是而非。我看张保庆，或是看魏璎珞，都只是在"看"，心中并无任何触动——毕竟谁还会记得前年的电视剧呢？中国的、美国的，或是任何国家的大众文化，瞄准的都是人们的欲望，推销的文化产品都与此精准挂钩，这是一个甜蜜的圈套，于是点了这个还要点另一个，点了另一个还有下一个，我们总是控制不住自个儿的手，心在扑面而来的快感中选择和穿梭，蠢动和漂移，似乎无比自由，仿佛与审美的状态如出一辙。但这真的是自由吗？这种欲望和选择是完全由你个人决定的吗？并非如此。这是一种"平均的欲望"，产品经由前期的市场调查以大众为锚点，而不针对任何一个特定的人，最典型的案例要数"苹果"系列，曾有人卖肾也要买"苹果"。为什么卖肾也要买"苹果"？就是因为"苹果"公司以大众的欲望欺骗了个人，诱导个体在从众心理的驱动下将平均化的欲求误认作自身的欲求。这个季度再不换最新的"iPhone"，仿佛就落伍了，只有换上拿在手里，才能产生虚幻的满足感。我想要强调的是，"类审美"确实有着"走神"式身心分离状态，但这种身心分离未必能够达至审美。美学让我们的感觉从身体的桎梏中分离，让感觉找到出口，令我们在感觉的同时也感觉到某种超出感觉的东西，也就是说，美学要自感觉到超感觉，而至于"走神"这般的"心不在焉"，与真正的审美还是存在差距的，只能称之为"类审美"。

除此之外，还有一种最彻底的"身心分离"状态，即让电脑替代人类进行计算，当我们借助"外脑"作为器官的延伸，以心对机器发出指令，身与心就实现了切实意义上的分离。机器人或是电子计算机能精准而迅速地完成非常复杂的运算，而如果人类也如此沉迷计算，其实相当于将自身转化为了机器，譬如在我们全神贯注于刷题的时候，大脑在高速运作思考，而不需要身体其他部分的加入，某种程度上就实现了身心分离。

总的来说，身心分离是很复杂的一种状态，既要有感觉，有对感觉的感觉，还要有超出感觉的感觉，凡此种种怎样协调，此间比例如何搭配，都是艰难的判断。我们可以自"走神"中近似地体会审美的心态，但想要触及美，单单"走神"远远不够。不少人认为"游"是中国古代审美的一个重要特质，即自由地游动，而在当代生活中，"走神"实际就是一种"网游"。当然，除此之外，审美还有另外的某种特征，古人把它概括为"凝神"，因此欲于身心分离中达至审美，就要自走神到凝神。

凝神，简单来说就是集中注意力——这种通俗化的解释看似没什么不对，却令人厌恶。许多经典就是在通俗的概括中变得乏味空洞的，无论老子、孔子还是庄子，都有很多通俗的阐释者。他们在理解和阐释中将文段的原义完全稀释化，使之成为一种寻常的、平淡的道理。把凝神看作集中注意力，就是这样的一种拆解。注意力确实很重要，正如黑格尔所言，人与动物的一大区别即在于能够集中注意力，注意力凝聚之后才有了精神，因此在动物界未曾有精神产生。①但什么是注意力呢？它的边界确定吗？通俗的解释总用一个最常见、最普通、我们最容易接受的概念来帮助理解，以概念诠释概念，以简短的话语概述范畴，一旦我们对此全盘皆收，就将失去思考的能力。"凝神就是集中注意力"这个解释很不够，这是一种怎样的注意力？它要注意什么？是对象促使你产生了集中注意力的力量，还是你自发地将注意力集中于对象之上？它最终要集中到哪里，哪个层面？又是一种怎样的集中？这些都是简单定义之后隐含的深层问题，我们不能放弃这种追问。

那么，究竟什么是凝神呢？庄子说"用志不分，乃凝于神"②，志者，心之所致也，心去往的方向笃定不分散，这个时候才能凝于神。"凝神"这两个字首先出现在《逍遥游》中，姑射之山的神人，"其神凝"，王夫之认为这是《庄子》中最重要的三个

---

① ［德］黑格尔：《精神现象学》，贺麟、王玖兴译，商务印书馆2017年版，第7页。
② 《庄子·达生》，原句为"孔子顾谓弟子曰：'用志不分，乃凝于神。其痀偻丈人之谓乎！'"

字①,"三字一部《南华》大旨"!"用志不分,乃凝于神。其佝偻丈人之谓乎"——凝神是什么呢,是一个佝偻的老头在粘知了。粘知了这事儿或许大家已经不甚熟悉了,具体动作是在竹竿上涂抹黏稠的桐油,去粘树上的知了。在庄子的形容里,老头粘知了的动作十分熟稔灵活,就像捡起东西扔进筐子里一样,一粘一个准。粘知了做什么呢?吃——中国人最是爱吃。知了就是蝉,夏天总是有层层叠叠的蝉鸣,它们从篱笆里钻出来,慢慢蜕变成蝉,秋天的蝉则被称作"哑蝉",少有鸣叫的。有人问粘蝉的老人有什么诀窍,知了是飞动的、移动的、灵敏的,为何你这把年纪佝偻着身躯却还能一粘一个准呢?老头回答他的就是这八个字:"用志不分,乃凝于神。"当所有的精力和力量全部凝聚于一点之上,竹竿就有了神力,这就是"乃凝于神"的厉害。

"走神"时精神力量无疑是分散的,零零散散成为无数个细碎的点,而"凝神"则要求我们将其集中在一点之上。维特根斯坦有个观点很好,天才并非有许多的光,他只是善于把光集中到一点上。把所有的精神力量聚集于审美对象之上,这就是审美的"乃凝于神"。解牛的庖丁也是这样,刀在牛的身体里游走时须"以神遇而不以目视"②,当解牛解到这个阶段,凭眼睛看已经不行了,需要借助作为精神器官的神——后面再具体讲什么是精神器官,这里我们需要注意的是,只有凝神才可得心,而只有得心才能应手。杜甫诗曰"读书破万卷,下笔如有神","破万卷"是

---

① 王夫之:《庄子解》,中华书局1964年版,第6页。
② 《庄子·养生主》:"方今之时,臣以神遇而不以目视,官知止而神欲行。"

心,"如有神"的则是手,即便读完九千九百九十九本,没得那一点"神",也只能下笔如有"鬼",有时很流畅,有时却头疼得要死,像是挤牙膏,挤、挤、挤,痛苦啊!因为你挤得痛苦,所以我读得也痛苦。希望大家都能于万卷书中抓住这一点神,这一点灵性,这一点心手合一的光,达至"笔所未到气已吞"的境界。

通过凝神,感觉与精神得以相互转换。如今我们看电影,已经有了3D、4D甚至5D,所有的感觉随着虚拟影像实时呈现在我们面前,当座椅摇晃震动,地震就发生了;闻到刺鼻的臭味,榴莲就过来了。这就是感觉的精神化,"神遇"无须"目视",精神感觉不必实际感觉到这种感觉,而是去感觉这种感觉。当被告知"有只癞蛤蟆",或许下意识就会恶心、不舒服,而如果拿出图片和影像来,这种感受将被进一步加深,这种感受是建立在既有经验之上而以精神想象为依托的,因此既是精神的,又是感觉的;既是实在的,又是虚幻的——"神了!"也就是说,"凝神"与"走神"的不同之处即在于,它意图聚集一切精神力量,以期消解主体与对象的区别。

中国人用筷子吃饭,这讲究一种巧劲。若是要物理学来推导如何把又嫩又滑的豆腐夹到嘴里,着实太难——要从怎么样的角度用力?用多少力?经过怎样的路径?便是花费九牛二虎之力当真算出来,也无法在短暂的过程中精准实施,用力稍过,豆腐就碎了,手腕一抖,豆腐就掉了。但不清楚数据,不经过计算,每个中国人都能在一个短暂的衡量后一举成功,这不正是庄子的"神遇"吗?不恰似老头粘知了的竹竿吗?此所谓得心应手。

徐复观曾用现象学来讲庄子,我觉得说得挺好,虽然庄子本身不是什么现象学派，但他确实强调了这样的一种精神，在这里客体与主体统统不分，意志的与理性的水乳交融。[①]虽然我一直反对把一切美学现象变作日常经验的做法，但美学中确实有很多部分须以日常经验为参照，就譬如"凝神"的状态，庄子对它进行了一种现象学的还原，让我们恍然大悟到它其实并不高深神妙。我们需要这样的现象学的还原精神。由此，我们同审美对象之间产生了一种可以描述的关系，一种能够被过程化、因果化、学理化和哲学化的关系，此即区别于"走神"的第二种关系——凝神对待。凝神对待之时，就是我们瞄准对象之时，电影中常能见到狙击手，当他的枪口锁定猎物的刹那，本身的状态也将凛然改变，所有的眼光、所有的力量、所有的精神都要蓦地汇聚于扳机之上，在这时，他与他的枪、他的目标之间就产生了一种"用志不分"的融合关系。

这是从走神到凝神，那么在这之上是否还有更高级的阶段？我来谈一谈"出神"。

所谓"出神入化"，什么是"化"呢？庄周梦蝶[②]，庄子梦见自己成了蝴蝶，自由无束，欣然翩翩，睡着的时候很美，早上醒来，却惊觉我其实是庄周，这就完蛋了——痛苦啊！奇怪啊！我究竟是由蝴蝶变成了庄周呢？还是由躺在这儿的臭男人变成了蝴蝶呢？庄子把这个梦境上升到了哲学层面，颠覆了真幻的边界，

[①] 徐复观：《中国艺术精神》，商务印书馆2010年版，第80—84页。
[②] "庄周梦蝶"这个成语源自《庄子·齐物论》："昔者庄周梦为胡蝶，栩栩然胡蝶也，自喻适志与！不知周也。俄然觉，则蘧蘧然周也。不知周之梦为胡蝶与，胡蝶之梦为周与？周与胡蝶，则必有分矣。此之谓物化。"

并把这种现象总结为一个很美丽的词，一个很哲学化的词——物化。直到现在我们还在为这个词争吵，弄不清它到底是什么意思。有人将其解释为"转化"，认为庄子关注的是人的心灵如何从一个状态转化到另一个状态，我不是很赞同，毕竟物化不是心化，它理应以物本身为重，至少应是关注事物怎样从一种物化为另一种物，而不是着眼于人心所感，虽然两种说法都是唯心主义的，但不能这样来曲解它。我们所说的"出神入化"的"化"，也便是"物化"的"化"。自然科学里也有"物化"，作为近代以后自西方引入的新学科，我们或可以借此理解这里"出神"的新"化学"。

庄子笔下有这样一群人，厨师长、给皇上做车轮的工人或是农民，他们都在劳动，却又不止于劳动，他们都是技术人员，或者说是匠人。我们提倡"工匠精神"，而工匠要有独属的精神，是很困难的，需要令技近乎道，将自己的一技之长磨炼到道的层面，用现在的话来说，就是工科后面必须要有理科作为支撑，"技"想要进一步达至更高的层级，必须要成为"道"。单单掌握了解牛的技术要领，是没有用的，要以神遇而不以目视，刀才不会卷、不会坏，才能"提刀而立，为之四顾，为之踌躇满志"（《庄子·养生主》）。庄子笔下的庖丁，善刀而藏之，便是技近乎道的范式。但在所有的技与道之后，其实还有更大、更重要的东西，那就是"化"。中国话叫"大化流行"，天地大化，只有感觉到化的境界，才能为天地所认可。

凝神是出神的前提，出神是入化的条件。完美拆解了一头牛之后，踌躇满志的伟大感觉平复之后，我突然觉得无聊，一辈子不过宰杀几头牛，这过程再诗意，实际上还是血腥，我纵是切出最整齐精致的牛肉，能送上君王的宴席，也不过是让他们饱餐一顿，对人类的贡献在哪里呢？解牛的时候我是一个哲学家，放下屠刀才发现自己是个为坏蛋服务的刽子手。哲学家庞朴写过一篇《解牛之解》，言道解牛不在牛，亦不在庖丁，而在解的过程，经过这个过程，庄子才不等同于庖丁，也不等同于粘知了的老人，他上升到了"化"的境界。①

怎样才能达至这样的境界呢？要"忘"。提起《红楼梦》来，一瞬间仿佛淡去了所有细节的故事，"红楼"成了一种情绪，一种说不出道不明的哀伤，这就是"忘"。金庸的小说里也有很多的"忘"，譬如张三丰教张无忌——"你忘掉没有？""忘掉了。"太极拳，无极即太极；风清扬传独孤九剑于令狐冲，令狐冲没有学完已经天下无敌，因为他会解构主义，会钻空子，在人家的空子里成功，忘却剑式，"独孤九剑"才不止于九剑，而是生产三百六十种变化。学会，然后忘却；凝神，然后出神；进去，才能出来。要解牛可以，踌躇满志也可以，但踌躇满志之后呢？就要学会忘了。当庖丁在某一日解完牛后感觉到无趣，这就行了，这个时候他就进入了一个更高的境界，他才恍悟原来君王也是牛，我得一天到晚盯着他，揣摩他的心肺，揣摩他的举手投足，揣摩他的一切，我是他的牛，他是你的牛，你是我的牛，完蛋完蛋，大家都是牛！内里都化为一样的，都差不多，不过是形态看上去有差别而已，这就是"齐物论"的观点。

凝神，然后出神。出神时我们感到空虚和迷惘，那么是什么

---

① 庞朴：《三生万物：庞朴自选集》，首都师范大学出版社2011年版。

觞动了这空虚,触动了这迷惘,触动了你的惆怅呢?正是凝神的过程。凝神时进入精神中的某种东西,使我们体悟到虚无,体悟到化,历经红尘之后才谈四大皆空,自始至终空无一物的,不是神佛,是石头。忘而后化,这是所有的宗教、哲学都必然具有的维度,我们经此获得对魅力的感悟。魅是什么?是某种神秘的东西。当我们说"她好有魅力",往往并不限于长得漂亮,那是某种神秘的、不可言说的情怀,它在一瞬间触动了我。宗教必须是具有魅力的,当这种魅力为人所体悟,人就从"忘感"到"忘言",进入了忘的境界,或者说是审美的极致状态。

　　出神中存在一种冥想的状态,十分有意思。某天上午,我坐地铁去仙林校区,对面坐着一个小女孩,穿着红色的小皮鞋,漂亮可爱,但她的神情让我有点担心,脑袋昂成七十五度对着上方,表情扭曲怪异,我看了她好久,心想这么小的年纪思想这么深刻,长大可怎么办哦。看着看着,又感觉有点不大对头,这个动作实在保持了太长时间,一个小孩面色凝滞地一动不动,可不是一句呆萌能概括的,我开始担忧她是否有问题。这时,坐在她身旁的妈妈一脸淡定地拉住她的手和她说话,把她从"七十五度"的深刻思绪上抓了回来。这一抓,女孩立刻乖巧地收回脑袋,倚到了母亲身上,这让我松了口气,孩子是正常的。好笑的是,当母亲的注意力撤走,她只用了很短的时间,便又回到之前的那个眼神了。后来我想,这眼神哪儿常有呢?似乎八大山人画里的鱼啊、鸟啊就都是这个眼神,似乎在为翻白眼做准备,眼白很多,目中无物,换句话说就像是看不起人。八大山人笔下的物是看不起人的,所以它不看,你不在它眼里,白眼对鸡虫,谁在意你是哪个,于是你只能看见我的眼睛发白的部分。冥想有时候就是这副目中无物的放空的表情。那一趟车，我的对面还有一对男女，其中的男生坐在挡板侧面，露出来的眉毛很帅，轮廓很帅，姿态也很帅，相比之下靠着他的女孩就显得平凡。结果到了站下了车，我再一看，心中点头："嗯，般配！"原来男生下了车后有了表情，身上那种脱俗的好看就随之消弭了，和女朋友站在一起，不过一对平凡而甜蜜的小情侣。佛教中的愤怒相也时常有冥想的味道，躺在那儿的卧佛也是，不过这样的冥想状态不再是"目中无物"，这回连眼睛也看不到，连白眼都不给你，他的眼睛在看自己的心。佛不看我并非就不渡我，不看你我才能见众生，不见凡尘才脱于凡尘，就像那个男生，不看我时很帅，看过来时就变得世俗了。

佛可以出神，人可以出神，甚至八大山人的鱼也可以出神，只要你是有精神世界的，因为精神世界可以孕育运作这一过程所需的精神力量。庄子的故事里有许多残疾人，他们都有着充实丰富的内心，庄子很重视这样的人，为此专门写了一篇《德充符》。"德"是指人内在的精神，"充"则为充盈、充满，也就是说，当内在的精神充盈、充满、充实之后，就出现了外在的符号化的表现，或者这"符"也可作"符合"解，即内心充盈之后，外在的形象就表现出符合内在的气质来。于是残疾也好，丑陋也罢，哪怕你比卡西莫多①还丑，只要内在无比充实，充盈到足以凭精神力量来征服所有人，你也能让所有女孩都爱你，成为"国民老公"；

---

① 卡西莫多，法国文学家维克多·雨果创作的小说《巴黎圣母院》里的人物。上帝把一切丑陋都给了他，他却用善良来回报这个世界。

同时所有男孩也都爱你,国王说:来、来,你来,国家给你了,什么都给你!庄子的说法自然是夸张的,这种"至德内充"若是置于文学上来说,便叫"腹有诗书气自华",博览群书,气质自然非同凡响。《庄子》内七篇的题目都有些奇怪,但是文章表达的意思却十分清楚,其中《庄子·德充符》强调的便是这样一种精神力量,它支撑起从凝神到出神的完整过程,并确保"出窍"的神思能找到归来的方向。

在庄子看来,肉体的残疾并不可怕,可怕的是精神的残疾。精神上残疾的是谁呢?曾经有学生回答说是孔子。《庄子·德充符》中一句既痛快也骇人:"天刑之,安可解?"西方文化中的上帝造人的时候,有的人是精加工,哪里都很漂亮;有的人是粗加工,像我这样的,看上帝心情;还有的人呢,看着相貌堂堂,实际某个地方给你弄坏掉——此乃天刑之,是老天动的手,人哪里有法子可解!他说孔子这样的人就是"天刑之",一天到晚在仁义道德的藩篱中画地为牢,不能得到救赎,这是上天给他的刑罚,这是他精神上的残疾。

精神上的残疾究竟有没有办法解救呢?庄子希望能有一种飞翔的状态,一种物化为蝶的状态,我只管飞啊飞啊飞,哪里还管你什么仁、什么义。这是一种难能可贵的对自由的追求,它让我们意识到,原来在所有的道德仁义之上,还有一个更高的境界,在这里,生命达至澄净的状态。西方人道:生命诚可贵,爱情价更高,若为自由故,二者皆可抛。①我可以不要爱情,生命也敢不

---

① 引自匈牙利诗人裴多菲的《自由与爱情》。

要,一切与自由比,都显得不重要了。普通人暂且不论,哲学家往往都要达到这样的境界,对于这一点,庄子在开篇《逍遥游》中便着重强调。

既然最终我们意欲达至出神的状态,那么出神到底是让我们的思想、情感不断往上到达什么地方呢?空旷无人的、寂寞的、寂寥的状态后,有天,而天又有个"一"——所谓寥天一①。我再次强调,出神势必经过凝神的阶段,否则就只是"无神"或是"失神"。有人说信佛就是天天念叨"阿弥陀佛,阿弥陀佛",念上千万遍就立地成佛了,我痛恨这样的论调,它把佛教变成完全的迷信。实际上当懂得佛理之后,再去念它,便是借此集中自己的注意力,逐次进入到凝神、出神或者说冥想的阶段,由此,或能大彻大悟。"出神入化"的"化"或许便是造化,经由出神,我们进入某种造化。可"造化"又是什么呢?是天,可以;是自然,也可以;说是什么,都可以。重要的是,要让我们的精神,我们的心,与之达到某种契合。

出神后达至的"天"的概念,与我们寻常所说的天又有不同,它无法通过计算以物理的方法触及,而仅能依托精神与之相合。出神时冥想的,是非人间的东西,或者可以称之为"灵间"的东西。刘皓明老师曾自德语将精神现象学译作"灵现象学",这意味着精神、灵感等之间是彼此相通的,描述出神和冥想,必不能缺少灵感的参与。灵感令冥想与发呆泾渭分明,叫愚蠢与美界限鲜明,美学不是别的现象学,而是灵感的现象学,美学研究的也不

---

① 见《庄子·大宗师》:"安排而去化,乃入于寥天一。"

是别的智慧，就是灵感造成的智慧，是那一刹那的灵感，包容了此前一切的道德、推理和感觉，也突破了这全部的道德、推理与感觉，于是凡此种种在强大的精神力量中归一，归于寥天一，这是极简又无比繁复深邃的一，它为美学欣赏创造了最根本的条件。

至此，我们已经阐述了在面对对象时与人的全部精神力量相关的种种审美心态，从走神、凝神再到出神，我们的精神发生了一整套的流变。走神，让我们的心不要拘泥于一点，它四处出走漫游，直到抓住一个尤其值得停驻的东西并由此凝神，接着我们要学会忘怀，让我们的精神最终出神入化，到达更高的境界，在这样的境界中，我们见到了美学智慧。

第四课　意之所在

　　不同的人看到同一头牛会产生不一样的感觉。譬如，耕地的农人看牛，牛奶厂的工人看牛和西餐厅的厨师看牛，就一定会采取不同的眼光。西餐厅菜单上的牛每一块都被标注了不同的价格，牛在厨师眼里早已被拆分为零散的部分，而不再是完整的生命个体，此即庖丁的"目无全牛"。同样的，文艺学专业与其他专业的学生读同一本书也一定会得出不同的观点，好比一本小说如果从文学专业的眼光出发"目无全牛"地拆解，就理应被分解为结构、情节、线索、语境，等等。

　　《庄子》中的"佝偻承蜩"（《庄子·达生》）中的驼背老头用竹竿来粘知了，他有什么？只有竹竿。他面对的是什么？是会飞的知了。庄子着重凸显了老人佝偻的脊背，就是要强调唯有"神遇"才能以老迈的身躯如探囊取物般捕捉灵活的知了。老头的眼睛浑浊了，可这眼里却有刀锋，当他举着竹竿看知了，就是庖丁扬着屠刀看牛。庖丁面前的牛一定恐惧到了极点，因为在他的眼里，它就是一坨死肉，分明还在蹦跶挣扎，却已经是肉归肉，骨头归骨头；知了在老头眼中亦是如此，竹竿伸出去，树上那知了就是死了，不会飞也不会叫，翅膀不是飞翔的器官，而是致命的弱点。

我为什么要强调这一点？以往我们总认为在面对审美对象时，我们的眼光是怡情的，是含情脉脉的，但事实并不是这样，审美需要一种敌对的立场。

谈恋爱亦是如此。他含情脉脉看着你的时候，内里没准有无数的心思：你是林黛玉还是薛宝钗？是不是具有能一起相处的人格？你的身体是否丰腴？当然，与此同时又有某种东西让他凛然，让他的心思止步于此，远观而不可亵玩。审美之"审"决定了这样的对立，审判，就是要目无全牛，就是要在审视它之后把牛一点点地拆解，一层层地剖开，曝光所有的灵肉来观察你，这是所谓的审美。审美的人在以屠夫的眼光看我，他要把我看透，要用眼光把我片成一块块的肉和骨头。庄子说庖丁的刀是在牛的身体之中"游"的，如鱼得水，不受任何阻碍，此即"游刃有余"。"有余"是什么意思？就是刀在牛的筋骨间居然找到了空隙，所以其他厨师不断地换刀，他却不需要，一切损耗刀口韧劲的筋肉、骨骼在技术面前形同虚设，所以有人说庄子这个人的精髓就是钻空子，他的哲学便是钻空子哲学。无论多么复杂的生命体都会有空隙，严严实实毫不通透的是铁疙瘩，而只要存在空隙，我就可以将你按照本身的空隙解开，德里达也是一样，要把你解构，将你从内部拆解掉。当然，单单用"钻空子"的思路来讲庄子是远远不够的，这样太庸俗化、太简单化了，仅仅目无全牛还不行，哪怕用核磁共振扫描都不行，因为从来没有结构相同的两头牛，更没有如出一辙的两个人，每把刀与每块血肉的相遇都不可复制。这就是我们前文讲到的，审美需要反省判断。这牛高，那牛矮，这牛胖，那牛瘦，每一个体都不一样，因此庖丁解牛才与审美产生联系，也延伸出很多问题。

"对象"这个词，我认为运用了一种反修辞手法。它最初本是指建立恋爱关系的两个人，可现在这种情感色彩似乎已经消退，你是我上课的对象，他是你势不两立的对象。公文中也常常使用这样的反修辞，譬如两个人打架，要说"发生了肢体冲突"，打死了人，要说"因肢体冲突导致其呼吸停止，后不治身亡"。修辞一般来说就是要加强说服力，就是一种加大说服力的艺术，而现在呢，反向操作，不想说服你了，互相审视欣赏的不再一定得是两个热恋中的人或是两个能够结婚的人。于是我不要修辞，我拿出了反修辞的手法，把它说成对象，在这个过程中就产生了"审"美的心态。反修辞，敦促着我们想办法把被掩盖的东西找回来。马克思用了一个很好的词，叫对象化，他说美是人的本质力量的对象化。我觉得这句话十分精彩，将你当作审美对象，就是在你身上投射了我的本质力量。什么叫人的本质力量？总的来说，就是能够反映出人本质的力量。它应该包含自然、社会等全部的力量分支，而又同时超越这些交融的因素。本质力量应该是一种智慧——我把我的情、我的感受、我的道德、我的所有都付诸你身，你就成了我的"对象"了。如今的年轻人谈恋爱，管爱慕的对象叫男神、女神，人怎么就成了"神"呢？首先，他要长得帅，她要长得美，其次，他/她要拥有超越你的智慧。成为我的对象，成为我对象化的内容，就意味着我已经在他身上寄托了太多太多的东西，以至于产生出"神性"来。两两相中的时候彼此是"神"，一方没相中时可能就是"渣"，这待遇落差可有些糟糕。这说明了什么呢？说明这种寄托一定得是相对的，你拿我当对象，我也拿你当对象，相看两不厌，才能产生爱情。世上的事情就是这么复杂微妙，我看她，她不看我，这是走神；只有在"一眼"中猝然相遇，才是审美。比如，你看蒙娜丽莎，觉得她笑得真是邪恶，真是诱惑，她也没办法跳起来给你一个耳光，于是我们知道，审美需要一种机制来保护，这种保护机制叫你不能无限靠近，也让你不至走远，而是留驻在一个安全的距离上接受她的诱惑，在一个安全的领域爱她，让你全部的心灵力量毫无保留却细致小心地投射于她。

对象化的过程，是审美的开端。爱上女神的时候，就会觉得心中煎熬：啊，她这么美，我能否配上她？她不爱我怎么办？或者自我催眠：她再美不是也要吃喝拉撒睡，也得打嗝、放屁、流口水，只是我看不到——如此一番臆想，好像谁和谁都没有不同，"理直气壮"找到了自个儿配得上她的依据；要么就得让自己变得更好，直至与之相配——配得上她的高贵，配得上她的冷漠，配得上她的诱惑，配得上她的神秘，配得上她的一切。可真的到达了那个高度之后，却又恍然发觉，她不值得我爱。对象化的过程，让我们看待对象的心态开始不断变化，让我们在审美中经历复杂的精神历练，无论是心中的女神、蒙娜丽莎、克拉姆斯柯依画中不知姓名的贵族小姐，还是文艺复兴时期的圣母像，当她们从面前"经过"，就在我们的内心引发感受，抚慰欲望，翻天覆地。这样的精神历程，最终将凝结为美的一刹，凝结为一，制造这一刹那无比艰难，领会它更是需要际遇。贝多芬的音乐、李商隐的诗，所有伟大的艺术都在制造困难，而容我们体悟的时间却只有一瞬。

这一瞬里，你有了就是有了，没有就是没有，甚至连这个残酷的、试金石似的瞬间也要经过漫长的岁月才能抵达，或者有人终其一生都无法抵达。

本质力量是一种非常奇妙的智慧，它成为产生和接通灵感的依托。柏拉图讲得很对，这就像一条神秘的绳索，神通过它来到达创造者，创造者通过它来到达接收者，而当接收者开始激动、哭泣、流泪的一刹那，灵感终于建立起贯通世界的神秘通道。①康德把这种"接通"进一步普泛化。他认为那是为我们所有人所共有的共通感，所有个体在那一刹进入了共通的状态之中。②在柏拉图那里，灵感来自上天，它通过创作者实现天人传递，因此诵诗人最开心的时刻，是个很可怕的时刻，因为他自身处于一个梦境中也未尝抵达的境界，他的嘴巴说出自己也不知晓的内容，他在此时超出了他自己。古人云，笔所未到气已吞③，笔还没到，但是意已到了，气已到了，所有的一切都笼罩在气吞山河的意境之中。柏拉图认为，这样的境界是独属于神的，只有神能够产生这样美妙的世界，只有神能叫人迷狂，一切荣光归于神灵，而非你我，普通人是链条上的一个环节，至多是一个重要的环节，但也只是一个环节而已。所以柏拉图看不起那些创作者，尽管这些作品由你形之于手，但灵感的源泉终究不是你，它来自更高的、更神圣的地方，你只是睁开了眼睛而非创造了光，别贪天工为己有。李

---

① ［古希腊］柏拉图：《柏拉图对话集》，王太庆译，商务印书馆2019年版。
② ［德］康德：《判断力批判》，韦卓民译，商务印书馆2017年版。
③ 出自〔宋〕苏轼《王维吴道子画》，原句为："当其下手风雨快，笔所未到气已吞。"

白说天生我材必有用[1],强调的是"我材有用",而柏拉图则强调"天生",天才天才,是天给你的才,你不过碰巧成为天选之人。当我们历经艰难到达某种灵感,得以与神灵、与天沟通之时,就能够产生审美的愉悦,而在这之后,还有比这种审美愉悦更庞大、更厉害的东西,这种基于感觉而产生的迷狂,以及基于迷狂而产生的未知的东西,这种放任,这种狂妄,这种打破秩序的力量,恰恰是所有统治者都很反感的,因此柏拉图要将所有的艺术家通通赶出理想国,只保留有限的、规范的创作方式来歌功颂德,让哲学家以理性来统治。

我想说的是,审美最终达到的将是一种灵感,我们通过对象化审美对象的复杂过程触碰和感知到它,并借此进入审美之中。

审美在美学里是一个非常重要的概念。一般在讲美学的时候,都要先讲美是什么,随后讲什么是美感,接着讲美感的几个范畴,然后就没有了,几乎所有的美学书都是这一套路,但我觉得这样的讲述存在一些问题。

首先,在谈美感及美感的范畴时,所涉及的一般都是西方的词汇,但实际上中西方的美学体系不能被简单弥合。单单"美学"本身就不是我们的本土概念,此前我们有"beauty",却没有"aesthetics",此前我说过或者可以称之为"感性学"。我有一本书《文艺之敌》,编辑将其诠释为"审美的敌人",或者说"美学上的敌人",也就是 *The Enemies of the Aesthetics*,我觉得这个翻译很精彩;有一个在出版社工作的外语系毕业的学生,把我的《情性人

---

[1] 出自〔唐〕李白:《将进酒》,原句为:"天生我材必有用,千金散尽还复来。"

生》译为 *A Man Beyond Thoughts*，也十分精妙，于是我将与吴新江老师合著的旧体诗集《青江引》交予她拟定译名，最终她将"引"的"音乐序曲"的含义铺展开来，*The Long River of Turquoise Blue: A Prelude*，玉蓝色的江，序曲。举这样几个例子，就是想要说明中译英、英译中都极易令我们抱持一种误解，即认为西方人与中国人的思维方式是一样的，这就是翻译者干的"坏事儿"。

西方人常说美学"范畴"。什么是范畴？做青铜器的模具就叫作"范"，它似乎在西方是比"概念"更高级的、统领性的东西。但是西方的范畴真的能够统领中国意义上的"概念"吗？我觉得不可以。美学图书给了我们这样的错觉，让我们觉得所有的一切都笼罩在"范畴"之下，这是一个极大的错误。我们与西方是不一样的，我们的"概念"，我们的"观念"，我们思想里的东西，西方是没有的，反之亦然。

譬如崇高或者悲剧，中英文的语义就不一样。"sublime（崇高）"这个词，王国维曾把它翻译成"壮美"，于是有人在这个定义上将其与大好河山关联起来，可毕竟人家没有在谈论美，把它译成"美"多少有些不讲道理，因此我个人觉得还是"崇高"更贴切其本义。我们的文化所包孕的情感里从没有强调过面对对象时所产生的惊恐与畏惧，如果狂风巨浪中有一叶随时将要倾覆的小舟，中国人的意识里最高的觉悟是淡化恐惧，处之泰然，而非品味它、感受它和欣赏它。这种差异根植于众多的原因，其中之一便是我们与西方人活得不一样，我们生活在黄土地上，长久地维系着农耕文明，而西方却从古希腊开始就土地贫瘠，并因此孕育出了海洋文明，谁也无法在海中脚踏实地。在这样的历史环境中他们产生了崇高的感觉。所以，硬要说我们也有崇高感，这个是不对头的，把美学的范畴这样划分是不对头的，不能用西方的思维来统摄我们的，在这点上我们还有大量的工作要做，我们要建立中国的美学，把这中间大量的差异发掘出来。

国庆期间，有两个学生来看我，其中在水利厅工作的那位小同学很有才华，她送了我好几本书，包括一本《中国历史的空间结构》。最初看到这个书名我想：这不就是历史地理吗，为什么要用这怪名字？又看了一眼《绪论》：所有的学问都是历史地理学。这怎么可能呢？耸人听闻！但后来作者把这个问题论述得很明白，他讲了一通大道理，又讲了一通小道理，大道理和小道理都很精彩，令我突然意识到，原来我们所有的历史都是在空间中诞生的，长期的历史都跳脱不出地理的辐射范围。这样来看，中国的美学也是历史地理学，毕竟"中国的美学"本身就是借用历史地理的观念来命名的，国家的观念一旦放进地域，也将被解构掉。这本书的作者是厦门大学的，写得很好，我建议大家都去阅读，作者把地理专业知识化开成为通俗的、所有的人都能读懂的句段，足以引发我们对美学的历史地理特征的更深层次的重视。中文系的同学都知道南北文学是不一样的，那边有《敕勒歌》，这边就有《西洲曲》；北方有《诗经》，南方就有《楚辞》；北边有黄土高坡，南边就有小桥流水。即是说，我们要在头脑里建立一个历史地理的维度，历史地理在很大程度上决定着文学，也决定着美学。

中国也有沿海地区，但是这些地区与西方的海洋文明生产方式及文化习俗仍是大相径庭，而正因中国与西方在地理特征上存在着根本性的差异，两者的美学范畴才必然有着很大的不同。大家或许已经注意到，我引用的例子很多都植根于我们自己的文化，比方说《庄子》。我很喜欢庄子，庄子思想中，海洋意识通向了"天"的超感性境界：南冥者，天池也（《庄子·逍遥游》）；望洋向若而叹（《庄子·秋水》）……或许因为我本身就是"外儒内庄"的性格，虽也说儒家一派的忠君爱国，但我的内心是庄子。也就是说，我们要警惕将中西个性混淆、混同的行径，不能把所有的中国概念都归于西方范畴之下进行论证，要立足于两者各自强大广博的文化、地理背景，认真区分它们。

这是我对现行美学体系的第一个不满之处。另一个令我更加不满的问题则是，用西方的东西讲到审美之后，一切就到此为止了，审美、审美接受，所有的一切似乎只是审美的问题。大家似乎忘掉了我们所审之美到底是从哪儿来的。

中国人有这样的观念，天然的是最美的，所以"人造美女"不甚高级，只有天然的美才应被崇尚，哪怕是呆，也要是"天然呆"。但中国人最欣赏的自然之美，不是西方观念里的"自然美"。说到底，"自然"这个名词在中国与西方的定义中就存在很大的差别。西方一部分人——比如康德——认为能够欣赏大自然的美，就说明一个人品德高尚，康德是这样说的："对自然的美拥有一种直接的兴趣，这在任何时候都是一个善的灵魂的特征。"①这个认知到了我们这儿就显得很奇怪：欣赏自然的美和品德高尚有什么关系呢？于是康德的这句话常常被误解，被误解为能够欣赏一切

---

① ［德］康德：《判断力批判》，李秋零译，中国人民大学出版社2011年版，第299页。

的美就是品德高尚的标志。但实际并不是这样，在康德之前有莱布尼兹，在莱布尼兹之前还另有一些西方哲学家，他们认为整个宇宙、整个世界是上帝创造的，而康德的想法与此固有观念一脉相承，他认为上帝创造的世界是最完美的，这一观念在启蒙主义时期才引起广泛反对的声音。在这里，康德想要运用的是目的论，《判断力的批判》的下半卷就是《目的论判断力的批判》，只有当我们厘清了他思想的脉络，才能更好地理解他的一些话语。在康德的墓碑上刻着一句以头顶星空与心中道德律令为至高领域的话，有人将之译为"位我上者，灿烂星空。道德律令，在我心中"。即是说，康德之所以将能够欣赏大自然的美当作一个人道德高尚的标志，是因为这个人相信上帝，而他在上帝所创造的世界中感受到美，这份美好不是虚假的，而是发自真心感觉到的，因此上帝的道德律令才在他心中，由此可见康德的道德哲学是很复杂、精巧的论证。①

但是，发展到黑格尔的时候，他就不这么看待"最美"了。西方人认为到瑞士的高山上看星空、看雪山，是人生一种至高的审美享受，但黑格尔到那边一瞧，觉得这可实在太差劲、太无聊了。在他看来，经过心灵创造出来的东西才是最美的，哪怕我的这个心比较差，它创造出来的东西也要比大自然之中的美上一万

---

① ［德］康德：《判断力批判》，李秋零译，中国人民大学出版社2011年版。康德说："对美的兴趣在亲缘关系上是道德的；而且自然的美有这种兴趣的人，只是他事先已经很好地建立了对道德上的善的兴趣而言，才对自然的美有兴趣。因此，谁对自然的美直接感兴趣，在他那里，人们就有理由至少猜测有一种对善的道德意向的禀赋。"

倍，于是有人就此断言黑格尔不懂美。事实上，黑格尔的著作里并不是所有论述都表达得如此绝对，可能他只是为了照应自己的哲学观而故意夸大其观点，很难说一个人面对这样的景色居然可以完全无感，那将会很可怕，因此我站在黑格尔这边替他说话：黑格尔并非这样无感的人，但他的美学观念确实是这样的，他的举例只是为了更加有力地论证自身的理论。

我说这些旨在证明西方美学在很大程度上忽视了一个重要的环节，即人的审美创造。黑格尔在这一点上比较符合我的心意——他注重人的心灵的创造。这一点中国古代也是一样，从前我们认为大自然才能创造，自认天才的很少，终归是"天/才能创造"，而不是"天才/能创造"。总而言之，古代人很少探讨审美的创作能力，美学中罕有纳入创作能力的问题，因此我认为，现在的美学研究应该以此为切入点发展一下。

自然科学从来都是突飞猛进式地向前发展，相较之下，我们仅仅在此谈论审美，谈论面对对象时一刹那的感觉，视界似乎要被局限，这一刹那无论如何划分，大抵也不能达到自然科学那样的速度和广度。因此，在分析结构之后，我们就应当深入审美创造的研究之中，在这个层次上发掘更多值得研究的问题。事实上，关于这一点，无论中国还是西方都已有许多重要的成果，而美学要做的就是把这部分划为己有，收束进审美创造的筐子里。当然，这样的收纳也应当有条件，当真是美学固然最好，而即便原本不属于美学，也要用美学的方式去思考它、改造它，使之进入美学的领域，而无论哪一种，最好是由你主动研究审美创造中的种种奥妙。

审美创造是不证自明而有智慧的，没有智慧无法创造，因此西方人对诗人向来非常敬佩。曾有一位老师在谈到波德莱尔①在法国的崇高地位时，坦言自己曾对于法国人对艺术家、诗人等创造性天才的特殊重视感到十分怀疑。后来，他慕名去波德莱尔的墓地一看，真的有很多人在纪念他。我们应当好好研究天才的创造，审美智慧的最高标志绝非审美本身，而正在于这样的审美创造。先前的美学书往往在此留有缺憾。

创造的过程对每位艺术家而言，对每个个体而言，都是一种可怕的、艰辛的历程，同时也是一段"天下无双"的经历。第一个蒙娜丽莎，为世界所瞩目，可如今你若再画一幅，就不稀奇了，甚至电脑就可以做到。前文中我已说过，从前的人（无论中西方）对天才都似乎有些畏惧，譬如《红楼梦》开篇便借贾雨村之口作出一段关乎天才的论述，他说"天地生人，除大仁大恶两种，余者皆无大异"，前者为正气所生，为忠臣君子；后者为邪气所化，最善出产奸臣。但在这两者之外，他却又提到了第三种人，他们兼有二者，于是正邪两赋，却又正不容邪，"邪复妒正，两不相下"。这种人是最特别的，是所谓艺术家和天才。作者想要暗示的是，贾宝玉就是第三种气所化之人，他既讨厌忠臣也厌恶奸佞，不想与道貌岸然的理学家谈道德，当然也不愿与残忍乖僻者为伍。《红楼梦》要讲的是，应当让这样的人有一条活路，而西方似乎进而将这一观念推至了更高的境地。

---

① 波德莱尔，即夏尔·皮埃尔·波德莱尔（Charles Pierre Baudelaire，1821—1867年），法国19世纪最著名的现代派诗人，象征派诗歌先驱，代表作有《恶之花》。

西方人从前也不太敢提要做天才，因为天才某种程度上自命为上帝，把自己说成天才的话，就已然是在假设自己具有上帝的某种特质，好在《圣经》里还留有一线让人发挥的余地——上帝吹了一口气，变出了人，因此人身上具有的神圣气息得到了解释，只不过这股气吹得随意，强度到达每个人这儿都不一样，于是有的人得到磅礴的馈赠，另一些就只吹到一点点。西方人认为最值得敬佩的有两种人：一是科学家，一是艺术家，这两种人的领域与政治之间最好互不干涉。"风能进，雨能进，国王不能进"①，说的就是不要用政治来管科学，就如同用基督教诠释科学的必然是坏种，另一个不能管的就是艺术，这是两块飞地，任何政治手段不可被用来迫害任何一位科学家、任何一位诗人、任何一位画家——虽然这种迫害实际在历史上屡见不鲜。正因为"天才"在他们眼中与"天"脱不开干系，因此上帝的归上帝管，恺撒的归恺撒管，世俗的权力只应管辖世俗的部分，于是一个创造者因此几乎具有了上帝的权力。其实中国的道、学、政三者也是分离的，道统、学问、政治不能被混为一谈。

我想要说的是，如果我们尊重天才，就更要尊重天才的创造，要在讲美学之时，把创造性的维度好好地纳入进来。审美的时候我们面对的往往是创造的成品，但我们的眼光不能钉死在这些现成物上，无论理科、工科的哪一个专业，都要着眼于如何制造产

---

① "风能进，雨能进，国王不能进"是英国哲学家约翰·洛克提出的，体现了他的主张——政府只有在取得被统治者的同意，并且保障人民生命、自由和财产的自然权利时，其统治才有正当性。洛克相信只有在取得被统治者的同意时，社会契约才会成立，如果缺乏了这种同意，人民便有推翻政府的权力。

品，怎样参透产品的制作过程与工艺。美学自然也当如此，目力所及不能只是凡高的画或者贝多芬的音乐，还要将其创作过程并重。仅仅关注既成对象而忽视创作的审美，就像是看着手中的香肠却不知道它来源于猪肉，不知道猪怎么进入机器，香肠又是如何出来的，或者说至少不明白其中采取了什么庖丁解"猪"的方法，你的视线狭窄到只看见香肠。我们美学如今缺失的恰好就是这一块，它是一个黑洞，哪怕知道进去的是什么，进去的结果是什么，也无法得知它究竟在其中产生了怎样的变化，这就好比我们知道李白遭受了怎样的打击，因此写出了怎样的作品，知道他因"安能摧眉折腰事权贵"①而失望，可始终无法还原他产出作品的具体过程。

我们强调审美，却很少讲审美创造，或许正是因为对于人家创造出来的东西，我们能够分析它、判断它，甚至掌握一整套熟稔的技巧，但创造的过程却永远不可验证，这样的黑洞令我们望而却步。猪怎么就变成了香肠？若是把香肠推回去，还能变回猪吗？不可能，推不回去了，审美创造就是美之不可逆的生产加工过程。

按康德的道理来讲，无论爱因斯坦还是牛顿——当然康德那个年代还没有爱因斯坦——科学理论都是可以学习的，但美、天才或者说天才的灵感的创造，无法通过学习获得。这一点大家或多或少都有体会，即便我们比古人先进了数千年，但两三千年之

---

① 出自唐代李白的《梦游天姥吟留别》，原句为"安能摧眉折腰事权贵，使我不得开心颜！"

前的人所创造的艺术品，仍旧处在我们难以触及的高度，譬如商周的青铜雕塑，它们的灵性似乎是无法复制的，这便是天才的创造。计算机能够学会写李白式的诗，但永远没法儿把自己变成一个李白，因为我们只需要一个无双的李白，那一大群的不是李白，所以即便计算机可以生产出一大群李白、一大群王羲之、一大群贝多芬，也生产不出天才，灵感的自动机制把它排除在外，哪怕是电影《无双》中那个在一幅画里综合了八种手法的画家也是一样，学习能力与天才的创造力终归是两码事。于是我将创作过程称为美学的黑洞，我们对它无能为力，就像我们无法探头进去找到制成香肠的原来的那头猪。

之前我们讲到，黑格尔算是比较注重创造的一位美学家，他说美是心灵的产品。天然的月光、天然的雪山不曾经过心灵的创造，客体只是客体而已，与任何一块石头、一粒尘土没有区别，因此他无动于衷。如何才能"有动于衷"呢？王阳明给出的答案是，当花与你的心一起明亮起来，心与花"同在"便可，他以"心外无物"为心和物第一性问题做出了非常好的回答，这也就是海德格尔的"澄明"，我的心跟着它一起明亮起来。随园校区的花很多，但很多时候——上课的时候、赶校车的时候——我们经过这些花都是视而不见、无动于衷的，花对于你来说像是不存在，你对它来说也一样不存在，但或许在这时突然有一株花撞入了你的视线——哇，它竟然这么美！这时你才后知后觉地闻到一股花香，或者是循着闯入鼻腔的花香才发现了廊边的一捧桂花。这个时候你的心终于同它一起明亮起来，原本彼此"不存"的你们"同在"了。读书也是如此，图书馆里的书千千万，电脑里的文档千千万，但它们于你而言没有任何意义，你对它们来说也是一样，但或许在某一天某一个句子猛地击中了你，你与作者的心豁然相通，这个时候你便会觉得你是天下最懂苏东坡的人，苏东坡与你同在。从幼儿园开始我们就读"床前明月光"，但唯有在某个中秋节回不了家的时候，冷冷清清的宿舍只剩你一个人的时候，月光照在冬青树的叶子上衬得一切都很不是滋味的时候，李白才头一次在你跟前举杯，这首诗才与你产生同在的关系。这就是黑格尔了不起的地方，他意识到只有经过心灵并触动心灵的某种感动，才足以成为一个被称为美的东西。

黑格尔是围绕"美是理念的感性显现"这句话来讲的，或许其中有些想法未必完全对，但重要的是他将美与心灵很好地关联了起来。同时，也需要注意，尽管他对从古埃及、古希腊到后来许多艺术家的作品逐次进行了扫描，并在扫描的过程中，验证了自身想法、理解的正确性，但黑格尔所研究的仍旧是心灵面对美的感觉，即是说，在他面前的还是现成的东西。他意识到不曾进入心灵的月亮就是月亮，雪山就是雪山，但并不让它们进入他的心灵，并在他的心灵中实现第二次新生以及解析这个新生的过程。我想用照相机把瑞士雪山上的月亮拍摄下来，可明明看到月亮那么大，那么圆，那么美，拍下来却左右不对昧，哪怕请摄影家上场也不行，无论哪个人都不行，因为它诞生在我的心中，因此也只能生长在我的心里。照相机"眼中"的它是第三次诞生了，那不是我的月亮。

我们每天在镜子里看自己，好帅好帅哦，仿佛每天都要被自己帅醒，用美颜相机的滤镜照出来，才勉强和自个儿心里想的差不多。但其实我们真的没有那么帅，只是我们在看待自己的时候把自个儿"改造"了。"始作俑者"是我们的眼，紧接着是我们的心，第三次改变则是相机的滤镜，这几种改变都很麻烦，因为其中经过的是黑洞。月光在贝多芬指间是旋律，在凡高笔下是画，到了歌德心中就成了诗，新生的月亮是独一无二的，它必然带有某种媒介、某种眼光的印记。摄影家看到的与画家看到的永远是两码事，国画家与西洋画家看到的也不一样，在通过黑洞的刹那，它充满了玄妙而复杂，变得灵动、鲜活、不确定，这种变化不可逆转。

香肠就是猪肉吗？其实不能这么说，因为制作的过程中已经加入了添加剂。艺术亦是如此。因此我们不能像对待科技造物那样来对待艺术品，科学的创造是冷静的、客观的，但艺术之所以成为艺术，便是因为情感的投入，没有绝对"零度"的写作，艺术创作是一个不可回避的黑洞。

第五课　审美人

提到审美人，这其实包含两个层面的意义：人如何成为具有审美能力的人，以及如何成为创造美的人。中国传统文化讲究"述而不作"，因而很少能见到"创造"这个概念，我一时想不出什么内蕴"创造性"的词汇与具有审美能力的人相对，因此就暂以"审美人"总而称之吧。"审美"这个词是翻译得来的，不少人觉得将意味着审视、审查的"审"字与"美"搭配在一起，在意思上有点不大好，但我觉得这很好地概括了传统美学的观点：我们要凝视美的对象。为了达成这种凝视，我们就要使自己安静下来。康德的美学中有类似的理念，而在中国，这种虚、静、自我排空的观念则更加被强调，一旦在没有任何欲念与想法的状态下与对象相对，就能从中看出无尽的内容。也就是说，这种"凝视"是用智慧来看的，"静故了群动，空故纳万境"，面对审美对象，只有将自己排空，达到"静观"的状态，才是进入审美的领域。古希腊人也有相似的想法，这一点我们前面也曾提到，他们认为在看台上看着其他人运动和表演的人才是最智慧的人，可见在各种美学中都存在"静观"的观念，存在这种要求审视、审查美的对象的姿态，因而"审美"之"审"恰到好处地表现了一种冷静的凝视态度。

希腊神话中的很多女性都希望别人认可她是最美的那一个，近代的许多童话也延续着相似的情节。比如不断追问魔镜"谁是世界上最美丽的女人"的王后，她在得到了不合预期的答案后就想要杀掉白雪公主，"最美"仿佛成为一种不能分享的价值。而在这些故事里，似乎也总有这样的一个人，他能够拨开一切虚妄，看清哪个是美、哪个是丑。希腊神话中有的人明知说出对方"不是最美的"之后就要遭受惩罚，却依然不愿说谎，西方的灾难之神就是因为没有被认为是最美丽的那一个才给人带来了灾难。由此看来，对美的判断对于过去的西方人而言是非常重要的，即使同为"女神"，彼此之间也必须分出高下。这种判断要求把其他的因素全部排开，仅判断美本身，至于结局是灾难也好，是惩罚也无妨，美的竞争结果简单明了，跑到最后的人就是胜者，这是一种"奥林匹克"式的较量。康德在《判断力批判》中也强调了这种判断力的重要性。同样，在我国古代，"最美"的"竞争"也是一直存在的。唐代诗人哪个作的诗最好？李白还是杜甫？历史上的女子哪个最美？西施还是褒姒？不过我们的这种判断相对而言要主观一些，譬如"我认为"西施最美，或者"我认为"杜甫最好，李太白的诗读来异曲同工，比之不如。

想要在众多对象中做出不偏不倚的判断，就要在审美过程中保持一种特别的心态，即以审美的态度来凝视对象，就好像把所有诗人列入奥林匹克的单项竞赛，在看台上静观他们中的哪一个能跑第一。

那么，审美在此之外是否还有其他特殊的要求？食堂里常看到很多漂亮的女孩子，新街口则有更多，但在吃饭或者购物的时候，有多少人会去关注她们呢？我们走在生活了多年的校园里，对身侧的风景是否会无动于衷呢？或许，我们在审美之前，需要有一种特别的准备。这种准备把我们与日常生活分离开来，让我们产生一种"隔离"的态度。公交车上播放的音乐多半进不了我们的内心，马路牙子上的宣传影像也少有能吸引我们全部的注意力，只有在电影院或是歌剧院里，把门一关，一切感觉才会敏锐复苏。同样的，在美术馆看一幅画与在饭店里看一幅画的感觉也是绝不相同的。这种"隔离"以切割日常的方式让我们做好了审美的准备。来到了书法展，心里就知道我是来判断这些字写得如何的，于是理所当然地产生了不同的心境。在这种心境之下，或许原本普通的事物也能够具有审美的艺术价值，最著名的就是杜尚的《泉》①，他把小便池放在美术馆里，挂上名牌，要求或者说逼迫人们以看待艺术品的眼光来审视它，这很狡猾，连带着行为本身似乎也在此成为一种艺术。

这样的"隔绝"与禅宗里的一些意识倒是十分契合。佛家也是常把人同世俗生活隔绝，叫其居于寺庙之中，处于高远且僻静毓秀的地方，这就是"出家"，让精神脱离和走出日常的状态，虽然依然要喝茶、扫地，但这些行为换了场所就似乎充盈着特别的意蕴，成为一种特殊的修行，一种脱离日常而进入虚拟的生活方

---

① 1917年，马塞尔·杜尚，这位将现代艺术操控于指掌之间的先锋艺术家，向美国独立艺术家沙龙展寄送了一件艺术品，是他从商店购买的一只男用普通小便池，在上面有他写下的"R.Mutt 1917"字样，杜尚将其取名为"泉"。2005年，这个小便池经全球500位艺术评审，被认定为对艺术史影响最大的作品。

式。一旦被掺入宗教因素，被告知行为会带有因果的牵扯，生活开始以体验为结构，我们考虑问题的方式就会发生变化。即便现在又苦又穷也没有关系，这是上帝在考验你，是"天将降大任于是人"①，这就产生了宗教和美学的双重效果，因此我们说宗教在某种程度上可以被纳入美学研究的体系中来。

日本美学家今道友信认为，美是"日常意识的垂直切断"②，当对一个事物或是一个人进行审美的时候，我们必然会用另一种与日常不同的意识去考虑，即"断舍离"。这听起来有点过分，仿佛只有把过去的意识彻底切断才能拥有审美的判断，但无可否认的是这提醒了我们在审美的时候要以一种特别的方式去对待对象，确保坚守不为任何利益所动的"另一种公平"，无论是赫拉的权力还是雅典娜的智慧都不能左右这种判断。这种聚焦于唯一"最美"的特殊竞赛是美学的寓言，体现出美非功利的本质。这样的判断好像有着近乎冷酷的特质，毕竟魔镜决不会考虑自身的回答是否会给白雪公主带来性命之忧，无论她逃到天涯海角，它都不可能放过她。而这种冷酷，正是审美不可或缺的属性。审美的人当只有一种标准，那就是对象究竟美不美，这是一种特别的精神结构，与其他专业的人完全不同，也就是说，在审美时，我们将具有一种特别的智慧。它更像是先见的、天定的标准，区别于日常生活，

---

① 出自《孟子·告子下》，原句为："故天将降大任于是人也，必先苦其心志，劳其筋骨，饿其体肤，空乏其身，行拂乱其所为；所以动心忍性，曾益其所不能。"
② ［日］今道友信：《关于美》，鲍里阳、王永丽译，黑龙江人民出版社1983年版，第157页。今道友信说："如果我们把行动体系的意识方位作为水平运动的话，那么在那一瞬间，水平运动中断了，而转向景色意识的方位，可以说这时日常意识被垂直地切断了。"

同时与科学相区分,无论魔镜还是帕里斯都有特别的眼可以照人。

西方神话审视的往往是女性的美,当然也有判断男子的美的故事,只是这种对男性的审视远没有对女性那样苛刻,几乎见不到要找出"最"美男子的故事。这是为什么呢?它表明了一种特殊的倾向,即西方对两性世界的重视,许多的艺术和思想都由此派生,这与中国存在区别。

但审美还是需要将自己放回到生活的这个世界上来考虑问题,要看到世上的一切,即是说,美学在很大程度上与我们的身体相关,身体的结构决定了感性的结构。比方说前段时间我的肩周炎发作,那时候哪怕只是在路上走,心里也充满了慌张和恐惧,所有的感觉好像都因此发生了变化。我似乎突然体会到了杨过的感受,生怕自己的肩膀就这样废了,也不知道有没有郭芙在守株待兔。胳膊分明还在,我的世界却倾斜了——每当迎面走来一个人,都叫我心存忐忑,生怕不太受控的肩膀会和对方相撞,若遇到熟人就更加恐怖,这意味着我不得不笑着抬起自个儿的肩膀招呼"你好,你好"。我们的身体决定了我们如何去感受世界。

一位法国剧作家提出应当存在一种"无器官身体"①,因为人心中的欲望并不与某个特定的器官相关,这说法在理解上容易出现问题。我们只有在器官损坏或缺失的时候,才能够意识到它的存在,而这些身体的变化将敏锐地与感觉相连,譬如头疼时我们才注意到脑袋的存在,阑尾疼了才晓得原来身上还有这样一个器

---

① 德勒兹在《意义的逻辑》中提到"无器官身体"(body without organs)的概念,这是其身体美学中的核心概念,即身体是纯粹的深度的运动,是生成的、流动的、永不停息的。

官，感觉到肩膀存在或者像我一样得了肩周炎，"无器官身体"表明我们的身体一切健康，而并非意味着将其中的任一部分真正舍弃。那超出身体的欲望真的存在吗？超出了身体，就要与审美相关。但，离开身体，人，又在哪儿呢？当判断谁是世上最美的女人时，是否就意味着我想娶她呢？不一定，或许我并不爱她，而正因为我没有带着"娶她"的目的，才能公平公正地作出自我判定。只有去除了身体、欲望的干扰，美的判断才是高于一切的。我们之所以要成为一个审美的人，就是因为审美能够强大我们的精神，而这种审美与我们的世界、我们的身体密切相关。

身体之外的世界在西方人看来和人的关系很弱，我们可以客观冷静地对待外界的一切，自然科学就建立在这样一种认识之上，即把人与外在世界隔绝开来进行思考，包括物理、化学、生物等等学科，它们都体现出隔离的智慧。这种隔离的理念甚至延伸至身体的各部分之间，像西医就按照病灶的位置为不同器官划分了科室，手术时也习惯于只留出要开刀的那一块而将周围的部分全部遮挡起来。我们之前已经谈到审美上的"隔离"，但与医学上不同的是，作为审美准备的隔离是可以随时解除的，是始终为个人所掌控的。曾有新闻说一名医生弄错了患者的左右腿，手术结束后坏腿还在，好腿却不见了，若是这名患者术中还有意识，绝不能不在手术台上慌忙喊道："搞错啦！搞错啦！"现在许多大学的分科也是如此，科系太多也太细，尽管其中一些没有独立划分的必要。总之，西方更加倾向于将世界不断分割再分割，并通过这种科学的方式更冷静直观地感受世界。

中国人则不同。我们最早也最清楚地认识到了内在世界与外在世界的联系，分出"大宇宙"与"小宇宙"。我们注重整体性，有着一种混沌的世界观，一种"玄同"的思想。我们骂人"混蛋"时，这个"混"就是把什么都看成一样。在这样的世界观里，人本身就是大自然的产物，是"天生"的，与万物乃至整个宇宙都是一气所化，纵使后来因为轻重不同而各自分开，也始终有着同样的根源。这与西方人定胜天的观念很不一样，成为超过人的存在——也就是超人——是西方哲学中重要的思想，尼采的"超人"与之稍有区别，但它们都体现出一种悖反的意识，提出人要成为能战胜人的人，正如我们上节课所说，美是一种对立。这种悖反的精神十分重要，我们需要有这么一种抓着头发离开地球的冲动，即一种审美的、艺术的冲动。

有人认为，由于中国的传统中没有西方科学主义的世界观，所以在看待世界时会把外在世界与内在世界混合起来。这种看法我觉得是对的。天冷了要加衣服，内在世界和外界自然确实有所牵连。有个说法叫"上火"，但这个"火"可以用来点烟吗？这"火"是从哪儿烧起来的呢？西方对此大约感到难以理解，我们的五行观总把内、外在世界用金、木、水、火、土来形容，五行在我们的身体里彼此搭配调和，一旦平衡被打破，"火"气大了，当然就要上火。即便自然科学如今也已经成为我们认识世界的重要凭据，但这样的意识却依然沉淀在我们的语言习惯之中，宇宙的体系是人身体的放大和展开，因而自然界中的河流山川、日月运行在中医中总能与我们的身体呼应共通，"阴阳"在诠释自然现象的同时也为药理提供了依据，若"阳亢"则要"滋阴"，内外讲究阴阳平衡。中医如今面临着很大的困境，作为中国传统哲学的具体化应用，它通过形神、阴阳、气理等自我的方式解读自身和宇宙，譬如中国文化里的"生气"这个词，有时候是感到不快乐，有时候又代表着活力和生动，这在西医看来是难以理解的。中医与西方的科学主义形成对垒，而它们背后的哲学也是十分迥异的两种体系，最麻烦的地方就在于此。

中国文论也讲神，讲形似与神似的渊源联系；讲生气，讲气韵生动。钱锺书认为很多中国美学的理论都用身体来比喻外在世界，于是就产生了风骨、骨力的说法。其实这样的古典美学采取的就是中医哲学的思维，一种生命思维，因此我们很容易就能接受了佛教理念，毕竟两者都认为"万物皆有灵"。中国有个说法叫"生灵涂炭"，这"生灵"二字看似指的是人，政权的重压叫人们苦不堪言，但实际上它也是广义的，全世界的任何地域中的任何生物都是有灵的，这与西方的泛神论存在互通的地方。

讲到这里，我们就能意识到，中国的审美就是要感觉大自然中的生灵。西方很晚才出现山水画，而中国很早就产生了，因为我们能从山水间体悟到美，感受到自然中的生灵，领会到山与水中的生机与活力。于是画家发明了不同的皴法①，如披麻皴、卷云皴或是大、小斧劈皴，各式各样的皴法单纯看画不能看懂，只有浏览了崇山峻岭再加以对照才感到震撼：不同形态的山被依次描摹，不同的气韵被逐次展现，这很有意思。所以在欣赏山水画时，

---

① 中国画技法名。是表现山石、峰峦和树身表皮的脉络纹理的画法。画时先勾出轮廓，再用淡干墨侧笔而画。表现山石、峰峦的，有披麻皴、雨点皴、卷云皴、解索皴、牛毛皴、大斧劈皴、小斧劈皴等；表现树身表皮的，有鳞皴、绳皴、横皴、锤头皴等。

需要一种更高级的精神、更高级的欣赏力,只有当我们能够看懂这些笔墨的时候,能够透过笔墨看到这些山的时候,才真正进入了审美的境界。前些天,我看到英国人用3D技术还原了中国山水画,让我们得以进入其中的立体的世界,这让我感到很神奇,也让我更加真切地感受到画家的每一笔都是有根据的、极其灵妙的,每一处山麓脉络都是互通的,这和平面欣赏时的感受完全不一样。这是一种思维的还原,它意味着二维与三维的相通,中国与西方审美的相通。

在中国画里,人也是山水的一部分,自然与我们息息相关,人所占有的笔墨在画中往往是小的、远的、轻的,其余的部分都在山水上;但西方的画就不一样,更多的时候,背后的山水远不如人来得突出,那蒙娜丽莎才是被推到最台前的风景。在中国的山水画里,山水总是曲折细致些,人则随意任性些,这种"渺小"其实恰合人在自然中的地位,但尽管人显得那样渺小,我们却不会感觉到人是渺小的,反而觉得画中的一切都很协调,人身处自然中而不存任何与之对立的神态;西方的绘画却往往选择暴风雨、暴风雪中人与自然激烈对抗的场景,这在中国画中是很少见的。中国画里的行人,哪怕大风大雨,也是"竹杖芒鞋轻胜马",也会感到开心,也要展现出一颗烂漫的童心。所以,在这种"不分割"的状态下,相对缺乏对立意识的中国古人很难隔离、审视自然并克服自身的自然,最终产生自然科学。

从审美的角度看,这两种态度是没有高下之分的,西方人也应当具有中国人的这种意识,应当打开感觉去体味世界的美。其实,这在西方近代以来的艺术中已经蓬勃涌现,突破了传统隔离的审美体验。我们在随园能发现很多中国式的美，杂树生花，高草矮蔓，自在烂漫；也有许多地方已经染上了"西方病"，树木被圈起来，修剪得整整齐齐，之前，学校正门的大草坪是可以随意出入的，什么时候都有一堆孩子在草上生长，但不知道什么时候它也被封起来，换上西式的草坪——我们被分割了。很多公园也变成这样，我们眼睁睁看着风景变得一模一样，变得无聊，这是什么样的审美呢？我们的美分明不是这样的，它应当是多姿多彩的，是"病梅"，是歪脖子的树——随园就有一棵这样的树，可惜它是人为的，是被阉割的。

中国美学是与生命息息相关的美学，自然的节奏牵动一切人世生息，到了秋天生气萧索，死刑也就要被执行了，没有斩首会定在万物复苏的春天。日本也受到中国文化的影响。日本山上的树是乱的，鸟居是乱的，这种美与中国的山水一脉连枝却更是自成一韵，这一点我觉得是值得西方向东方学习的。西方人是几何形的，很多习惯、很多建筑都雕琢太重，反而显得冷冰冰的，失了人气。我们如今的建筑很多开始，模仿欧洲的制式，或是效仿日本的民宿，没揣着因地制宜的好，还丢了人家原本的气韵。

中国古人很早就充分地意识到人在大自然中的位置，并在某个时刻感悟到了自然的美，将之与生命紧紧关联，体悟到欣赏自然与自我品格境界升华之间的共通性。可惜，现在很多人似乎不再珍视这种紧密的关联，他们在出游的时候，男人找到一个地方打牌，女人找到另一个地方购物，打完了牌、逛完了街就回来。我想，这大概就是审美出现了问题。

第六课　动物人

毛泽东曾写过一首词,开篇便是"人猿相揖别",意味深远。当人开始具备了礼节,就与猴子的状态挥手作别了。这种想法是从进化论中得出的,尽管这一判断标准或许还有待商榷,但也说明了动物与人之间存在着复杂且深厚的渊源关系,若要彻底互相告别是一个艰难的过程。此后,猿猴继续在树上生活,而人则找到了自己的居所,开始朝向另一个方向发展,与动物渐行渐远。

西方对于人有这样的一个定义,认为人总是想超过人,而"超过人"的一大标准,就是成为神。不曾有人看到过神,但在美学中,"神"就是神灵、灵魂或者精神。根据这个定义,"超过人"意味着人应该要拥有超出自己感觉的东西,于是有了美感,有了前面我曾讲过的"通灵之感"。

人与动物间存在着原始的无法切断的某种关系。西方在很多时候强调把人与动物相区别,但事实证明人很难完全摆脱自己的动物的本性,所以在规定人的定义时,就常说"人是怎样怎样的动物",在"动物"前加上一个修饰词用于区分,比方说"人是有理性的动物""人是会说话的动物",或者像是马克思说的那样,"人是会劳动的动物"。但仔细想来,动物也有自己的语言,同时可以在劳动上超越我们，比如蜜蜂的蜂巢就精美无比，且结构坚固，于是后来这一探讨就进入了不可知的领域，我们开始认为"人是会做梦的动物"。动物会做梦吗？这说明人有这样一种本能，或者说本能的欲望，正是这种欲望促使我们做梦，去梦到同桌的不理睬我的"她"，这是潜意识的、本能的反应。然而，动物是否会做梦，无法给出确切的答案，是无法检测的神秘深渊。

西方对于动物和人的关系做出了很多探索，希望能找到确切实在的节点、总结明白的规律，将人与动物区分开来。为何执着于这种区分呢？

某个冬天，我在切肉时切到了手，神思恍惚间我疑惑这肉里怎么有清清凉凉的痛快感觉，定神一看，才发现原来刀落在了自个儿手上，甚至快要切到骨头了。回想起来有些后怕，但那时确实曾有一种特别的快感，晶晶亮，透心凉。还有一次杀鸡，我把鸡脖子弯过来，然后将颈上的毛拔掉一些，接着就是一刀，这一刀下去不能把鸡杀死，而要等它的血流出来之后，再把它扔到地上，让它蹦跶几下，老人都说这样鸡肉才会好吃。当我掌握了这门技术之后，看到鸡就会想要杀掉它，可见人有这种残暴的本能，甚至所有动物都有，这种本能甚至会覆盖到自身，即一种自虐的快感。但与此同时，我们又时常会感到良心不安，我们吃鸡，吃鸭，吃鱼和"二师兄"——要吃这么多的动物该怎么保持良心的安宁呢？于是就要把动物和人区分开，这样一来便可以理直气壮地将动物看作食材，同时我们接受了严格的禁令：人不能吃人。人要吃人就麻烦了，同样的，动物如果要吃它的同类也就麻烦了，这像是一条潜在的生物规则，比方说牛本是吃草的，但据说因为西方人在牛的饲料里添加了某些牛的器官制作的部分，疯牛病就此蔓延。于是我们逐渐发现，同类相食是要生出大问题的。

对于人与人之间的关系，西方还有另一个值得关注的想法：在政治出现之前，人对人是狼。你是人，而我是狼，这意味着我想要吃掉你，这很可怕，但现在我想把这个命题倒转过来看：狼对狼是人。当狼与另一头狼相对，其中或就具有一种政治的规则。大家应该都看过《动物世界》，在其中，任何一种动物群体似乎都有自己的一套法则。在某种层面上，这种规则可以与人类的政治相类比。比方说当一只雄性麋鹿在斗争中取得了最终的胜利，就能独揽大权，所有的雌性都仅能归属于它。我们把它称为鹿王，鹿王的力量最大，其他的从属者看着鹿群中的母鹿只能羡慕嫉妒恨，倒霉的公鹿们因此发展出了同性恋，发展出了亚性行为。由此看来，狼对狼、鹿对鹿与人对人是相似的，都呈现出一种政治规则。

这或许意味着，人把自己看得太高了。我们总认为人在所有方面都要比动物高出那么一些，于是想出了各种区分人与动物的办法，将"人对人是狼"的"丛林法则"认作是最糟糕的状态，一种为理论实验而假定的最原始的状态。由此，西方出现了所谓的"动物美学"。这一理论目前被认作是前沿的、时髦的。通过《动物世界》我们或许可以知道，正因人对动物的研究还不充分，"狼对狼是人"的观念还不能扭转，所以我们才往往把恶人斥作畜生、野兽，说他兽性大发。可究竟什么叫兽性？人真的能摆脱兽性吗？这是值得我们考虑的问题。

在我们的意识中，自然往往可以被这样划分：有机物和无机物。其中有机物涵括植物和动物，当然还有"人"。我们到门前随意挖一块土，这是无机物，但里面必然寄居着微生物和各种各样的虫子，所以真正意义上的无机物很少，自然大体都是由动物、植物，以及"人造物"组成的。于是，地理学家把人和人造物对地球产生的影响与侏罗纪相提并论，称之为"人类纪"。人不断改造自然，有时就人为地引发了地质、气候的巨大变化。

我在随园等校车的时候看到了一棵葱茏的树木，前几年大部分学生在随园上课，那时候来来往往的人流从不间断，很少有现在这样的安静，车站里空空的，只有一两声虫鸣，在那一刹那我体会到了古人的某种感受。古人总是想回到大自然当中，即所谓"皈依自然"，当官当累了就要种点田、喝点酒、听几声鸟叫，"久在樊笼里"就想"复得返自然"，过上陶渊明式的生活。"皈依自然"究竟是回到怎样的一种状态呢？是听听大自然的声音，看看大自然的一草一木，就产生一种与自然成为一体的感觉。用马丁·布伯的话来说，此时人与世界就建立起"我"与"你"的关系[①]，而并非大多数情况下的"我"与"它"——当大自然被我们划分为有机物、无机物及人造物的时候，其实就是被当作了"它"。此外，有时候大自然也被认为是"她"，不过这就是另一个问题了。而唯有在"我"与"你"的关系中，小鸟叫、蟋蟀叫和桂花香才能被我们的感知放大——刹那间，我们与自然界产生了一种生命的共感，与它息息相通，具有了感觉的共振、感觉的共

[①] ［德］马丁·布伯：《我与你》，陈维纲译，生活·读书·新知三联书店1986年版，第17页。

鸣与共通。

以上，是我们与整个自然之间的关系。此外，我们还要说到人与植物的联系。中国文化中常常用植物来比喻女性，像"樱桃小口"或是"杨柳小腰"，为什么呢？因为植物有生命，会开花，会结果，也会凋零，是在不断生长变化的。这种变化让我们意识到它"活着"，于是由此产生了某种生命的共通感。但植物是否有感觉呢？我们常用植物来比拟人，"谁不说俺家乡好"就是假定人像植物一样，生在哪里就歌颂哪里的土地，一生在那里扎根，无论它肥沃也好，贫瘠也好。这时候如果要用动物来比拟人，情况就不一样了，因为有的动物是习惯迁徙的。若是有人说，我就不觉得家乡好，可以吗？当然可以，如果家乡真的不好，骗得了自己，也骗不了别人，"俺家乡好"或许只是还没有瞧见更好的地方。也就是说，当我们以动物来要求自己，视野就会不一样。

动物分为两种，一种是野生的，另一种是圈养的。野生动物即在旷野中的动物，"野马也，尘埃也，生物之以息相吹也"（《庄子·逍遥游》），它们是大自然中的、没有被人所驯服的生灵。城市里的女人牵着小狗，看它在那儿撒娇，她这就是爱动物吗？野生动物她也会爱吗？这似乎走向了一种悖论。人类为何要驯服动物呢？原因之一是需要用动物作为劳动的工具，比如马和牛，它们从前常常被用于耕地和运输，现在有了拖拉机耕田，也有了货车运物，才逐渐地不被如此需要了。于是人们就吃它们的肉、喝它们的奶，换个角度看，挤牛奶算得上是一种酷刑。人们认为，经过人为驯服的动物具有人性的特点，像狗和猫，就常被赋予这样的形象。女主人会称呼它们为"儿子""女儿"，给它们穿衣服,带它们散步……在她们眼中,这条狗、这只猫已经被驯服了,具有一种奴性的、惨烈的温顺。鲁迅最仇恨猫,认为它们看起来中庸和平,温和得紧,目光也炯炯有神,但同时又有种媚态,整个身体都是软的,没有丝毫骨气。

德里达关于动物的思考①,上升到笛卡儿"我思故我在"的角度,是因为他发现自己在一只猫的注视下赤身裸体。猫的"注视"和自己的羞耻感的唤醒,形成了特别的情景。

我之前也不喜猫狗。有一次我去一个有猫有狗的朋友家,看到它们跑到身边来又是害怕又是厌恶,很想踢上一脚,可苦于是朋友的猫狗,不能下脚。偏偏这狗却又喜欢跑到我的附近,等我坐下了,又趴在我的腿边。后来,我想,这狗还真聪明,先是冲过来讨好,见到我害怕,就改变了策略,变成轻轻跑过来,让我忍不住改变了态度,觉得"哇,好可爱哦",怎么能变得这么讨人喜欢呢?它似乎变成了人化的动物。这一点在当我们与猫对视的时候,感受会更加鲜明,似乎它们的眼中蕴有无限的内容,教人感到可怕。随园校区有很多猫,其中有一只被学生戏谑称为"希特勒猫",它的尾巴特别长,漂亮得很,总是坐得很有姿态,同时它有一撮希特勒同款小胡子,喜欢冷冷地看着行人,笔直的尾巴很傲慢地垂下来。这个时候我们发现,似乎猫也有感觉,似乎猫也在思考,它似乎很傲娇,它似乎很有孤独感,它很寂寞,它有

---

① 见德里达:《我所是的动物》,见《解构与思想的未来》,朱玲琳、夏可君译,吉林人民出版社2006年版。又,《生产》第三辑亦载此文译文,见《"故我在"的动物》,史安斌译,广西师范大学出版社2006年版。亦译"动物故我在",或译"我因此而是的动物"。

一种我们都理解不了的苦痛。

原来动物也是有感觉的，动物的感觉和机体有关系。有人问动物有没有疼痛感，这问题简直是开玩笑，动物当然有疼痛感，应该说疼痛感是机体对各种伤害的一种自然的、必然的反应。西方为何会研究动物是否具有痛感呢？其中关键就在于对"疼痛"这两个字的理解。我们常说"我好心疼你""这个孩子令人疼爱""我好痛心"，难道是真的有刀子扎到心上了吗？这实际只是一种比喻性的关系，但这种比喻却又很是确切，很是恰当，在心痛的时候，生理感觉转变为了心理感觉，甚至是一种精神上的感受。如此想来就有些恐怖，小猫被一脚踢开之后，会可怜巴巴地看着你，一次、两次、三次之后，就会让你心中的厌恶被痛苦消除掉，终于把它抱进怀里，与之达成了和解。这就说明动物或是具有对这样一种"痛感"的敏锐感知的，认可这一点在很多宠物主人看来完全不成问题，而我也渐渐接受了它。本来我看到朋友家的狗就想踢远点，但它总是躺在我的旁边，一去摸它，它就全身发软，于是我的态度缓和了，妥协了，甚至不自觉倾斜到相反的方向。在这时，被人驯服的动物似乎有了人的感觉。

南京师范大学里的"希特勒猫"（梁丹丹摄）

如此一来，不能被驯服的动物，在我们心目中与上述这些动物就有了很大的差别，被驯服的动物一旦进入人的生活环境，就与自然的状态不再相同。我们在描述和观察野生动物的时候，采取的必然是"人的眼光"。我听说法国的企鹅时隔一年后还能准确地找到自己的伴侣。这些企鹅在我们看来都是圆圆滚滚的，长相大差不离，为什么人区别不出来的特征，动物却在隔了一年之后还能区别出来呢？是靠着气味，还是感觉？外国人看中国人都长得差不多，而我们看自己的同胞，却能轻易发现众多不同，甚至可以分辨出气味、脚步声的细微差别。我不知道这是否意味着动物的感觉、动物的美感与快感同人的感觉之间存在着种的区分。

以前，我们认为动物的快感与人的美感之间存在不可逾越的鸿沟，处于完全不同的层级，而人的自豪之处就在于能够欣赏美，能从快感中提炼出美感，或者说超越快感达至美感的领域。比如，齐白石画的虾就和池塘里的虾不一样，它不能吃，不可能拿这个虾去和菜场里的人交换。这个时候，美感的超功利性被表现出来，与普通的快感两相区别，成了更高级的东西。这种超功利性同样表现在对仅有一面之缘的人的美丑判断上，擦肩而过的一瞬间我们做出了美的判断，此前我不认识他，此后我也不会再见到他，于是可以公正地做出判断。

我们总是认为人比动物高级。那么具体高级在哪里呢？"人之异于禽兽者几希"①？古人认为两者最大的区别就在于人知道善，

---

① 《孟子·离娄下》。孟子曰："人之所以异于禽兽者几希，庶民去之，君子存之。"

动物则不讲伦理道德。但实际上，我们看到过很多相关的电视影像，可以发觉动物也具有一定与人伦道德相似的观念。比方说血缘关系就依然为其所遵守，狮子会先给小狮子找吃的东西，但随着它们逐渐长大，这种特权就要慢慢被收回。等到幼狮完全成年，就要凭借自己的力量出去找吃的，而不能再依靠父母。如此，不正合乎中国式的对小孩子的爱和教育吗？也就是说，动物也存在独特的伦理特点，之前我们认为的人与动物的不同在于善的论断是很难成立的。于是，人们开始从审美的角度解答这个问题。

前面讲到"人猿相揖别"，但后来发现人和猴子其实很难完全告别。这是否由于动物本身也一直处于进化当中呢？动物的进化与美有没有关系呢？达尔文认为，在进化的过程中，美并不被作为必需的要素而考虑，但动物学家在研究中发现，很多动物的进化似乎都是以审美为目标的。在这一点上，人也一样，"美"字的起源在我国便是"羊大为美""羊人为美"，或有人将之诠释为人佩戴着羽毛。若是考察各种古老的文明，就会发现其中的绝大多数都有把自己与动物的特征交融而展现出美的倾向，比如古埃及的狮身人面像就是其中的典型，不论是"羊大为美"还是"羊人为美"，都印证了人在一开始以动物之美为美的意识。与狮身人面相类似的，我们国家也有蛇身人面的形象，譬如白素贞，美丽又强大，内蕴无穷的神秘力量。

西方的动物学家逐渐发现，动物进化中也有审美的因素，并且这种因素在动物族群的发展中具有重要地位。布隆有一本书——《美的进化》①，讲述的就是审美在动物进化中的作用。他举了一个经典的例子：开屏的孔雀是雄孔雀，其目的在于求偶，而这体现出孔雀对美的追求。动物具有超越快感的美感，"求偶"目的看起来没超越快感，但雄孔雀却因为这种"快感"的实现而甚至从身体上进行了美的"工程"，"进化"出美丽的、不必要的双"屏"。有一次，我去参加命题工作，半夜听到了孔雀凄厉的叫声。我们出去看，发现那是一群公孔雀，人一过去它就开屏。看多了之后，我就不再想看孔雀开屏了，在圈里开屏，总让人觉得不够舒心。动物学家对孔雀开屏的推测很简单，因为开屏漂亮，而漂亮就能吸引异性的追求。于是，它们努力地往这个美丽的方向发展，这也是时髦的动物美学中的一种观点。这本书虽然很难把这个道理讲通，但是它证明了一种想法，那就是即便是动物，也可能具有超越快感的美感，以靓丽的表象吸引异性的目光。

进化的过程让我们知道原来很多动物都具有感觉，特别是野生动物，许多时候它们的感觉——或是说敏感——是人所难以企及的。那么动物有的这种超出人的感觉的"超感觉"，是不是也趋近于美感？为什么孔雀会开屏？为什么会有色彩那么美丽的动物？为什么人认为美的在动物眼中不一定美丽？它们是否有属于自己的美的密码呢？这些都是我们需要重视的问题，因为人终归无法进入动物的世界中去体验它们的感受。当然，我们现在可以使用自然科学的方法在一定程度上描摹它们的感觉，这就叫作仿生学。

---

① 理查德·O.布隆《美的进化》一书阐释了达尔文进化论中一个长期被漠视的理论，亦即进化的另一个重要机制，在为适应环境而发生的进化之外基于择偶偏好的性选择。见任烨译本《美的进化》，中信出版社2019年版。

马克思认为,衡量万物,我们有两种尺度,其一是"内在的尺度",类似于古希腊哲学家普罗泰戈拉斯所说的"人是万物的尺度"。古希腊认为人是最重要的,必须以人为标准,并且自人类学本体的视点上强调人与动物的区分,以人为本体观察世界依旧是如今美学的主流,而其标志就是康德哲学。康德哲学认为,所有的人都以自身的感觉器官及自身的思维方式来思考世界,也正因如此,我们与世界之间存在间隔。也就是说,物在其自身①,这个世界的真实面目是不为人知的,物自身于我们而言是未知的,我们只能以自身为中心为自然立法,为自己立法,来判断"应当是",我们向自然发问,而自然回答我们,这就有了自然科学。人为自身立法就是建立自我的道德准则,所以康德的墓上写着:"在这个世界上,有两样东西值得我们仰望终生:一是我们头顶上璀璨的星空,二是人们心中高尚的道德律。"有人说这不就是我们中国说法中的"天地良心"么?这实际是两码事。"位我上者"的"灿烂星空"是不可知的,但因为我们是人,所以可以用人的感觉、人的思维和人的方式去知道它,但即便如此,我依旧对它抱有敬畏,因为我的"知"是有限的,至于面对同样与"天"相关联的道德律令也是如此。但也有许多思想家早已预见,仅将人作为万物的尺度会是比较麻烦的事,因为人认为最美的、花见花开的那些人,实际说不定在花看来是要"花见花败"的。像是庄子的《齐物论》

---

① 康德在《纯粹理性批判》中做了"物自体"与"现象"的划分,"现象"是已经通过大脑加工过的意识表象,而"物自体"是一种存在于人们感觉和认识之外、无法被人认知的客观实体,是人们认识的边界。见康德:《纯粹理性批判》,邓晓芒译,人民出版社2017年版。

里说,"沉鱼落雁"或就是大雁见了这个人就要吓得掉下来,而游鱼见到了他就要嫌弃得潜进水去;乌龟认为烂泥塘是生存最美好环境,因为可以进入水中,也可以到陆地上来,但对于人来说,这却是很糟糕的地方,住在里头就要生疮生疖。于是我们认识到另一种尺度的存在,那就是"种的尺度",即用万物作为万物的尺度,只有当我们以万物本身的尺度观其本身,才能成为美学意义上的人。此时我们发觉,动物也具有美感,也有美学的造形能力,也在按照美的规律生活——无论动物本身是否真的具有这些特征,只要我们这样去看待动物,人自身就改变了,我们就具有了美的能力。

前不久的一天,天降大雨,我在校园里行走,到了台阶边上,心想"这地这么滑,我可要当心点",正在这么想着的时候已经脚底一滑,跌倒了。摔倒时四下无人,于是我自己爬了起来,感受了一下腰腿,觉得没事。第二天却不行了,我才意识到昨天怕是摔到了骨头,尾椎刚好碰在台阶的棱上。我的尾椎骨疼得不得了,想起这是个神经交汇的部位,于是赶紧让女儿陪我去医院拍片。医生看了片子后告诉我,我的尾椎骨已有一处错位,一处断掉了。为什么呢?这块骨头很细,脆弱得很。我问医生怎么办,医生告诉我没有办法,但也不必担心,因为尾椎骨是没用的,只是它会疼,要疼一个月以上才会好。

人体上还有很多"没用"的器官,比方说盲肠,再如智齿,它们的存在有什么美学上的意义吗?它们像是没有进化好,平时看似没用,但是一旦受到伤害,又会让人感受到巨大的疼痛。按照进化论,原本我们是趴着的,等到我们站起来之后,很多问题就出现了。我们腰后面的"腰四""腰五"就很容易出问题，椎间盘突出就是这两块骨头上的毛病。同样的，趴着的时候尾椎骨本应是最有用的一块，随园的"希特勒猫"之所以将它的尾巴骄傲地垂下来，就是因为它的尾巴很重，在行动的时候可以靠着尾巴来平衡整个身体，控制运动的方向、速度和范围，而人已经不需要这样了，退化的尾巴只有在疼痛的时候才重新成为生活的重心。前段时间，天气预报说台风要从浙江刮来南京。当它到达浙江那天晚上，我的尾椎骨就剧烈地疼痛起来。我心想，完蛋了，台风要来了。而在第二天的晚上，我的尾椎骨却突然不疼了，我就知道台风或许是无法光临南京了。果然，第二天的天气预报便说台风绕开南京，直接奔青岛去了。如此看来，尾椎骨似乎还有天气预报的作用，保留着非常敏锐的感觉。虽然现在的人用两条腿走路，尾巴已经不再具有掌控运动的作用，但它似乎还保有了一种灵性，一种感觉，一种灵犀。

我们常说"心有灵犀"。灵犀是什么呢？是犀牛角上的一条白线。古人认为这条白线是犀牛身上最有灵的一部分，当用这条白线来感觉一切的时候，感知将是最灵敏的，而人的心里面也应当有这样的一种灵犀。我觉得尾椎骨可能就是这样一种人作为动物还没有进化完的，保持了灵感的东西。

本节课讲的是动物人。前面讲过，西方人认为，人类身上似乎总有一种摆脱不了的动物性，或者叫作兽性。如果说真的摆脱不了，我们能不能反向来思考：这是否意味着人的精神当中最重要、最根本、最能起作用、最不可控的力量就来自这种动物性？

西方阐释和反对弗洛伊德理论的人都不在少数，而他们最终似乎都要纠缠人是否有动物的本能这一问题。有人说弗洛伊德的想法与人具有原罪的观点是相类，但在我看来两者恰好相反。基督教所说的"原罪"是由于人吃了智慧树上的果实，能够辨别善恶而产生的。原本，待在伊甸园里的人就像动物一样无知无识，没有对善恶的分辨，就像黑格尔等人所认为的，那时的人类既没有自由意志也没有智慧，这样的生活应当是无法被忍受的。①即是说，在这种观念里，人是因为有了原罪才成为人。弗洛伊德则是把人的本能看作了原罪，两种理论是恰好相反的。在他看来，我们身上存在着黑暗的、深不见底的恐怖深渊，那是一种欲望，一种可怕的本能，而这种本能的欲望似乎又是驱使我们不断向前，走向"梦"的一种最重要的力量。所以在弗洛伊德看来，人关于美的想法是一间"梦工厂"，我们审美力量的最深刻渊源即是本能，而感觉的核心则是动物性。

"性本能"与"死本能"是弗洛伊德理论中两种最基本的冲动。②"性"字从"生"，中国文化强调"天地之大德曰生"，万事万物都是生命的形式，都在永无止息的生长之中，所谓"野火烧不尽，春风吹又生"，生命的力量才是美感的、美学的根源。于是，我们将"性本能"认作"生本能"的组分，把两大冲动译作

---

① ［德］黑格尔：《小逻辑》，贺麟译，商务印书馆1997年版，第90—93页。黑格尔说："禽兽对于足以满足其需要之物，俯拾即是，不费气力。反之，人对于足以满足其需要手段，必须由他自己去制造培填。""哲学是认识，也只有通过认识，人作为上帝的肖像这一原始的使命才会得到实现。"
② "性本能"是指与性欲和种族繁衍相联系的一类本能，遵循快乐原则。"死本能"也叫攻击本能、破坏本能，是一种与生俱来的，要摧毁秩序、回到前生命状态的冲动。见弗洛伊德：《自我与本我》，周珺译，百花文艺出版社2019年版。

"生本能"与"死本能",让"性"的存在潜伏下去,以此减缓该理论所遭受的非议。但是在弗洛伊德看来,从"生"的"性"必须强调其性本能的冲动,并由此生发出人类各种各样的文化。

莎朗·斯通所饰演的《本能》在中国十分出名。它通过凶杀案来讲述两种本能的交替变化。多数时候人努力地想要活着,但是也有某些时刻——譬如遭逢难以承受的苦难之时——会想到死。死也有许许多多的方式,有人说要死得安静,吃点安眠药或是安乐死;有人说要死得壮烈,跑到长江大桥或是大雁塔上跳下去。动物同样具有"死"的根本性冲动,甚至有群体赴死的行为。

即是说,我们身上有着去除不掉的动物性的渊源,每个人身上都藏着一只动物。这只动物有时会脱离我们的掌控,而它最不受控制的时候就是在梦中。我们可以用种种道德、种种文化、种种规范约束它无法在白天出现,它就进入我们的潜意识,这里面有一种非常复杂的过程,而弗洛伊德则将它简化成"白日梦",即文学艺术,通过这种途径,本能的冲动经过了简缩、转移与综合,安全地进入意识层面。

也就是说,"美"在于对"生"的欲望的升华,一种表现为实在意义上的梦,另一种则做成白日梦。若是有人把白日梦优美地表达出来,就可以称为:我们与之产生共鸣,感受到似乎与我们心中的梦所讲述的相同的冲动,彼此是"同一个世界,同一个梦想',唱出"同一首歌"。于是,当每一个人看到这部电影或者听到这段音乐的时候,都能找到属于自己的独特感觉,就像是从自个儿心中唱出来或是映射出来的一样。原来我们认为的美,它的根源还在动物性上。基于此,弗洛伊德认为,人是"动物人",即:

是人，但深处却藏着动物的"本能"。

这也是弗洛伊德的学说被不断反抗的原因。在西方宗教的体系中还好，毕竟西方已有"原罪说"，认为人自身带着原罪来到这个世界，伊甸园中蛇与苹果的故事寓意了这一切，因而他的理论遇到的抵抗并不是很大；但在中国没有这种假设，我们强调的是生生不息，因此在中国文化的视角下，此学说怕是不能成立的。我们的文化推崇"齐物论"，即人和所有生命体都能拥有生命的共感，而没有什么特别狂妄的想法，我坐在这里，不比脚下的树或是头顶的云高贵，一切都是融洽的、相亲的，一切都可以融为一体，而产生此种生命共感的时候，也就是我们"皈依自然"的时刻，此时人与动物、植物，与世界的一切就达成了奇妙的、等同的关系，这就是"齐物"。

一开始我们说要区分人、动物与神，但是这种分界是很容易被人的思维所打破的。远古时我们常在人身上赋予某种动物的特征，但人因此而获得的却不是动物性，而是一种神性；我们也直接把动物看作神，在中国文化中，任何一种动物或是植物都可以成为神，譬如《红楼梦》中的晴雯死后就成为芙蓉花神，又比如夸一个人长得美，就有各式各样的说法，其中之一便是说她美得像妖精，最高级的则是像狐狸精。

第七课　动物神与动物机器

我们上节课讲的是动物人。动物和人之间存在着一种很复杂的关系，而在这种关系之上，"神"的形象被设定出来，于是"动物人"及"动物神"扎根生长于全世界的神话、童话和历史之中。对于这样的时代，各国有着各自的命名，而我比较欣赏的是"传说时代"，这是一个泛神论的时代，世界上充满了神奇的生命，植物、动物与人之间的关系复杂而神妙，也有人据此称之为"神话时代"，但我觉得不大贴切。此外，还有人把它叫作"史诗时代"，因为这段时间是英雄时代的历史，是以一首诗铭刻出来的历史。后来，有人把美学智慧命名为诗性智慧，也正是强调了这种最初的诗性。人的智慧的最先具有的特征就是诗性的特征。

在这样一个时代，动物和人的分界显得模糊难辨，动物可能具有神性，人也可以具有神性，人和动物共同享有某种神性。在中国古代的历史书写中，对上古时期的记录无疑是非常困难的部分，比如，司马迁对《史记》的编撰就面临了这样的问题，上古时代距离他已经十分遥远，许多来自传说的东西用那时的标准很难说得通，若只是将其如实地记录下来又很不雅正，因此说这段历史不好写。为什么会出现这种情况呢？因为那是一个传说时代，所谓传说时代就意味着人与动物、与一切都混沌不分，万物共有诗性智慧。西方经典中我们也能看到很多相似的情境，《荷马史诗》中记载着神附着在动物和人身上进行战争，这种战争在后来的人看来是十分荒谬的——人怎么可能和神一起作战呢？后来，考古发现了特洛伊城，发现了《荷马史诗》中许多的遗址，它们好像在暗示这样的时代曾真实存在过，这让我们觉得恍惚不安。

那是人和动物和平共处的时代，很多书对此进行了描述，庄子、卢梭等很多人对这样的时代表露出缅怀，这对于现在来说是一种"生态主义"的理想，因为人与人、人与动物互相不加害的状态是很难实现的。夏天，我们要打死很多只蚊子，这种行为在那个时代就是一种犯罪，一旦认可众生平等，那么即便一只蚊子也应当被爱惜，不能轻易损害。这种想法直到现在仍被保留为一种坚强的回忆，也就是西方有些人所具有的动物解放的思想——所有的动物，都应被予以尊重，被很好地对待，不是因为它们可爱，也不因为其中一些可以拯救人的生命，而是自然中的众生本来就是平等的，当把别人当作奴隶，自己也就变成了奴隶。

所以只有动物解放了，人才能得到真正的解放，也只有当人与动物之间享有某种共感、某种相似的智慧的时候，我们才能真正具有美学智慧。我们可以看到，当诗歌以植物、动物为依托之时，往往充斥着智慧，就好像里尔克的豹、他的鸟和他的玫瑰花，即是说，唯有在与其他的生命相沟通的过程中，人才能具有诗性智慧。我们在此时孕生出"《变形记》式"的感觉，一种变成为动物后的感觉。在卡夫卡笔下，人变成的动物十分痛苦，这只甲虫无法像人一样站起来，手脚也异化为动物的爪子，他不得不开始以甲虫的眼光审视这个世界，于是原本正常的家庭变了：最爱的小妹妹一开始对他还好，但后来却恨不得他去死；老爸老妈原本对他也是不错，但当他变成甲虫之后态度也同样发生转变。我曾经说《红楼梦》也是一场双向"变形记"，一方面，宝二爷眼里的大观园原先是一种样子，后来才发现是另一种样子；另一方面，他可以有多聪慧就可以有多愚钝，不愿意与官场上的人打交道，却偏偏要当"妇女之友"，与家中的女孩玩在一起——在古代看来真是糟透了：怎么能和"第二性"的女性混迹一处呢！于是，他在其他人的眼中开始发生变化，"石头记"也就成了"变形记"。

卡夫卡甲虫的眼光里，世界是逐渐扭曲和狭窄的，但大多数文学作品在描绘动物、植物等人之外一切的感觉之时，其视角往往与卡夫卡相反。这是为什么呢？因为作家所感觉到的世界上形形色色的生物是复杂的，它们与人类的关系也是复杂的，这些复杂的生灵让我们具有了更多的可能——在生物学上，这被视为生命的多样性。但是从美学的角度来讲，我更愿意以"可能性"来称呼它——它们令人以更加新奇的方式感知世界，得以像树一样、草一样、海一样去思考、去看、去聆听。它们解放了人的感觉，也超越了人的感觉，将这个世界纷杂繁复的可能性在我们的面前竞相呈现。这方面的理论研究目前还比较少，但西方的诗歌常以各色生命作为感受力的源泉，使人的感觉与原先的状态加以区分，在某种程度上向动物回归。西方有关于独角兽的想象，一些切实存在的动物譬如羊驼或者狮虎兽，更是超越了其本身的分类界限。在这种超越性的激发下，我们的感觉蓬勃生长。动物和人都需要回归到这样的状态。

有时候我们感觉到动物很可爱。比如，猫咪就时常展现出小鸟依人的姿态，有时是懒洋洋的，有时是高傲睥睨的，有时是狡猾奸诈的，用好吃的引诱它，它就会站起来，像人一样看看你，在这些刹那里，动物和人的感觉之间就搭建起一种"恍惚"的通道。这样"恍惚"的感觉是如何产生的呢？我们身上是否原本就存有动物的潜能？或者反过来说，是否动物本就具有与人共通的情感趋向？这是说不清的，但确实展现出生命之间神秘而奇异的沟通，就像是经常在随园出没的那只"希特勒猫"，它傲慢的样子消弭了人与猫的界限，呈现出交叉重叠的恍惚感，凝视这双眼睛的时候，我们不仅仅拥有人的感知。

人和其他的动物的不同之处在于：他坏透了！动物往往只针对某种动物展开捕食，但人却是"广谱"的，他拥有最"广谱"的食物链，不仅要吃植物、要吃动物，饿得厉害了连同类也会吃。金庸小说里就写到过人吃人[1]，《水浒传》中宋江在抓到仇人之后，也曾把仇人的心肝拿出来做醒酒汤。为什么做的是醒酒汤呢？这是个值得思忖的问题。说明人在吃人之前很需要喝一点酒，只能在醉的时候吃，可偏偏吃人的目的又是为了醒酒，彼此间勾连出奇怪的因果。为什么好人要用坏人的心肝来做醒酒汤？从人性上讲这是不被允许的，但在美学上就是值得思考的。

现代人类吃食物的乐趣主要就在于品尝它的味道，换句话说，如今这世上只有好吃的东西与不好吃的东西，菜品的差别只在于其味道的差别。但也有些东西，本身的口感并不惊艳，可物以稀

---

[1] 如《鹿鼎记》中的胖瘦头陀，《笑傲江湖》中的漠北双熊。

为贵，于是吃起来就也有了另一种味道，能叫人兴致勃勃。动物首当其冲地被列入人类的进食范围，这种食物上的"广谱"在中国人这儿体现得淋漓尽致，有些人什么都吃也什么都敢吃。中国有一部古书叫《山海经》，里头提到了各种奇珍异兽，但可怕的是，这些描述几乎全部都是某禽某兽吃起来是何种味道，吃了之后可治什么病，以及它们会不会吃人。由此可见，广泛猎食可能是中国人一种悠久的传统，在"吃"上我们相较于外国人更加大胆，可以说是百无禁忌，连虫子我们也吃，比如说豆丹，我们要把豆天蛾的幼虫捉来，挤出虫浆，做成豆腐一样的样子来吃，想来甚是可怕。

请大家注意，一旦人类将动物当成食物来对待，两者的关系就将产生剧烈改变。从此对于人类来说，动物只是一块肉，变成肉之后，"杀—吃"这一行为里可能包含的不道德因素就被轻易地过滤抹杀掉。肉是动物被杀掉之后的形态，之所以我们要把动物变成肉，变成火腿和香肠，就是为了假定它从来没有生命和感觉，为了忘记它是从哪儿来的，以便于心安理得地进食。见其生不忍见其死，于是屠杀的时候我们不看，就可以顺理成章地将之当成一盘菜。据说，以往屠夫宰杀牲口的时候，口中念念有词，曰："猪儿猪儿你莫怪，你是人间一道菜。"把猪或其他牲畜变为"菜"，似乎成为推卸道德责任的一种可以原谅的借口。

人是如何饲养肉猪、肉鸡和肉鸭的呢？有人说，肯德基很坏，养的鸡都是几天速成的饲料鸡，是真是假我们不知道，但他们确实采取了一种工业的方法。当动物的饲养与工业的方法彼此关联，其本质就要回到我们之前所讲的问题：这是把动物变成了机器。

变成机器之后动物养殖就呈现出一种流水线的方式,喝水、进食、排泄共同构成了这条流水线。这就是为什么社会上开始出现"动物解放"的口号,毕竟不让鸡出去散步晒太阳,而将它每天拘在笼子里,不分昼夜地照明来叫它更快生长,这叫它怎么能受得了呢?这种对待方式就是在把动物变成机器。有关动物机器的内容,我们之后还会讲到,《动物机器》①这本书大家也可以找来读一读,我想,作为动物来说,最悲惨的莫过于活着的时候被当作机器,而死了则被当成肉。

如果每天都按照限制与规定进行生活,被迫丧失了思考的时间与精力,就要变成机器零件一样的东西。人不希望被这样残忍地对待,然而很多情况下我们都理所当然地用这样的方式对待动物,这表明人自身也在堕落,或许渐渐地,这种理所当然就会蔓延到同类身上。把动物喂养到足够胖便杀了来吃,单单这样其实还好,至少它活着的时候曾有过某种享受,但如果还要每天不间断地用灯光照着它,给它制定最严格的进食标准以便最快地长胖,见它状态不佳就立马打针,将一切数据控制在标准线上,使之成为最被需要的优质肉的话,它就彻底完蛋了,它的一生都在流水线上,从头到尾都是四四方方的肉,好像从来就没有活过。

将来的某一天,人会不会变成这种动物?

从美学的角度看,这是极其糟糕的事情,而这与我们开始时

---

① 露丝·哈里森于1964年初版的《动物机器》,曝光了当时"工厂化"动物养殖的真实情况,批评了当时工厂化动物养殖的生产方式。书中刊印了众多养殖场饲养动物的照片,令人震撼。见[英]露丝·哈里森:《动物机器》,江苏人民出版社2019年版。

计到的传说时代的野蛮其实恰为两面。那种野蛮在司马迁看来很不可信：怎么能叫动物来打仗呢？但实际上，我们思考之后就会发现，古代黄河流域的气候一直是温热的，沿岸生活着各种各样的动物，因地制宜地把动物变成战争机器中非常重要的环节，其实是合乎情理的，一开始各部落之间还有驱赶大象、豺狼虎豹与人进行战斗的情形，直到冷兵器发展起来之后也仍有骑兵借助马匹冲锋陷阵，到了现代的战场，更加高级的机器出现，我们才逐渐看不到战马了。在司马迁看来，人与动物并肩作战，简直荒谬至极，但在荷马时代的希腊人看来，这就是可行的，不过那时候动物更多作为神而存在。中国古代传说时代的动物有种神奇的魅力，这种力量驱使动物代替人作战，而这种令其能够成为战争机器的魅力，就是野蛮，动物能跑、能冲、能飞、能跳、能叫，所以使人感觉到，在那个时期的动物表现出一种英雄的气概。一直到现在，我们还认为英雄应该像老虎和狮子一样，可见这种认知仍然长久地保存在我们种的意识当中。

有一次我在东北一个野生动物园，在那里，老虎、狮子等各种野兽都是放养的，我们坐着一辆破面包车进去参观，老虎就围在我们身边。在车里坐得久了，就有人感到无聊，于是问道："可以喂老虎吗？"工作人员回答我们，可以买一只鸡或者一只羊。我们在栅栏外面把鸡往里头一扔，那鸡几乎还来不及动弹，就被老虎扑上去咬死了。外头的人看到鸡这么快便被咬死，十分不过瘾，于是又掏钱买了一只羊，那只羊进去也来不及跑上两步，甚至都没能叫出声，就也被老虎咬死了。后来他们又买了一只小牛，这次小牛终于不负众望奋力奔跑，引得几只老虎一起追捕。这些老虎的捕杀是有秩序的，并不是谁都可以冲在最前面，当那只牛发出非常凄厉的惨叫的时候，我想：要是被撵上的是我就完蛋了，我估计连叫都叫不出来。这小牛被第一只老虎咬住要害，紧接着其他几只跟着一起冲了上来，我的耳朵里灌满它的哀叫声——那个声音相信所有人听到了都会感到恐怖。接着我们被允许从车上下来看，看着老虎被赶进一个封闭的空间里，观察那只牛是怎么被老虎一点点剖开的，这个时候我忽然感受到人性的可怕——听到这种哀叫声，没有人后退，而是兴奋地一起往前冲想要一看究竟。我想到了鲁迅写过，在刽子手杀人的时候一群人往前扑，想看看人到底是怎么杀人的。

但动物充当战争机器的野性时代很快就结束了，紧接着进入了动物被驯化的时代。在这个时代里，一部分动物仍旧像我刚才提到的那样，充当战争的工具，比如骑兵部队里的马，但更多的部分则变成了工具，例如牛——牛在古代社会是非常重要甚至非常神圣的。很多汉字以牛为偏旁，比如"物"。动物被工具化之后，要么被吃掉，要么去打仗，要么去干活，人自己拉东西拉不动，就要驯服一些动物来拉；人想要喝奶，就要养吃的是草的动物来挤奶。也就是说，当动物变成人的工具的时候，它不再"充当"机器，而是自身就成了机器。

"机器动物"有两种，一种是把动物变成机器，另一种则是用对待机器的方式来对待动物，这两种形式我在后面还会具体讨论。在这里我要说的是，这种改变是随着人的进化而产生的。若是人继续进化，这糟糕的状况会好一些吗？会的。比方说，渐渐地大家都爱吃草鸡蛋，也就是爱吃散养的鸡下的蛋，而不爱吃人工养殖的鸡下的蛋，于是草鸡蛋就比洋鸡蛋贵，更多的鸡因此重新获得有限的自由。虽然这种回归自由是从人的需求出发的，但也在某种程度上体现出温饱问题解决之后人性的重新觉醒。我们会发现，"人性"觉醒的表现是让动物按照自身愿意的、本来具有的自然的样式生长，也就是令"动物性"自由生长，这在很大程度上回到我们最初的话题，回到原始的、传说的、庄子所希望的那个时代，在那个时代，人性与动物性彼此纠缠，万物并生不相加害，即使是吃东西也只吃自己本来该吃的那一部分。

以上我说的是人对动物的几种态度，大抵有吃掉它、把它当成工具和解放它。解放动物的例子有很多，比如把养殖鸽子的笼子打开，让它飞出去，并由此感觉到一种愉悦。这是什么原因呢？因为在给它自由的同时，人也自由了——再不必天天喂养它。这就叫一别两宽，各生欢喜。

除此之外，重要的还有人与神的关系。人常常供奉神，而这其中的最高级别，就是用人自身来供奉。比如古代人就会将漂亮的童男童女供奉给神，这些"小鲜肉"因为年龄小，保留有贞操，又很漂亮、很帅，因此被献给至高无上的"天"。后来，天子成为天的代理人，于是进献的对象也从"天"变成了"天子"。西方在这点上不太一样，它们的王权和教会权力曾处于一种并行的状态，但在中国这始终是一统的，是一条线上的事情。当然在更多的情况下，我们还是用动物来替代人作为"小鲜肉"献给神，这些动物被称为"牺牲"。牺牲品被洗得干干净净，头上戴着花，撒上香料，小肥猪被收拾得白白的嫩嫩的香香的送到祭坛上，这将是多么光荣啊！以前可只有选拔出的"牲人"才能登上祭坛，他一定要有特别过人之处，需要积德行善，长相出众，而这一切都是为了神性、为了心中的理想，可不是光荣嘛！

我们发现，一旦涉及对神的供奉，一旦"牺牲"进入了祭祀的神庙，"卑贱"的动物就变得神圣无比。人也是一样，在被献给神的时候，人就变得神圣，成了"神圣人"。意大利哲学家阿甘本就有一本书叫作《神圣人》，它的另一种翻译是"牲人"，由此我们可以体会到其中的意思。被献给神的人似乎就有了神圣的特质，在人成为牺牲品之时，就要与世界隔离，也不能再有父母了，童男童女都要洗心革面，要斋戒，要打扮成最洁净美好的样子，不能有丝毫马虎。阿甘本在《神圣人》中没有考虑到动物作为牺牲的情况，但关于动物他写了另外一本书，叫作《敞开：人与动物》，大家也可以买来看一看，现在已经有中文译本了。同样的，现在我们如果愿意当"牺牲"，也要从灵魂到肉体都净化干净，最好提前进入哈佛神学院进修一下。所以一旦变成"神圣人"，就没有自己的地位和身份了，一切世俗都要从身上切断，从此他只能和神产生关系。阿甘本认为这就完蛋了——当我们成为"神圣人"的时候，当我们失去了自己原来的一切——金钱、身份、权利的时候，我们就成了纳粹集中营里的人。阿甘本的想法有着很强的现实依据，在这样的过程中，人丧失了自身的权利。

人尚且如此，何况动物呢？所以庄子说，与其让我成为祭坛上的小猪，不如让我成为泥潭里自由的乌龟。人在祭坛上看似光荣，但实际不过是被附加了一种虚无的尊严感，而采取这样的方式来对待动物，也就像是在对待某种附加了神圣意义的东西，让动物承担了人的部分功能。庄子说得很对，如果我们是动物，我们一定不想做庙堂里的猪，而要做"曳尾于涂中"的乌龟，虽然浑身泥泞，但自由快乐。庄子这种不与庙堂统治者合作的行为是很伟大的宣言，翻译一下就是要做自由自在的人，不要当牺牲品。

如果我们把动物和神的关系彻底单线条化，那么作为动物，作为人，作为肉，又是如何具有神性的呢？一个人可以被称为"女神"，就说明在她身上有着超乎寻常的神奇魅力。一个人不会对自己的女神说"走吧，陪我喝咖啡、看电影去"，因为这样似乎缺少了点尊重，《红楼梦》中贾宝玉拿林黛玉开玩笑的时候，林黛玉就很生气，认为贾宝玉不尊重她。在西方人眼中这是很奇怪的事情：林黛玉明明希望和贾宝玉在一起，怎么又会因为贾宝玉的玩笑话而生气呢？这就是因为林黛玉是"女神"，如果贾宝玉对待平常的人和对待她的态度一样，或者说以调笑的方式来对待她，就是不可容忍的，和"此曲只应天上有，人间难得几回闻"是一个道理。她具有一种超出她身体存在的光，有一种魅力，一种神奇且不可言说的东西，就好像傍晚时候我们在仙林看晚霞，突然看到奇异的一朵，那是天的心脏，和在新街口看到的完全不一样。当我们给某物赋予神圣性的时候，它就具有了一种奇异的光彩。

上节课我们讲到，有人对美丽女性的夸奖往往先是美女，再是妖精，至于最高级别则是狐狸精。我们这门课叫作"美学智慧"，而美学智慧就是要调动感觉之源，从感觉当中凝练出一种想法，请大家好好想一想，为什么是这样的一种比喻呢？（生：因为狐狸精既有狐狸的狡黠，又具有人的智慧，两者结合，既超出了动物性，也超出了人性，所以使人感觉格外奇异。师：很好，这是一种1＋1>2的效果。）因为"狐狸精"既带有狐狸的魅力，又附着有精怪的灵巧，是两者之和。

《聊斋志异》里的狐狸精特别多——其他的"精"也有，但最让我们感到心慌意乱的只有狐狸精。这是为什么呢？关于狐狸的说法很多，其中一种是它善于隐身。我小时候曾在学校库房里看到过一只狐狸，当时我们曾有过一眼的对视。我读了很多关于狐狸的故事，猛然撞见一只，内心既惊喜又有些害怕，但遗憾的是这一眼之后小狐狸很快就跑了，不留给我细看的机会。那狐狸精到底蕴含什么意味呢？民间习俗中，如果有人脑筋出了问题，就被认为是有精怪黏上他了，并且罪魁祸首常常被认定是狐狸精。为什么呢？因为狐狸与猫其实多有类似，有几分柔弱，也有几分娇媚，却是处处更胜一筹，连尾巴也更长一些。家里养猫的人就会知道，晚上睡觉的时候，猫喜欢窸窸窣窣地走向人，偷偷跑到你的床上，躺在你的旁边和你依偎在一起，让你产生一种奇怪的感觉，很多人认为狐狸也是如此。刚才有同学说起狐狸还有一个特征是狡猾——世人都认为狐狸是狡猾的，不过外国人并不讨厌这种狡猾。我认识的一个外国人，名字中就有一个"狐狸"，有一次别人送给他一枚狐狸的印章，让他很是开心，在中国这样的事情很少发生。

狐狸精、蛇精等精怪，以及我在前面提到的"芙蓉花神"，它们都体现了一种"泛神论"，让我们感觉世上万物都充满了神性或者灵性，都与人之间存在一种无法表达的神秘关系。但当自然科学产生之后，这种神秘的关系遭到了破坏，一切都变得可以用知识来诠释，唯物主义称之为"祛魅"，大自然本来具有的"魅"不见了，人类把它驱赶走了，于是我们意识到月球上没有嫦娥、吴

第七课　动物神与动物机器

刚、桂树和玉兔,并因此感到大失所望。本来与精神、灵魂息息相关的世界突然被自然科学抽空了,"祛魅"之后,那个世界原本的价值感也消散了。现在的字典上解释"猪",会说它全身都是宝,某某部位可以用来做某某用,而当这种观念发展到极致,或许某一天字典上某一条也会写有"人浑身是宝",写人的脂肪可以做肥皂,或是肉可以干吗、骨头可以干吗,多可怕?这么举例是什么意思呢?是希望大家重新拾起传说时代的"价值感",在全新的科学观念之下,令美学与科学两种截然不同的"价值感"激烈碰撞,在疼痛与兴奋中惊醒我们的感觉。

此外,我们需要看到,动物在被神化的同时也容易被魔化。譬如张曼玉、王祖贤出演的《青蛇》,电影中有非常妖媚的、突破人类道德想象力的时刻,而这也是最具有美学价值的时刻。它使我们的心魂被牵引到一个神妙的地方。原本,蛇精是负面的,是魔,但在青蛇、白蛇与法海复杂的关系之中,她们开始往神的方向发展;日本把孙悟空画成一个非常狰狞的形象,把他向魔、鬼、怪的方向靠拢,在这些时候神魔就在某种程度上合为一体了,白龙马、猪八戒、沙僧也有着相似的特征,成魔即成神,神与魔享有相同的特质。魔并不是低劣的,最厉害的魔总能和最厉害的神并驾齐驱,它们具有共通性,而当这种共通性与动物性结合起来,就会具有更加奇特的美学价值。

动物,神,融合在"人"之精神与身体中,在感性世界有着奇妙的魅力。这种魅力如同无意识的灵光,在忽然之间迸发,又在忽然之间消失、沉积。但是,意识到这两者的存在,却让我们的心灵伸向了幽深之处、高远之处、灵性而荒蛮的交结之中。

第八课　万物有灵

"有的人死了，但他还活着。"死了的人能够继续"活着"，是因为还有思想、精神与事迹流传下来，这被称为"不朽"。美学往往把"活的"与"不朽的"这两种矛盾的状态纠葛在一起。

江苏省曾有道高考作文题叫作"青春不朽"——青春很短暂，但我们又希望它是永恒的。每个人年轻的时候都由衷地相信自己会永远活下去，他们拒绝思考死亡。在路上，我看到许多小朋友，"走完这条路"永远不是他们的目的，他们跳着走，或是踢着石头走，满溢着活蹦乱跳的永生感，于是让人感觉到，或许童年当真就是不朽的。但到了"青春"的阶段之后，我们开始意识到人是会老的，最终会走向死亡，这种"理所当然"消散得无影无踪。

文学院的中大楼前有很多老头老太在锻炼身体，撞撞树、练练太极拳，或者开着大音量的音响跳广场舞。起初我一看见他们就皱眉头，觉得他们吵，心想这么大年纪，不在家休息，锻炼什么呢。现在我老了，才发现锻炼的重要，但因为"锻炼的老头老太很吵"的印象根深蒂固，所以自个儿还是不锻炼。我知道这个想法不太对，可为什么我会这么想呢？因为心底的深处还潜藏着"我不会老"的希望，看到逐渐老去的人过着老去的生活，为了维持老去的身体而锻炼,就感到窝心,就会生出自欺欺人的谎话被揭穿的恼羞成怒。

日本文化里就常有类似的情绪,很强调那种鲜活的、热烈的、速朽的美,比方说樱花,它的花期很短,最美的时候只在刹那,于是广播里常常有某地樱花某月某日花期将至的公告,去晚一些,就再不能见到了。南京鸡鸣寺前的樱花也是这样。日本人推崇这样强烈对照的、速朽的感觉,认为即便死也要死得痛快,要轰轰烈烈,要干脆果断,这很好地表明一种唯美主义的冲动。批评家佩特主张"让生活燃烧成炽烈的、宝石般的火焰",而日本的文化则希望它在这最炽烈的散发出幽兰光彩的那一刻永远定格——让我在这种活跃的、激荡的、热烈的状态下死吧!20世纪80年代,电影《楢山节考》讲述了日本一个贫穷山区的故事:由于粮食长期短缺,老人一到70岁,就要被子女背到山中去,让他们在山里冻死或者被野兽吃掉,其中就同时包含有极度的现实与极度的唯美交融的复杂情绪:活,就要活得青春,活得精彩,否则活着还有什么意义?

五四时期是近代中国最青春的时候,那时很多人也有这样的想法,钱玄同就曾经说道,人过四十就该死,不死也该枪毙,鲁迅因此做了打油诗嘲讽他"作法不自毙,悠然过四十"。钱玄同强烈的革命热情也同样体现在汉字革命上,曾倡导废除汉字。

所以说生命里最强悍热烈的时刻,这些瞬间中的永恒,总与美学相联系。当浮士德说,时间啊,你真美啊,请停留一下,他的灵魂就要立刻被梅菲斯特带走,这是很深刻的寓言。《浮士德》有很多中译本,大家可以对比一下,瞧瞧哪一本更有诗意,哪一本更具哲理气息，或哪一本平庸却稳妥。

生命，除了属于人，还属于动物。有些动物的生命很短暂，有些却很漫长，比方说龟。中国人很喜欢龟，也喜欢松、竹、梅这样生命顽强而常青的事物，这就显示出中国人与日本恰恰相反的一个美学理想：老不死。古人有言道"老而不死是为贼"，但实际上无论古今，中国人的心里都希望长寿，都希望自己不死。我们的文化中确实有"倚老卖老"的现象。诗坛称杜甫为"老杜"，一来他最终的年纪在那个年代确实算不得年轻，二来是因为他的诗歌常给人以沉郁顿挫之感。到了宋代，"老"更是成为一种重要的美学风格，当代也是一样，我们相较活泼青春，更敬重"老"，那是一种城府，一种睿智，一种老辣，一种无所不包。

动物和人有着许多相似之处。前面已经说过，首先就是具有感性的特质，而它们的这种特质与人之间也存在着一些不同，它或许会集中于某一个方面，将这个方面变得十分强大，而这种特征与美有关，也可以因此说动物是具有美感的。我之前提到过《美的进化》。这本书认为美是动物进化过程中的一个重要因素。动物群体中有着复杂的组织结构，即"伦理性"。康德把它归结为意志。我们常说的"像豹子一样隐忍""像豺狼一样凶残""像狐狸一样狡猾"都是对动物意志的承认，也就是说动物也具有"德性"。我的一位朋友家里有两只猫，一只叫"舅舅"，一只叫"妹妹"，猫架子的高层总是被灵活又讨喜的"妹妹"霸占着，但有一次我去的时候，却发现情况发生了变化，"舅舅"站在架子上面，失去了地位的"妹妹"颓废又沮丧地躺在地上，一副自暴自弃的样子。这"猫架子"可不明晃晃地就是猫界社会的层级吗？

我们说"人群",也说"狼群"或者"狮群"。人与动物都要生活在"群"里,因此过去也用"群学"来翻译社会学。人在人的群中,动物在动物的群中,甚至更多时候它们是处在很多种动物共同的群中,比方说森林的群,而在这之中,它们彼此也要建立起某种伦理关系,建立起属于自己的道德感。长期以来,道德感被用于划分人的地位,所谓"君子小人",对人的第一印象往往同时蕴含道德与地位两方面的因素,尼采《道德的谱系》中也有类似的观点,或者换句话说,我们常用知识与地位来衡量道德。而与人相似的,"猫架子"就是用伦理因素来划分地位的。这也可以反过来看,人间用于划分地位的道德准则很大程度上就是我们从动物时期继承过来的。

《狮子王》电影的开头就是一座大山,主角就站在上面,那山看上去无比高大。它真的高吗?不一定。为什么它给人一种高耸的感觉呢?因为视角的差异。站在下面看上面与站在上面看下面,会是全然不同的风景。就如同我现在站在讲台上看你们,你们每一个人在我的视野里就比面对面时要小,动作一目了然。站得越高,下面的人就会显得越小,同样的,下面的人想要看清上面的人,就需要更高地扬起脖子——视觉的秘密中就包含有权力的秘密。所以我们不管在学校里还是到了社会上都被告知要"听话",听站在高处的人的话才是"好孩子"。动物当中也有相似的权力感、权威感,而这很容易转化成为伦理感、道德感。总而言之,动物的伦理感传承到了我们身上,并且很难被克服,可我们还是要学会去克服它,这关系到我们在多大程度上成为一个自由的人。

昨天,我在网上看到一位华东师大的老师聊唐诗。他说古人喜欢吹牛,李白、杜甫都是如此,杜甫说李白"笔落惊风雨,诗成泣鬼神",也说自己小时候就"读书破万卷,下笔如有神",这就是不甘于以他人的标准来衡量自己的地位,而有一种自由的猖狂。我希望大家都能"狂"一点,要像打开的魔瓶一样,"嘭"的一声跑出来"危害"社会,要像洪水猛兽,让外头的人如临大敌,要暴躁和反抗,而不能畏葸不前、委曲求全。虽然"天老大地老二我老三"的心态不对,但是叛逆的倾向本身却还是很有必要保留和承继的,我希望大家都有一点个性和嚣张,有一点叛逆和疯狂,我希望你们每个人都是小燕子,无论是否被错认为格格,都可以肆无忌惮地嚣张,如果我们每个人都有这样自在的精神,就能成就一种精彩。

之前,我曾说到,人之所以希望与动物结成关系,就是因为动物具有野性,在它们身上我们可以找到一种野蛮的自由精神,所谓"海阔凭鱼跃,天高任鸟飞"。每当我们想要变成某种动物的时候,就意味着我们意识到自己缺少那样的一种精神,以至于想要抓住它作为图腾,让它成为一个"群"的象征,比方说"狼图腾"。我们已经确认,动物是具有智慧的,以前有说法认为,动物不会劳动、不会思考、不会做梦就不能变成人,这很有意思,说明人还存有根深蒂固的动物性。小猫小狗好像比起我们更容易得到老爸老妈的欢心,因为它们的感觉十分敏锐,有一种德性,可以感动人,它们具有一种与万物相处的共情能力,这种能力包含着伦理,包含着美感。很多电影和小说以动物为主题,如日本的"忠犬八公"故事,或是德国小说《雄猫穆尔的生活观》,其中自然不免带有夸张的成分,但也确实表明,动物具有某种意义上的

"同情心"和"共通感"。或许也正是因为人赋予了动物太多的人性,"人与动物的差距"这个问题才变得麻烦。

实际上人与动物最大的差别还是在于智力,曾经人类以为我们之所以能够征服很多比我们力气大很多的动物,就是因为我们拥有更高的智力。于是,当机器的智力远远超过我们的时候,我们得到一个可怕的结论,那就是人在机器面前,其实比动物强不了多少。我们开始认识到动物也拥有智力,有着创造美的能力,比如蜂巢的六角形结构被很多人类建筑所模仿,鸟巢的结构也同样非常惊人,它们都体现出一种超越本能的先验的创造力。这种由康德提出的"先验的能力"最开始曾被认为是人所独有,但现在看来动物也同样拥有,它们与人的差异只在于所拥有智力的层级。这种差异并不以语言或是文字为区分,因为哪怕人类也有些民族没有文字,且我们也不能笃定地认为动物没有自己的文字,甚至经过训练的猩猩能懂得很多人的词汇。

这些差异的存在让我们意识到,动物美学应当作为美学的分支独立出来,过去我们的美学仅以人类为中心,这是比较狭隘的。正如我之前所说,"万物平等"而"众生有情"。因为众生都有情,我们才能借助动物的尺度创造,由此可见美学在很大程度上是情感哲学,或者说是抒情哲学,用沈从文的一篇文章《抽象的抒情》来讲,即要以抽象的形式表达自己的情感。既然动物亦是有情众生,自然也就有了动物美学。

西方人据此提出了"动物解放"——我们对待动物太残忍了。前面我们提到,把别人当成奴隶,奴隶主自身也会成为另一意义上的奴隶,被奴隶所牵制,这就是黑格尔在精神现象学中提出的所谓"主奴辩证法"①。古代的皇帝最希望没有生育能力的男人——也就是太监——来为他服务,这样的人没有生育能力,也没有后代,因此最能叫上位者安心。但实际上从秦始皇时期开始,太监就掌握了极大的权力,这天下不仅是皇帝说了算,还是他赵高说了算,是他魏忠贤说了算的,每当想要奴役他人的想法出现,怪事就会发生,历史恰是"主奴辩证法"的验证。以此推之,解放动物也是解放人类,从这个角度来看,尽管西方如今相关的理论还不免年轻气盛了一些,但他们的方向和理想是正确的。古代民歌说要让鸟摆脱鸟笼自由飞翔,如今我们也更加崇尚野生动物异于家养动物的自然野性,这都表现出动物解放的美学理想。小时候我们总是养什么死什么,或许就是因为那是一种圈禁。我们要解放全世界的有情众生,要超越人类中心主义的狭隘的思想来思忖天下大事,以佛教的"同情心"来作为看待动物的思想前提。

为什么动物需要解放?因为我们常将动物当成自己的替代者,牛为我们耕田,狗为我们看家。之前,我也曾经提及,人对待动物的方式通常有两种,其一是以动物为机器,这主要是指被人驯服的动物,例如宠物狗或者看家狗;另一种则是以对待机器的方式对待动物,比方说流水线上的肉鸡,"流动"的"线"上在运动的不是鸡,而是它们的饲料和水,鸡连"流动"的机会也没有——在某种程度上,大学也像是一种流水线的生产,过时不候。这些鸡在塑料大棚中被实施着标准化管理,最开始是以机器来饲

---

① [德]黑格尔:《精神现象学》(上卷),贺麟、王玖兴译,上海人民出版社2019年版,第186页。

养动物,最残忍的结果就是诞生了"动物机器"。我们开始人为地控制"动物机器"的一切指标,开始决定想要哪个部位胖,哪个部位瘦;哪个地方老,哪个地方嫩。这样是对动物好吗?显然不是。这是让它们功能化,按照特定的功效要求来生长,这种做法与我们"动物解放"的要求恰是南辕北辙。当我们将对待机器的简单化、功能化的生产施加于动物,把一切单一化和平板化,生产出的牛奶就会是完全一样的牛奶,猪肉也是一样的猪肉,满街都是一式一样的肯德基与麦当劳。这乍一看方便快捷没什么不好,但每天吃一样的早餐却总是缺少了鲜活的东西,再不是有的鸡蛋咸,有的鸡蛋淡,有的鸡蛋嫩,有的鸡蛋老,这些鲜活的东西是有"心"在其中才能呈现的,一板一眼的东西总少了点烟火气。

也就是说,当我们用机械的态度来对待活生生的动物时,这些动物就失去了个体的差别,只留下"鸡肉"或者"鸡腿"的刻板印象。齐白石笔下的虾最终也可能沦为菜场里没有自由的虾。所谓动物机器,就是用功能性来取代它们的不确定性,灭杀其可能性,而"不确定"恰恰是最珍贵的部分。薛宝钗哪儿都不差,温婉端庄,进退有度,不单宝玉被她感动,黛玉也要被打动,可这个一笔一画都被规矩在格子中央的宝姐姐,纵能是人间四月花,也少了点"心",终归不是天上掉下来的。

"万物有灵"体现出一种平等的理想。庄子的《齐物论》其实可以有两种读法,一是"齐物·论",一是"齐·物论"。前者所强调的平等是人与物的平等,即将世上所有的事物放置在对等的位置;后者则着眼于物与物之间,物论即对事物的看法,要将世界上所有的价值观念等同起来。我们就是动物人,而不是一个独立的、特殊的、优质的种群，不因有"灵"而有别于万物为万物之灵长，动物、人与神灵处于相同的层级。贾宝玉眼中的"大观园"或许曾展露出相近的理想，婆子口中的他会同花对话，同小鸟说话，死掉的晴雯在他这里也成为芙蓉花神。这种理想我们在《诗经》或者唐诗宋词中也多少可以看到。李清照说"知否，知否，应是绿肥红瘦"，为何她与卷帘人的想法如此不同呢？因为她产生了一种代入感。雨水滋润下，枝叶自是更加肥美茁壮；风狂雨骤，红花必然就要闭合，卷帘人的心在帘内，而她的在帘外，于是自应是绿肥红瘦的。

如果我们想要真正的自由，最好要有这样的心境，要在看到鸟在天上飞、鱼在水中游的时候，也成为水中的鱼、天上的鸟。那么这样的心境哪儿来呢？子非鱼，安知鱼之乐？我用什么来变成花鸟虫鱼？就是要用灵性的感觉、用心来变。在这样的变化或者说同化之中，我们超越了人类中心主义，超越了人类本体论，如此前我们所说不复以自我为尺度，而以万物作万物的尺度，达至精神自由，而这种自由正是艺术思维中最重要的组成部分。灵敏地洞察万事万物的变化，不仅不会缩减我们的感性，反而拓展和延长了感性的边界。

第九课　造物美学

《圣经》第一卷《创世记》太初的场景中，灵漂浮在水上，四下一片混沌，然后上帝开始说话，他说——要有光，于是产生了光的形而上学。曾有人认为庄子所主张的也是一种光的形而上学，我不赞成这种论断，甚至应该是相反的，庄子主张无光。上帝开口之时便实现了一种"言灵"，我们不能知晓他所使用的语言，但光正是应他的呼唤而生。如今的我们似乎也可以在某种程度上代行上帝的权力，譬如站在楼道里，"咳——"的一声，或者压根不需要说话，只是跺跺脚，就有了光，但这种以现代物理为依托的话语权与上帝相比是极其微小的。这在军训时更多地体现为一种严格的纪律，教官说"起立"，一瞬就能得到一片最标准的军姿，这就是以言行事，说话就等于行事。我们知识分子很大程度上就是这样的，尽管没有切实做些什么，但说话就等于做事。"以言行事"①，就是

---

① 英国哲学家奥斯汀（John Langshaw Austin）1995年在"How to Do Things with Words?（如何以言行事？）"系列讲座中提出，一个人说话时完成了三种行为，"话语行为"（locutionary act）、"话语施事行为"（illocutionary act）、"话语施效行为"（perlocutionary act）。见 J. L. 奥斯汀：《如何以言行事》，杨玉成、赵京超译，商务印书馆2017年版。

人的最初的创造形式。

创造第一步就是有光。我们在第一节课谈到过这一点,有光我们才能看,在黑夜中没有真正睁开的眼睛。西方哲学之中惯用视觉的隐喻,文学理论及美学理论中也铺陈有众多视觉上的概念,譬如《镜与灯》①,"镜"和"灯"是西方最常见的隐喻,譬如马克思主义中的反映论等文艺理论,就频繁涉及镜子的意象。而在这关键的第一步之后,上帝得以将昼和夜分开,这是第一天;第二天他分开了海洋与陆地;第三天让植物在土地上生长;第四天他为自个儿的新房子装上灯泡,白天的天灯叫太阳,夜晚的则叫月亮,周边还撒上些星辰;第五天他终于开始创造生物,空中的、海中的和陆地上的全都"生啊长啊",彼此之间没有被划分等级;到了第六天,上帝造出了人,按什么来造人呢?请注意,这很关键,他按照自己的形象造出人来,还区别了男人和女人。于是在上帝休息的第七天,我们人活了,人生长起来了,上帝歇下了,就到了我们需要干活的时候。

按照《圣经》的说法,创世的前五天中都还没有人的存在,但这五天中,一个世界渐次出现。"世·界",既指空间,也指时间,起初,我们不知道时空的概念,直到光之后有了天空、大地,有了四时,有了日月星辰,空间与时间各自开始并逐渐扩大了。在人类诞生以前,天上已经遍布星辰日月,地上与水中已经万物生长,上帝仿佛为我们做好了一切打算,然后才说:我造个人出

---

① 美国文艺理论家 M.H.艾布拉姆斯于1953年出版的作品,主要论述19世纪开头的四十年间产生于英国的诗歌理论。见郦稚牛等译《镜与灯:浪漫主义文论及批评传统》,北京大学出版社2015年版。

来吧,让他来统治地面、海洋里的一切。他是如何授权人的统治的呢?就如同最初他开口说话一样,上帝要求由人来给这些东西命名——这是狗,那是猪,而那个是石头。上帝以命名的形式将权力交付于人,自此,万物为人所统摄,一切人最大,一切归人管。人象征性地具有了万物灵长的地位。

孔子在《论语》中说,要"多识草木鸟兽虫鱼之名"①。随园里有很多的植物,当然也有很多动物,其中一些我们并不了解,有时候看到一种奇怪的花,并不能叫出它的名字,这些不知名的花草在我们眼中都是一样的;《诗经》中也是如此,许多植物我们并不识得,即便知道名字也指不出对应的实物。那么为什么既要知道名字,又能辨认对应的实物,才算是真正了解呢?报道中常说到某某地方出现了水怪,因为这东西是没有名字的怪物,所以我们感到很可怕,而一旦知道了它的确实身份,哪怕再具攻击性,这种恐惧感也会被大幅削减。对于疾病也是这样,即便名字听来再奇怪,比方说"非典"或是"新冠",也比"某不知名传染性病症"来得叫人安心,我们会觉得它是可以被认知和控制的。中国人的惯常思维就是这样,一切事物,一旦被命了名,说明我们就在某种程度上掌握了它,于是《新华字典》在解释许多名词——比方说猪的时候,就要首先说这东西的外形,再说它的功用,然后补充对人对它更普泛的在精神层面、意识层面的掌握。西方也是这样,所以在第六天,上帝让人给动物命名,并规定所有的动

---

① 引自《论语·阳货》,子曰:"小子何莫学夫《诗》?《诗》可以兴,可以观,可以群,可以怨。迩之事父,远之事君,多识于鸟兽草木之名。"见杨伯峻译注《论语译注》,中华书局2009年版,第183页。

物归人管辖，把它对应到创世纪这一最初的创造行为之中，就体现出对人类感性的初次开发。我前面已经讲到，这主要是指空间感与时间感，按照康德的说法，空间感是我们外在的感觉，至于时间，我们没有办法对其进行衡量，而仅能感觉到它，因此印证的是人内在的感性，而当我们同时具有二者，能为事物命名，我们就具备了不得了的"说话"的权力。

法国的阿尔都塞讲得比较好，他说当我们被命名之时，就已经处于意识形态当中①。当张老三当真被叫作张老三的时候就完蛋了，叫一声"张老三"，他就条件反射答一声"到"，那就更完蛋，他已不自觉地身处权力关系之中。小时候我们没有身份证，也不拿手机，但现在没有身份证就出不了远门，吃饭购物都要用到手机，我们被编码了，被"命名"了，苹果公司通过手机就能查到你的信息。这样想来有点可怕，在我们应感性的开发而一步一步地被赋予掌握世界权力的同时，也一步一步地为他人所掌握。

上帝是什么样的？他像你，也像我，《圣经》里说每一个人都是上帝依据自己的形象创造的，按此去推，每个人都与之相似，但实际上却找不出与他一样的，他是柏拉图所谓"理型"或者"理式"，研究古希腊文学的作家陈康曾将这种"理式"翻译为"相"。我们在这里不妨来谈谈文学理论中常见的三个"xiàng"，即"象""像"与"相"。"象"，首先是指事物本来的样子，段玉裁由此认为第二个"像"和"象"在意义上是相等的，国家语委

---

① 阿尔都塞在《意识形态和意识形态国家机器》中创见性地提出"意识形态国家机器"概念，认为主体是被意识形态建构的，其建构是通过对个体的询唤实现的。见路易·皮埃尔·阿尔都塞：《论再生产》，吴子枫译，西北大学出版社2019年版。

也有不少人持此观点,因而曾一度想要将"象"都变成"像",但这两者的关系并非那么简单。一方面,"像"即与事物本来的样子相像,而相像并非相等;另一方面,"象"有时候还表现出某种抽象的意义,一旦事物经过人心灵的加工就要发生变形,而变形之后的"象"就成为一种抽象的"象",所谓"大象无形",它舍弃了具体的形,只留下一个影子,因此我们说"想象",而不能用"想像"。而当抽象到了一定的程度,达至抽象之极,就有了"相"。"相"原本应属佛教概念,字形上是眼睛看不见的人拄着木头 相声就是这个相,指的是一个说、一个捧,两个声音彼此扶持共生,至于后来所谓"单口相声"其实已与"相声"的原意相违背;宰相也是这个相,指的是辅佐皇上的人,这就像目盲之人需要一块木头来扶持。可见"相"的含义也与视觉相关,与西方视觉的隐喻存在共通之处,而其抽象的特质也同柏拉图的"相"有着切实的沟通。汉字也是这样把形象充分抽象之后得到的相,从此无论你是潦潦草草地写还是认认真真地写,拉长了、捶扁了,瘸个腿扭个胳膊,我都能认识它,万千变化归一。①

上帝造人,是个极度抽象、又极度形象的麻烦问题。《圣经》写到造人的第二节时说,上帝一开始只造了一个人,这个人是用尘土造的,我们中国的女娲也用泥土造人,所以说人来于尘土,而归于尘土。上帝造完第一人——亚当后,把所有的动物都带来命名,此时陆地上分明全是动物,亚当却开始感到孤单,他没有

---

① 骆冬青:《形而放学》,中国社会科学出版社2004年版,第339—345页。又见拙文:《论"象"》,《江海学刊》2020年第1期。

同类，即便都是天造，上帝依据自己的形象造出来的与使用艺术的方式造出来的种有着本质的区分。道家的齐物论对此很不赞成，大哥不要说二哥，谁也没高出谁几分，但《圣经》不一样，亚当作为第一个人，感受到身处另类之中的寂寞。于是上帝便趁亚当睡着的时候，从他身上抽下一根肋骨来，又造出一个女人——夏娃。基督教里有关于这根肋骨的阐释很有意思，他们说肋骨是人体里相对脆弱的地方，因此女人天生敏感，是易感的体质。

　　《圣经》里的这一段描绘得很精彩，夏娃成了亚当"肉中的肉，骨中的骨"，精彩地表达了基督教所认为的夫妻之间应有的亲密情感，似乎对女性充满了温情，没有一首情诗写得比它更好。最初造人使用的尘土不干净，但上帝造出来的女人却很干净，因为这根骨头是从血肉里抽出的。《圣经》还写，肋骨拿出来之后，上帝又悄悄地把亚当的肉合上了，这表明肉身与灵性的东西是不一样的，一旦被拉开，清醒过来就会感觉到疼痛，会有强烈的感觉。而正是因为参与了人的制造，被人中之人、骨中之骨、肉中之肉取走了身上最敏感、最易感的部分，亚当才脱胎于原本的泥巴尘土，携带上更坚强、更精致的特质。

　　《红楼梦》里也有与之类似的过程。林黛玉这株绛珠仙草，原本干枯得要不行了，是神瑛侍者用甘露浇灌她，让她得到新生，于是当神瑛侍者下凡的时候，她便也跟着一起，心道他用甘露浇灌我，我便要用眼泪来还他，因此按《红楼梦》的说法，男人是泥做的，而女人是水做的。女娲造人的传说里其实男人、女人都是泥和了水做成的，但是《红楼梦》把他们分开了。为什么要用眼泪来偿还甘露呢？有学生答："眼泪是最干净的，却是动情之后

第九课　造物美学

才会有的。"对,讲得很好,这是一个誓言,用眼泪还他,其实就是用一生的情感还他。我对"还"这个词有些反感,可我国的故事似乎总喜欢把爱情变成还啊报啊的因果,这好不好?又有学生答:"如果我对神瑛侍者没有感情,便不会为他流眼泪,因此报恩的情感仍应是属于个人的,是自由自在的,我可以选择以情报之,也可以选择以其他形式回报他。"好,很好!尽管他对我有恩,但是我不一定要用情感来还他,《红楼梦》在这一点上没能够突破中国的传统范式,毕竟若是英雄救美的续集就是以身相许,那英雄得娶上多少老婆?这或许与古代女性的社会地位有关,为人所救就要被嚼男女授受不亲的舌根。总之,《红楼梦》从情感开始,从泥与水开始,也就是从肋骨、从肉体、从感觉开始,在这"开辟鸿蒙"的审美开端中,混沌走向终结。

在这一方面,基督教的学说点明,在一开始混沌状态就已经没有了,光出现的第一天,混沌就消散了,当有了四季四时的划分,有了白天黑夜的划分,混沌早就死了,混沌死而万物生之后才是人的赞歌,我们若是将其当作一个寓言、一个神话来读,就不难由此推知人的诞生需要"光"与"言"两个条件。能说话,就与不能说话的区分开来,我曾开玩笑说,我们咳嗽一声,走廊里的电子声控灯就亮了,表明我们继承了这种"以言行事"的能力,这其实有一定的道理,但说话的能力和所能行之事也有很多级别,这是在创造过程中建立起的一种权力关系,而这种语言效力在为他物命名之时表现得尤其突出。文学院原本叫作"中国语言文学系",可见文学本就是语言,内蕴惊人的力量。庄子认为,感性的开发与混沌及天真状态的死亡相伴并行,在西方的传统中,人的肉体、人的痛苦、人的遭遇、人的一切也随着世界渐渐成型，这其中存在相通之处。

混沌是一种原初的状态，而道家心目中认为原初的状态是最好的。我十分认可这一点，因为在那种状态里我们的感觉恍惚混同，与我们的精神、肉体交融，浑然天成，但如今我们说起这些的时候，感性啊、精神啊、理性啊、灵性啊已经通通被彼此分离开来。然而我们还是"听""见"鸟鸣，"闻""见"花香，回忆"前"一天，并安排"后"一天，我们还在用视觉形容听觉与嗅觉，用空间形容时间，我们的感觉似乎仍然存有一种共通的能力。钱锺书宣扬这种通感。莫言也比较擅长这样的表达，他在小说中常将各种感觉打通了来用，比方说听到了细胞爆炸的声音，这种"不可能"的感觉爆炸让我们产生了强烈的感性的共鸣。"我一看你就不是一个好东西"，这在某种程度上也是一种通感。它与原先的混沌状态有着深刻的渊源，那时混沌的感觉或许可以被称为"超感"，它超乎所有感觉之上，超越了我们的肉体、我们的精神。关于这种"超感"，我在后面还会进一步探讨。前面我曾说，倏忽为混沌"日凿一窍"，"窍"是感性的通道、入口，它连接着感觉灵敏的机关，不同的感觉的诞生似乎是一种进步，但在创生新感觉的同时，也是在杀害从前的感知形式。《创世记》中也在发生类似的情景，它没有从人的感觉而是从上帝的感觉讲起，创生光，分天地，要有万物，要有动物、植物，要有天地星辰，空间、时间以及其他各色的感觉，在人诞生之前便逐一展开，再由上帝交予我们。孔子的"兴、观、群、怨"也涉及感觉：兴，激发我们的感性；观，谛视也，以视觉为基础，看到本不易察觉的东西；

群,与人交流;怨,要更复杂一些,表达心里的怨恨、怨愤,甚至是怨刺。通过诗,通过情感,人能产生如此众多的表达方式,因而得以"多识草木鸟兽虫鱼之名",具有这样的话语权力。

《创世记》中人的最初生活状态或许可以类比于另一种混沌,他们身处上帝赋予的混沌状态中,在乐园里过着幸福美好的生活,男女彼此亲密相爱,是对方肉中的肉、骨中的骨。但他们同时也是无知无识的,这里的"知识"并非我们的所谓知识,而是"知·识",是知觉万物的能力。直到出现了蛇——关乎人类欲望的寓言中似乎总是有蛇。亚当和夏娃原本似乎是不具备感性的能力的,但他们总要睁开眼,总要打破上帝的混沌,于是当他们吃了知识树或者说是善恶树上的果子的时候,忽然就发现了对方。这是很有意思的现象,本来他们就在一起,但是直到这一天,他们才突然看到了彼此,同时意识到自我的存在被彼此察觉,赤裸相对时脸红得像苹果。《圣经》称之为"相认",这就好比一个男同学与一个女同学忽然对彼此生出某种神秘的感觉,这一刻他们的眼睛真正聚焦了,从此他眼里总是她,她眼里也总是他,欲望就产生了,眼神也不对了,"你不要这样地看着我,我的脸会变成红苹果"。为什么脸红?原来亚当与夏娃赤身裸体是不会害羞的,原始社会的男女之间也是这样,而不害羞就是没有"相认"。

"相认",自视觉上开始。你看着我,我看着你,亚当、夏娃的脸就都红了,或者说有一天人类突然意识到上帝在看着自己,走到哪儿都有电子眼在窥视我们,人的感觉就会瞬间被放大,立刻紧张起来。上帝原来觉得这两个小朋友是天真无邪的,是很傻、很蠢的,是驯服和不必戒备的,像我们之前说的,相当于上帝圈养的小猫小狗,他们是他的宠儿,本该在简单愚昧的时间里长生不老,但在这一天,他们却惊觉这样的日子好像很没有意思。黑格尔的《小逻辑》①上头曾有一段专门分析过这事儿。人在为上帝豢养时是没有自觉、没有自知之明的,他的眼睛看不到自己,因此更不能有知他之明,不能看到别人,于是也不会生出羞耻感,意识不到"我在被看"。但是这一天上帝他老人家觉得不对头了,他的伊甸园里传来惊慌失措的声音,亚当知道他前来时十分慌张。为什么慌?因为他没穿衣服,从西方的绘画上我们得知当时亚当用一片树叶来遮蔽。上帝无疑是具有"知识"的,但见到赤裸的亚当却不会害羞,就好像我们可以自然地欣赏动物园的每一只笼子,由此我们得知,只有当面对比我们高大的某种价值、观念、执念或是看到心中最尊崇、最敬畏、最热爱的某个事物的时候,害羞的心情才会产生。当女孩子见到如琢如磨、风度翩翩地想要嫁给他的小哥哥时,就会害羞,如果这个人与你相比样样不如,就不会如此。因此当我们感觉到害羞之时,就已在某种程度上对上下的观念有了认知。亚当和夏娃之间存在这样的关系吗?他们怎么会害羞?这是个值得我们思考和探讨的问题。或许这表现出男人对女人、女人对男人的最初也最纯粹的尊重和热爱,尽管在后来男人和女人之间充满了矛盾,建立起更加复杂的关系。

复杂是不可避免的。上帝觉得最初的一切都是好的——有了光,很好;有了天地,很好;有了动物,很好;有了人,也很好。可"好"的含义已经十分复杂,我们后来将"好"翻译成"善",

---

① [德]黑格尔:《小逻辑》,贺麟译,商务印书馆1980年版,第89—92页。

善恶的善，这个来自上帝的"好"包含了真、善、美、秩序等复杂的价值组分。被创造出的人也觉得这里很好，接着某一天突然觉得对方很好，这一次的"好"触动了我们的美感，叫人开始具有美的感觉。当亚当与夏娃感到害羞的时候，他们突然感到没意思的日子改变了，世界其实挺美好，"相认"的两个人从对方身上看到了独一无二的"好"和"美"，所以我们也可以说，美感是从羞感中产生的。它的反命题也成立，美感同样可以自羞感的去除中产生，它们之间存在复杂的关系。

前些年，我们学院曾有一名学生写论文，探讨中国的女作家从什么时候开始丧失了羞感。传统文化中的女性都是害羞的，比方说李清照，借着嗅梅花的姿态才敢偷看人家一眼。但是现代以后就不同了，大约从五四时期开始——或者还可以再往前一些——现代意识逐渐出现的时候，羞感丧失了，如丁玲《莎菲女士的日记》。曾有一次我到奥地利去，正巧碰上一次游行，队伍里的女孩们打着小鼓，从我面前走过的时候都很害羞。而如今中国的女孩倒是不太容易害羞了。我们受到欧洲文化的熏陶，逐步放下了自个儿传统里害羞的情绪，可身处该文化中的人们还在害羞着。这很奇怪，值得我们思考。贾宝玉初到太虚幻境的时候，境中仙子问警幻仙姑道怎么把这样一个浊物领来了，于是他自惭形秽；初见秦钟的时候他也害羞，觉得他生得美，而自个儿纵使身处钟灵毓秀之地、钟鸣鼎食之家，却还是这么羞。似乎很多时候"羞"与"愧"是彼此交融的，因为"愧"才会"羞"，羞愧才意味着审视到了他人的美，当我们舍弃了羞耻，审美也就终止了。羞感的获得与放开都能够触发美的感觉，但这两者不应被放置在对立的位置上，只有真真切切拥有并珍视羞耻感，才能在更高的层次上淡化它、去除它，就好像从无到有，再自有入空才是升华，从来空无一物的谈不了灵性。

总而言之，人类的美感应当由羞感开始，羞感伴随美感产生，使我们"看到"对方并与之"相认"，而它们都与蛇的隐喻有关，跟欲望或是说欲望的觉醒有关。

欲望觉醒的代价非常沉重，从此以后人类要依靠劳动才能生存。我们一直跟随马克思认为劳动最光荣，是劳动创造了美，但实际上马克思本人对劳动抱有一种矛盾的心态。他把劳动划分为两种，一种是异化的劳动，即叫我干不想干的事儿，比方说学生，必须在规定的时间到规定的教室来上课，没得商量；另一种自然就是不曾异化的劳动，我做我想要做的事。马克思说艺术家就从事这样的劳动，他推崇弥尔顿，说他如春蚕吐丝般创造了《失乐园》，再譬如刚才提及的曹雪芹的《红楼梦》也是这样，这本书他临死都没有写完，显然更不曾大卖，当时没为他带来如今的名声，他更不可能想到要建立什么红楼梦学会，搞这样多的副产业，他写这些，并不是出于经济或者其他功利目的。马克思认为这是最高级、最高尚、最美丽的劳动，这很有道理，但遗憾的是大部分劳动都是被强迫的，是为生存而进行的，他很唾弃这种异化的形式，希望进入共产主义社会，在那里，每个人都从事真正的劳动，都有主动作为和创造的欲求，想做什么就做什么，各尽所能，按需分配，使社会永动不竭——这是一种理想境界。

除此之外，最可怕的代价是，人的生命还有期限。生命的期限是与美的苏醒同时发生的，这个期限将我们对生命的每一段细节的感觉都无限增强,因为我们知道无论这一段还是那一段,都将一去不返,之后再没有了。几分钟的青春过后,我就要进入漫长的、无聊的、乏味的中年——你以为中年是无限的吗?不,很快你就老了。老年是无限的吗?不,死亡就站在能看到的地方等着你。这种"必然的死"的感觉强化了我们的感情,使人始终带着一种情绪活在这个世界上,这是海德格尔说过的观点,也正是这种对死的感知催生了、强化了我们的美感,将瞬间变成了永恒。

造物主有两棵树,生命树与知识树,知识树让我们彼此"相认',与自我"相认",意识到我是有感觉的人,是感性的人;生命树则让我们领悟到自身的有限,以极度有限的感觉在极度有限的时间里获得永生的体验,美感因此而生。

第十课　美与异化

上节课我们讲到《创世记》，上帝继第六天造人之后留出了一日睡觉休息，这一觉睡得可不得了，到了第八天上帝一看：怪！人造反了！人怎么就造反了呢？因为人开始有了欲望。请大家注意，广义的欲求即欲望，通常包括两个方面，一个是需求（need），一个是狭义的欲求（want），前者意味着"我需要"，需要吃饱，需要穿暖；后者则是"我想要"，我要掌控更高的权力，要不可计数的金钱，这就是欲求。马克思的《一八八四年经济学哲学手稿》实际研究的就是人类情欲的本体论，即研究人的感性生活本身，可见经济学与美学有着统一的根底，即感性欲求。"按需分配"下你需要食物，可并不需要图书馆，也不需要把商场搬回家，但如果仅提供所需的东西，人并不会满足，人的欲求是无限的，经济学、政治学的很多问题的产生都与其脱不开干系。

人之所以"造上帝的反"，是因为感性的分工浇灌了我们的欲望，在日益完善、细致和便捷的信息、消费等渠道面前，社会发生了翻天覆地的变化，自由的需要成为重音。我们前面谈到，本来上帝造出来的一切都是"好的"：天地的划分是好的，光是好的，日月星辰是好的，甚至人也是好的——至少他们一开始都挺好，都与上帝相似，无论黑的、白的、黄的、红的，美的还是丑的，都与其保持某种"像"的关系，正如我之前所说，他们处于上帝赋予的混沌之中。但是有一天上帝发现亚当夏娃不好了，他们吃了知识树的果实，感性的分工打破了世界完美的假象。

感性开始分工以前，人知道身处的乐园很美，但它到底怎么美？没感觉，不过无论上帝还是庄子都以为没有感觉的美才是最高的美。前面我们所说的庄子所希望回归的混沌状态，即这样的乐园状态、前文明的状态，感性还没有分工的状态，这样的人无条件遵从规则，无论是自然的规则、上帝的规则还是统治者的规则。头疼才能鲜明感觉到头的存在，政治动荡才发觉身处乱世之中，庄子认为最好的存在形式不应被轻易感知，因此感性的分工是对好的形式的破坏。这种想法是很朴素的，大音希声，"有声则有分，有分则不宫而商矣"①，在没有分工的混沌时代，样样都是好的，有了分工，人才产生了问题。比如前面我提到强制性质的劳动，我现在只能上课，而你们只能听讲，我上课上得浑身难受，你们听课听得浑身难受，但还是得上，还是得听，这是基于社会身份的分工，是强制划分的异化劳动。

在被迫的劳动中，人将成为工具性的存在。音乐是美的，但一个每天被规定练习钢琴、训练爬音、不断交替按键的孩子，总觉得这双手很痛苦。感性的分工决定"弹钢琴的手"必须经历这样日复一日的磨炼，笛子演奏也是一样，只不过训练的要求落在

---

① 见《老子道德经注校释》，王弼注，中华书局2008年版，第113页。原句："听之不闻名曰希。大音，不可得闻之音也。有声则有分，有分则不宫而商矣。分则不能统众，故有声者非大音也。"

肺和口腔上。手不仅用于物质资料的生产，口腔不仅用于进食与说话，同时，精细的感觉对劳动提出愈加精细可怕的要求，譬如衣料生产从蔽体的麻布到舒适的棉布再到精致的丝绸，甚至在丝绸上绣花，织成锦缎缂丝——劳动让人变成非人，感觉的拓展造成器官的异化。

这里隐约显现出一种观念：我们所歌颂的使人摆脱奴役获得自由的美与美学，同时也是使人异化的根源。钢琴的琴音带来美妙的享受，但演奏者的手指、脊椎、腰椎要为此进行多少年的训练？质地纯粹的"自由音乐"铸不成钢琴大师，"甘之如饴"不过因为快乐压制了枯燥与痛苦。无法否认的是，在此过程之中，为满足耳朵的听力，我们异化了手，审美的对立性或许也在于此，古代男人推崇的"三寸金莲"也是如此，有意或无意地，我们以美为旗帜造成了可怕的伤害。曾有一部叫作《黑天鹅》的电影，说的是舞蹈扭曲了人，叫人变得魔性，领舞妮娜就逐渐成为一只黑天鹅。童话中的小美人鱼不能说话，只能用身体行为表达自己。如此来看，舞蹈也应是一种痛苦的艺术，它强行以韧带代替声带工作，以人工语言覆盖原先的语言，不容许说话，不容许唱歌，只容许身体的舞动，芭蕾舞演员将全身的重量在脚尖实现恐怖的平衡，在身体的柔软中寻求张力，在无声的肌肉中聆听高歌，观众在这样的扭曲中感受美。写文章也是一样，总说"吾手写吾口"，这可能吗？谁来听你滔滔不绝的废话？千锤百炼成文章，不是"庞然大物"，至少要是"小摆件"，要条理化，要精心雕镂出形状，这不也是一种异化吗？与自然科学一样，巧夺天工的都是人工，艺术总在强化某种功能与感受力的同时夺走另一种，等价交换，物质守恒，选择成为一支笔，或是选择成为一副好嗓音，都是一种残酷的美。于是我们说，世间最大悲剧莫过于贝多芬失聪，或是几乎目盲的博尔赫斯做了图书馆馆长。

五音使人耳聋，五色使人目盲，任何一种文化中几乎都有这样的寓言——要创造出好的艺术，必然要以摧毁身体的某种机能为代价。这与人的分工有着极大的关系。我被分工成为劳力者，就发挥身体的机能；被分工成为劳心者，就鞠躬尽瘁呕心沥血；分工做音乐家，就辨别所有的声音，组织最美的旋律；分工当画家，就研磨各种色彩，浸润大好河山，没有人会认为这有什么不对，各司其职，社会才得以运转，就像零件之于机器那样。朱光潜说，人对松树有三种态度：科学的、功利的与审美的。其实在这之下又有不同，譬如画家看到的松树，音乐家看到的松树，诗人看到的，舞蹈家看到的，建筑家看到的，从来都不是同一棵树，他们有着互不相同的"感觉中枢"，视觉影像被送入各自经过强化和训练的最敏感的感官，触发不同的感觉。我们歌颂这种差异，并在艺术门前分别栽下这些松树以分门别类，但实际这些松树生长得并不健康。认为艺术即素质教育的那帮家伙就是搞错了这一点，没有一种艺术能够让我们全面发展，它一定是片面的，一定要汲取其余枝干的养分来繁茂生长，在这一点上，我觉得老子和庄子说得非常正确，感性发展的结果必然是摧毁，而不是变得完善。

我们把周代的文明叫作礼乐文明，这似乎表现了对听觉的重视，音乐是最高的艺术，是古代艺术中的元艺术，西方也有同样的观点，他们曾将音乐当作最根本的东西。文学的很多阶段都与音乐交联，譬如常被认作文学最高形式的诗，它具有的最高境界叫神韵，或者说有韵味。"韵味"这个词很有意思。它以听觉与味觉呈现本属视觉文字的境界，我们说这个女孩长得很有韵味，从不单单指她长得好看，其意蕴更高级，暗示她似有音乐的气质。西方赞扬音乐的言论更多，在没有录音机的时代，音乐的神秘不可言说，黑格尔①、尼采等人都推崇着这种高级的艺术组织形式，即便之后音乐的演奏可以被记录与复刻了，由于音乐的欣赏需要从头到尾的整体判断，要凭借思维将听觉信息进行重组，音乐在西方人眼中依旧是最高的东西。可在中国，音乐的高位却不是独一无二的，譬如刚才我们提到的"韵味"，就已经把味觉"送"到了艺术面前。对中国人来讲，味是通到心里面去的，如果嘴巴里有苦味，吃进去的什么都苦，且这种苦是内隐的、隐含的，因为我所尝到的同你所尝到的无法相互沟通，所以要知道梨的味道，必须要亲自尝一尝，尝了这颗还有另一颗，看上去大差不离的，也唯有亲身体验才能知道酸甜。佛教的禅宗也有这样的说法。我想说的是，感觉的分工赋予了艺术内隐的性质，即便再如何讲究通感、寻求对混沌态的回归，由合到分都是一个不可逆转的过程，独立的新秩序已建立起各自的权威。

美是感性分工的产物。为了满足眼睛的快感，人们不自觉地就想要让孔雀尾巴再长一点、漂亮一点，猫的毛色再纯一点、白

---

① ［德］黑格尔：《美学》第三卷，朱光潜译，商务印书馆2020年版，第333页。黑格尔如此说音乐："耳朵一听到它，它就消失了；所产生的印象就马上刻在心上了；声音的余韵只在灵魂最深处荡漾，灵魂在它的观念性的主体地位被乐声掌握住，也转入运动的状态。"

一点，好像自原初状态被破坏之后，我们就生长出了欲望，生长出了罪恶，它们不可消除，不可逆转，因此上帝规定人只能活一定的时间，永远活着的人迟早要犯罪。这一举措如今看来颇有成效，正因我们意识到生命的长度，发觉儿童少年青年中年老年都很短暂，唯有死亡寂静而漫长，才不得不学着控制欲望和选择分工。可与此同时，感性能力的有限复又使我们加大对欲望的追求大度。于是佛家和道家再次提出减少这种力度，放弃它，放弃它，不要怀揣如此强烈的追求——正因为知晓我们无法放弃，难以割舍，才要号召我们放弃。

克罗齐认为，在18世纪，西方诞生了两门新学问，一门叫作经济学，另一门叫美学①。现代经济学的思维方式从此替代"经济算数"的阶段进入新的时期。我认为，人类经济的最重要标志就是强调分工，也可以说是强调个人，由分工才引申出了"无形的手"等一系列概念。

经济学与美学之所以几乎在同时诞生，是因为它们都是世俗的科学——是的，美学在当时并不被认为是高深的学问，相反的，人们认为这是一门世俗的学科。这并不意味着美与日常生活的界限彼此消弭，与"世俗"相对的是"神圣"，即是说，美从此与神学区分开来，被划分为神学之外的对人的学问、世俗的学问进行研究的学科，于是我们送走了但丁，等来了巴尔扎克，抛弃了神的喜剧（The Divine Comedy），迎来了人的喜剧（The Human Comedy）。

---

① ［意］克罗齐：《美学原理　美学纲要》，朱光潜译，人民文学出版社1983年版，第270页。

新生的美学与经济学都是研究人的学问，感性的分工同劳动的分工是同时产生的。越来越严谨、细密的分工不断催生新兴学科，而建立自我新体系的学科进一步要求更加严密的分工，向来如此。最初我对克罗齐有一点反感，但想想他说得很对，美学跟经济学的确没那么神圣，它们所指向的都是人欲，是人的欲望。有道是"存天理，灭人欲"，人欲永远是神学想要消灭的那一块，西方是，中国也是，于是这两门"大逆不道"的学问掀起了轩然大波。

以前中国人不喜欢谈经济。如今的"经济"与传统意义上的"经济"不一样，古代人的经济是"经世济民"，实际是政治。在西方，威廉·配第有一本经济学作品《政治算术》①，讲的就是经济所能带来的政治利益，这种翻译将两者的关系很好地凸显出来。现代意义上的经济学一开始就是分蛋糕，由于世上没有免费的午餐，这块蛋糕分到哪一块、要花多大的代价就成了学问。对于这个问题，以前的中国人往往是讳言的，不习惯明着争辩自个儿要分多少，哪怕早早认定了"就是那一块"，嘴里也提不得，因此朱崇才老师认为《史记·货殖列传》是司马迁最伟大的篇章之一，我觉得很有道理。

"分工"最初是由亚当·斯密在经济学中提出的重要概念。经济学里当然还有其他许多重要的课题，比如"假设需求"，或者

---

① 威廉·配第的《政治算术》，是其为应对荷兰、法国的挑战而给英国国王献上的十条应对策略或建议。在此书中，配第利用算术方法，分析英、法、荷各自的优势，分析他们各自的经济社会条件以及赋税、银行、不动产以及宗教等问题。见威廉·配第著《政治算术》，中国社会科学出版社2010年版。

"假设资源有限",但我今天只谈论分工,只谈论"你耕田来我织布,你挑水来我浇园"。江南的一些地区盛行茶叶经济,因为采茶的大多是女性,所以在很长一段时间里她们拥有更大的权力。也有人说,她们不仅是工人,还拥有茶园吗?普通工人却有权力跟物质财富,好奇怪。其实,这里面还有着黑格尔所谓的"主奴辩证法",奴隶因为掌握了"劳动"而改变了自己,获得了胜利。①这就是分工的影响,掌握了物质财富即掌握了权力。一台冰箱的不同部件往往有不同来处,外壳、发动机、压缩机自世界各地来此组装;衣服也是一样,羊毛、纺织、印染,最后合成羊绒衫。"双十一"那天的东西便宜,为什么?因为订单大规模地、集成性地一次性投递,缩减了生产与运输的成本,而加大力度的物流解决了流通问题,因此实现了双赢。现代的消费模式,瞄准的是每个人的消费欲,这种对锚点的把控、对人类欲望的"勾引",令经济学与美学间产生密切的关联。

分工作为一项伟大的发明,在经济学当中的重要性毋庸置疑,而在人类的其他各领域它也同样重要,比方说"科学"原本即分科之学,是要分门别类的学问。大学就采取了分科制,学科之下又有学科,一级、二级、三级逐次划分,这样的分科将人的有限精力集中于定向的领域,使之在各自不同的场域中研究、探索和发展。在每一学科内部也有分工,也就是我们常说的社会分工,当我们说这个人是单位的头,那个人是参谋助手,就表明我们正

---

① [德]黑格尔:《精神现象学》(上),贺麟、王玖兴译,商务印书馆1983年版,第127—131页。

依据社会身份对人进行感性的分工。这种感性的分工便是美学及一切社会科学的必然要求，"劳心者治人，劳力者治于人"[①]不是相对于"通才"的退化，而是人类分工的自然产物。

人类只有首先学会分工，才能形成交换，而市场经济与计划经济的不同观念就在于，市场经济中的交换需要靠"无形的手"来调节。

西方把人类的文明划分成三个阶段：农业文明、工业文明和信息文明。农业文明时期就是"靠天吃饭"。人们在劳动，但与此同时还要看"天"的意思。

正如小平同志所言，科学技术才是第一生产力。支撑生产技术与创新的是科学理论，是人用符号构建而成的科学。自此，人文学科逐渐萎缩，在科学的面前退至二位、三位，人类开始进入工业社会，并进一步建立起信息社会，而后者也即智能机器的社会。

智能机器就是"超人"，即超级人类，这种"超级人类"我们在很多国外的电影上都能见到。譬如有部叫《毒液》的影片，就描述了一种来自外星球的橡皮泥状的液体，它能够在进入人体之后改造人类基因并创生一个新的物种，完败地球上全部的科学技术。这种"科技创生新物种"的寓言正逐步成为现实，"造物"不再是独属上帝的权力，人也可以嫁接作物，合成材料，甚至制造病毒。因此我们说，智能机器的时代是"超人"的时代，科学知

[①] 引自《孟子·滕文公章句上》，见杨伯峻译注：《孟子译注》，中华书局2010年版，第113页。

识赋予人类远超自身的力量，也带来难以掌控的无限权力，它号令一切，征服自然，改造自然，但也叫人忧虑在某一天伦理与法律再难阻止这样被鼓动起来的欲望与冲动。从前的炼金术师以人体炼成为最高诉求，如今这种构想也不再被斥作邪恶荒诞，人体克隆在理论上已经可以实现，机器人更是比任何的钢铁战士更加钢铁战士。这种新兴"人体"是怎样炼成的？是钢铁炼成的。钢铁是怎样炼成的？炼就"钢铁侠"的还是科学技术。

那么机器与人的区分在哪里呢？按照西方的说法，人的形象是按照上帝的形象创造的，故而与一般的动物区分开来；中国文化也向来以人为贵，认为人总比动物更加高贵一些，但这"一些"是多少呢？其实没有多少，可恰是这"没有多少"才愈加精贵，科学研究发现，许多东西只要多添加上一丁点儿就会发生质的变化，再不是原本的性质。相较我国倾向的以伦理学区分人与动物，西方更趋向于用理性去区别二者。但按照这个逻辑，人与机器就很难被区分，因为机器也是理性的，例如电脑、手机或是计算器，能够思维的"理性的机器"已经存在了，且很大程度上它们的智商远远超出了人类，处理数据的速度与精准度更是让人瞠目结舌。

先前以"理性的动物"将人类从动物中分离出来，是因为西方认为纵使动物和人一样拥有欲望和盲目的冲动，但唯有人具有理性、会计算。可如今机器在智力上可以碾压我们，甚至它就叫"计算机"，我们为了提高正确率从小就需要"刷题"，可即便这样，也成不了"刷题机器"。有些思想极端的家伙说："人与人之间只有永恒的利益。"怎么可能呢？如果一味追求利益的最大化，人可定然玩不过机器，毕竟"计算机"所计算者即为利益。于是经济学家发现，人并不仅追求利益，亚当·斯密的《国富论》《道德情操论》因此成书。有人说，这其中有着两个亚当·斯密，一个是讲利益的亚当·斯密，另一个则是讲道德的亚当·斯密。我却不这么看。两个亚当·斯密是不可分割的，在他看来，经济学不是机器的经济学，它同时内蕴着人复杂的欲望、动机以及他们的道德情操。

前面讲到，艺术也是要求分工的，是会导致人的异化的，因此我们不应立足审美的视点误读科学，而同样的，自然科学领域的人也须放下成见。康德说艺术是一个"天才的领域"，可或许由于这是天而非你的功劳，西方都不太看得起这样的天才，无论是巴尔扎克还是凡高，家里都不同意他们从事文学艺术创作，最好的选择永远是法律和金融。我们也是一样，但凡中国学生到美国去，大多都是研习计算机、金融、生物、法律这些被认为是支撑人类社会运作的重要学科。事实上，音乐、美术以及文学虽然是天才的领域，却同样需要艰辛的劳动，这"99%的汗水"也正是我们与科学、与经济学等同源的验证，但在工业文明开始之后，人的异化同样表现在审美标准与价值标准之上，"发表了多少C刊文章"似乎与工厂女工的业绩指标无甚区别。

学科间的仇视与壁障就是因分工而产生的。我们缺少百科全书式的人物，彼此间"语言"不通，因此虽怀抱友善的初衷却总不可避免产生口角。地科院有一位教授十分厉害，但是早些年评教授总是过不了，因为他的研究领域横跨众多学科，所以提交的成果屡屡受质疑。多年之后，大家终于发现他很了不起，他的文集中的很多研究具有超前的眼光与思维。这样的情况就好比残疾人看不上健全人，总觉得自个儿既然专于某一部分的训练，甚至已经为此舍弃了此外的一切,就理所应当地比全面发展的人更能干。

最早的时候人懂得分工,就知道你管织布,我管种田,你来做饭,我去打猎;如今也是一样,你管物理,我管化学,你管文学,我管音乐,不要求什么都懂,也不强求什么都会,这种专精似乎也在把人工具化,分工正在叫我们成为社会的碎片。工人绕线圈的时候越绕越熟练,甚至能从中感到快乐,但马克思却是十分心疼,这些工人永远重复绕圈圈的动作是多么无聊啊,一天两天三天、一年两年三年地看着织布机,终于自己也变成了一台织布机。我们如果时刻不停地生产论文,最后也会变成"论文机"。总而言之,如果单纯用工科的方式来进行管理,人最终都得变成机器。这些工人只有到了周末,和家人在一起吃吃饭,喝点啤酒,这时候他们才真正活得像个人样,更加可怕的是,他们还要时刻面临着被机器所取代的危机。我说到的那三个工厂,就形象地为我们重现了这段历史。如今德国汽车生产的工厂,一眼望去几十里,几乎不需要人力。

总而言之,通过分工、经济运作,而人也开始"异化",变成了"工具人"。马克思认为,无产阶级是除却劳动力一无所有的人,只有纯粹的劳动力才叫作无产者。《共产党宣言》的最后一句就是"全世界无产者联合起来",因为无产者没有什么可以失去,于是没有什么可以束缚他们。文学院的同学也要注意储备这方面的知识。马克思曾说,自己从巴尔扎克身上学到的,比从一众经济学家那儿得到的更多,可见美学与经济学间存在不可割裂的关系,它们都与我们人类的进程密切相关。

人与机器之间存在一种痛苦而繁复的纠葛。一方面,机器帮人类进行体力劳动,比方说我们想要把水打上来,就要把它往上拎,而利用杠杆原理制造机器,就可以轻易地完成这个工作。可是另一方面,我们也为此感到忧虑,毕竟"有机事者,必有机心"①,在用机械的方式处理事情的时候,我们的心灵也会被机械潜移默化地同化,于是开始有了"机心"。

西方工业革命之后的机器化大生产实在太厉害,那时候发生了人类原来永远都想象不出的解放,就好像一个魔鬼被释放了出来,转瞬改变了世界。大家可以读一读《共产党宣言》。它的第一句便是:"一个幽灵,共产主义的幽灵,在欧洲游荡。"有人认为这与哈姆雷特开头的写法是十分相似的,我觉得很有道理,实际上,他与哈姆雷特同样作为"掘墓人"而存在。马克思的写作融合了各种文体,《资本论》也是这样,不过更难读一些。它们具有一种充沛的激情,具有一种美学的智慧,叫人入魔。

请大家注意,依据经济学提出来的"分工",我们需要思考该怎么对待人的身体。对于工厂的主人来说,女工长什么样重要吗?她们只要有手就行。好的嗓子可以让我们成为歌唱家,没有好声音,灵敏的听觉也有它的作用,分工使我们身体中的某种感觉变得格外敏锐和重要,于是马克思认为"人的五官感觉的形成是以往全部世界历史的产物"。每天手上都拿着手机,更习惯打字的那只手就因得到了训练而"进化"。相应的,或许写出来的字因为缺

---

① 引自《庄子·天地》,原句为"有机械者必有机事,有机事者必有机心。机心存于胸中则纯白不备。纯白不备则神生不定,神生不定者,道之所不载也"。子贡向一老丈推荐提高灌溉菜畦效率的工具,老丈认为机械所导致的机心将污染原本纯洁空明的心境,使心神不安定,从而无法领悟大道。

少了练习机会就会逊色于往先。身体的分工促成了感觉的分工，我们的耳朵、眼睛、鼻子在经过高度分工之后，五感也各自开始了艺术化、美学化的"进化"。

尤其当这种分工是出于我们本意的，是我们自己的选择的时候，这种倾向就表现得更加明显：因为我热爱音乐，所以要学，即使再苦再累也能所向披靡。可若是像几百年前的意大利，为了保留男童好听的嗓音，不惜对他们进行阉割手术，令他们的声音永远那么动听——这是多么残忍啊。现在的学科很多时候也是单一的，当你进入了文学院，数学的才华就被阉割掉了；而在你学习数理化的时候，文学的素养也被阉割掉。

马克思对此十分痛心，他认为我们应当要做完整的、全面的人。但自小就常常被寄予的"全面发展"的期望真的能够轻易实现吗？叫一个人的数学与他的语文一样好，这可能吗？在文艺复兴时期这是存在的，那时候各领域的学问还都没有这么广、这么深，又是一个天才的时代，于是就有了百科全书式的在各个方面都精通的人，但到了现在的社会，却是不大可能了，甚至有些"害人"了。全面发展的理论假设是好的，却也是种可怕的理想，总不能强求唐老鸭去唱女高音，也不可能让林黛玉去跑马拉松。

经济学让人类有了不同的分工，而有了分工之后，就会对某一样东西非常熟练。以乐队为例，这个团队里有弹钢琴的、拉小提琴的、吹笛的、打鼓的，等等。有时，我觉得那个鼓手好可怜啊，站在那么后面的位置，间隔很久才需要他敲上两下，但是鼓手却又是重要的，不能为人所兼任，因为只有专注才能达至音乐在该时刻要求的境界。尽管经济学和美学同时产生，但二者之间的关系却很少被我们关注。其实，经济的分工促成了身体的分工，继而造成了人的分工，而人的分工则使得艺术上的分工出现。

人们把国家队的足球运动员叫作"国足"。国足是什么意思？是国家的脚。棋艺上的大师被称为"国手"——国家的手。这已然是在用身体部位的分工来代指人。还有一个词叫"人口"，我们经常说"统计人口"，因为家里又添了一张要吃饭的嘴巴，于是一个人就变成了一张嘴。既然人可以这样分工，而机器也同样可以用更加明确的分工来做这些事——比如汽车或者录音机——那么就精度与效率来说，无论如何人都是不可能超越机器的。

机器代替了人的劳动，人都是受益者，是机器把人解放了出来，把人的欲求解放了出来。女工不再去工厂上班，有时间去做做美容，逛逛淘宝，或是想想爱情了。如果她每天只能绕线圈，最终就要异化成一个绕线圈的机器，这多悲惨啊。强制的劳动中可能产生出快乐吗？不可能，它没有一种精神的自由。德国人认为金字塔是奴隶创造出来的，我觉得这个结论必然不能成立，金字塔定是一个天才的人带领着一群奴隶创造的，只有通过神性的、灵性的想象，才能造出这样的奇迹。这样的一种设计必然需要自由的头脑，当然另一方面也需要奴隶艰苦的劳动。

从庄子的桔槔，到如今的机器化大生产，人被机器解放出来，但同时自马克思到海德格尔，众多的思想家也同时发觉，人在机器化的进程中心也逐渐变得机械化，被机器解放的同时又以新的形式被奴役。

当我们被从机器中解放出来的时候，另一种机器已经悄无声息地出现了，即智能机器。如今，有句话说得好，"内事不决问百度,外事不决问谷歌",人人手中都有手机,它就像是我们的"外挂"。有时候看到一个人,一时记不起他的姓名,低头翻翻手机翻翻通讯录就知道了。我们以前要求把手机号弄得非常好记,但现在基本上不做这种事了,毕竟没人再去背诵这段数字,存在手机里的时候,显示的只有你的名字。手机逐渐成为我们的"外脑",离开它我们什么都做不了。

　　智能机器的"智能"意味着它有智商,这些机器的内存数据在很大程度上帮助我们感觉,或者说代替我们去感觉。我们让智能机器代替自己劳动,尤其是以往那些繁琐困难的工作,这其中很大一部分是需要一定智商的。比如,使用无人驾驶技术的汽车,当汽车遭遇危险情况,它就要据此做出恰当的处理。总的来说,这种即时反应机器应当比人要强,毕竟人遇上危险时会慌得手足无措,但无人驾驶的系统却可以始终保持淡定。我曾经看过一部电影,其中有个肝胆专家执意为自己的女儿做手术,别人对他说,你年纪大了,不适合上手术台,尤其不要给亲人做手术,但他说没事,我已经把需要复习的内容复习过了——我觉得这个做法非常不负责任,因为他手一抖,女儿可就完蛋了。但为什么他有自信给女儿做手术呢?因为当病人躺在手术台上的时候,脸或者其他的地方都会被遮盖,只留一块需要做手术的部位暴露出来,那个医生在做手术的时候看不到这下面是他的女儿,在他眼里,手术刀之下只是一个生了病的器官,与之前的任何一次主刀没有什么不同。这一情节对我很有启发,毕竟如果一个人始终睁着眼看着给他做手术的医生,医生的感觉肯定就不一样了,而正是因为专业化的训练,他才习惯了"保持淡定",才可以专心于自己的分工。

机器所承担的工作一旦从体力过渡到智能领域，就牵涉到人的精神。于是，所有人不得不关心的问题出现了，其中就有我刚才讲到的无人驾驶汽车的应急机制的设定。在遇到常规的危险情况时，无人驾驶的汽车固然比人的判断及时精准，可一旦面对更为复杂的状况，这种处理办法就值得讨论了，比方说汽车突然失控，朝一群人冲过去，这时候是优先保护自己呢，还是为了保护那些人的生命而牺牲自身呢？这种计算能力应用到精神领域还会一如往常的"精准"吗？

这是个麻烦的问题，而麻烦就在于人除了大脑，还有心，机器纵然可以作为外挂的大脑，却不能作为心。若要解决这个问题，就必须弄清人的头脑与心之间的关系。古人不关注大脑，只知道心；西方现代科学则认为人的一切感觉都与大脑有关，心实际上不起作用。事实究竟如何，还没有统一的论断。中国人总说"全身心"——全身都是心：手指是心，"十指连心"；舌头也是心，《黄帝内经》就有"心开窍于舌"。我们称赞一个人"长得很甜"，再比如"打在儿身，疼在娘心"。如此看来，哪儿不是心呢？

相较于机器，人的"核心竞争力"究竟是什么？我们如何在自然科学的造物面前挽回尊严？我认为，有一种神秘而高妙的存在——人的心，或者说人的灵和精神，它游走贯通于人的整个身体，却又不属于身体的任何一个部分，但正是因为有它，人才有了自己的身体，这就是人与机器的区别。

第十一课　机器人

上节课我们讲到了机器。古代所用的机器与西方工业革命之后使用的机器显然有着巨大的不同，这其中的意义非常重大，无论如何强调都不过分。它意味着人类的历史发生了很大的转变。

最初，机器的出现很大程度上是为了代替人的体力劳动。农业社会是人和土地打交道，西方工业革命之后则是人和机器打交道。因此我们把前者称为农业社会，而后者叫作工业社会，至于以后，我们叫它后工业社会，换句话说，农业社会是前现代的社会，工业社会是现代社会，而后工业社会就是后现代社会。这样的划分其实相当粗糙，但印证了人类在思想观念上的重大改变。在传统的农业社会，中国人靠天吃饭，有人总结道"中国文化根本上就是天与人的关系"，天不好了，收成就会很糟糕，人就会没饭吃。

到了工业社会，天人关系发生了巨大变化，不仅是在中国，在西方也是一样，不过人家比我们更早地发现了人似乎具有可以驾驭天的能力，其标志就是培根的话——"知识就是力量"。之前我曾谈到过，其实这句话也可以译为"知识就是权力"，越有知识的人权力就越大，换句话说，如果把知识看成是一套话语体系，那么掌握该体系的人就具有了权力。农耕时代的西方由上帝或者说神统治一切,但到了工业时代之后,知识才是权力,话语才是权力,因此在这时,由谁来说话、谁有权力让别人听话就变得尤为重要。这是个很复杂的问题,比方说如果我发出"起立"的指令,所有学生就都要起立,但如果现在从外面走进来一个人,说"你们都出去",大概就没人会听他的。我们根据说话的人和所说的话判断在什么情况下可以听,什么情况下不可以,这就是用语言来行使权力。在这个阶段,人的权力开始超越天,用中国话来说就是"人定胜天",说白了就是人已经取缔了上帝曾经的地位,开始用知识作为权力进入自然,试图做到一切想做的事情。一直到现在,我们依然抱有这样的观念,"学好数理化,走遍天下都不怕",依然不自觉地认为只要把工业机器的知识掌握好,就能征服整个世界。

至于所谓后现代时期,即开始于一种发现和觉醒:在现代文化中"人凌驾于上帝之上"的情况是不应出现的。如果我们假定有上帝存在,就应由上帝来安排一切,而不能让人自己执掌这样的权力,人与人之间当要形成一种对抗的关系,人与自然也应当如此,因为一旦这种"为所欲为"的权力被完全归于人类自身,就要惹来大麻烦。但后现代的理论思想如今在全世界范围内似有些萎靡之态。

在人定胜天的时代,机器和人的关系就是人通过机器来掌控世界,而在作为对象的世界中排在第一位的就是大自然。在这种情况下,机器基本上都被用于代替人的体力,人的力量本来很微小,但有了机器之后就能做到很多从前做不到的事情,能借以和世界发生特别的关系，这也就是荀子《劝学》中所谓"善假于物也"。我们之所以借"物"来征服"天"，是因为察觉自己力有不逮。人在幼童期、青春期总觉得自己的力量不够强大，等成人了身体才开始具备一定的力量。人类一开始是借助"身体"和机器建立关系，但到了19、20世纪，计算机开始代替大脑进行计算，人和机器的联系不再局限于"身体"之间。这里的"身体"定义是西方意义上的，西方人认为身体和心可以分开，而在中国文化中"身体"会干预人的情绪，参与人的全部思考，因此中国有句古话叫"十指连心"，也有残忍的酷刑把竹签插进人的指甲，以传达最剧烈的疼痛。我们认为身体的每一部分都很重要，当触及身体的某一部分，人的情绪和心灵也会因此发生变化。

那么，究竟能不能把大脑外化呢？能不能让脑与身体脱离呢？"外脑"的诞生应该是很可怕的事情。中国有算盘，我们这代人小学的时候就要学打算盘，因为它能够把算术发挥到极致，计算加减乘除都很方便。由此也可以看出，计算机出现以前，我们的一些智力活动也需要委托机器进行辅助。《西游记》中的大圣，可以让元神跑到别的地方去，空留一个假的身体在原处，这就好像我们上课的时候，听着听着走了神，身体还坐在这里，但是思维不知飘去了哪里。所以或许脑与身体确实是可以在一定程度上实现分离的，随着机器的进化，人开始委托电脑帮助我们计算，人和大脑的关系也发生变化。

计算，反过来就是算计。我认为数学不是自然科学能概括的，它甚至不仅是哲学，而是超越了科学与哲学的一种更高的存在，因此有数学思维的人在我看来很高明，而抛弃这种思维单纯利用计算机来进行思考的结果,很可能是人被计算机彻底打败。我们正在智商上被渐渐超越,这已经成为一种现实。如今,有了"阿尔法零",还有"阿尔法狗"——为什么把它翻译成"阿尔法狗"呢?除去音译的原因,也可能是我们对它暗存鄙视——它怎么就把人类打败了呢!心中总是意难平。"阿尔法零"从零开始用三天时间达到了"棋圣"聂卫平口中的二十七段,展现出人在计算机面前故作镇定却无能为力的卑微,人类的棋手在它的面前被比成了零。在体力劳动中也是一样,比如飞机、轮船或是核动力驱动的东西,远超人类体力水平。从体力领域到智力领域,这是机器的发展史,也是人类的"外挂"史。比方说,现在的手机在很大程度上取代了电脑,成为人类大脑新的外挂。2006年我去马来西亚,看到一个富豪的手机像是一台小型电脑时,忍不住感叹科技的发达,因为当时的中国少有这样的技术,但仅仅数年过去,中国每个人的手机都具有了这样的功能。以前人人需要挑选一个好记的号码,现在也不需要了,无论是想要联系哪个人,还是想翻找某日关于某事的照片,都容易得很,只需要机器的"智力"活动。一旦机器介入了智力,就会逐渐与大脑和心灵相关联。

一部分西方人认为,对于人来说智力是最重要的,人是有理智的动物。而美学则被称为感觉学或者感性学。"感觉"本是两个字,但是现代汉语将它们连在了一起。如我们之前讲过,我们谈"感觉",须得注重由"感"到"觉"的过程,"感"与"觉"的意义相互联系但并不重叠,例如,感受一杯水热不热和喝了一口觉得好喝,这是不同的体验。"觉"是觉知、觉醒、觉悟、觉察,里面包含了"学"的意思,所以美学应当是"感学",是关于内在和外在的感性的学问。这就要求我们时刻注意,我是一个有"感觉"的人,这是人类与机器的不同。人类有感觉,所以会犯错,而计算机不会。人从来不是完美的,但不完美本身并不是缺点,我们缺少一些东西,或者就是因为多了感觉,被它霸占了地方,自然就在完善中生出变数。

机器的效能已在由体力向智力过渡,那么假如再进一步,让机器生出感觉来,能不能就此拼接出一个真正的"人"呢?事实上,计算机已经开始拥有这样的能力,甚至有时它比人的感觉还要灵敏,比方说所谓的电子视觉就是用电子仪器来"看",叫作"电子眼",这已是计算机研究的一个重要领域。具有了视力的计算机能对图形和图像进行分辨,也能进行人脸的识别,无论化了多么浓重的妆,无论装扮得多么别具一格,人眼辨认不出的脸部差异,它都可以准确地分辨出来。同样的,人不能辨认出的毒品,机器从嗅觉上来辨别也会容易得多。机器似乎正逐渐拥有视觉、听觉、嗅觉,似乎正在全面超越人类。更令人忧心忡忡的是,计算机竟然也能思考。这事儿一开始没人觉得奇怪,毕竟我们需要它帮助我们计算,但天才图灵很快发现,如果让计算机的思维不断发展,它就会变得与人类越来越相似,这就是图灵测试。希望大家阅读一些关于计算机哲学的书,其中图灵的那部分至关重要,是当要放在首位的。一开始我们让机器代替我们的体力劳动,后来又让它代替我们的智力劳动,紧接着又请它帮助我们感觉,直至现在,我们已经可以在计算机中建立起神经网络。最初提出神经网络计划的美国科学家曾被很多人反对和讥讽,他们认为这样的研究过于荒谬,但不久之后这个课题竟然成功了,当我们刺激计算机的某一个点，而使这个"神经元"开始跳动的时候，它的神经网络就开始发生作用。即是说，从体力到智力再到感觉力，机器都似乎远远超过了人类的能力。

那么，为什么我们分明感受到了威胁，却仍要在这样的研究中一往无前呢？前面我讲到"动物人"的时候提到，许多动物拥有超出人的感觉，比如蝙蝠精妙的听觉，它能够发出一种神秘的信号，使得睁眼瞎的自个儿飞到哪里都不会撞墙，人类模仿这样的能力并衍生利用，就形成了仿生学。人类是弱小的，因为弱小，因为力有不逮，所以"善假于物也"，所以可以模仿世界上的任何东西，自身力量做不到的事情，就借用他物来完成。人没有翅膀，可以借助飞机，人没有鳃，可以借助潜艇，仿生学使人的感受力得到了扩展。机器的研究也可以算是另一种"仿生"，它使我们的体、智、感得到全面开拓，人的感觉器官拥有了"外挂"拓展包。

英国科学家沃里克曾研究过如何将处于身体之外的"外挂"移入体内。这位科学家对自己十分残忍，他尝试将芯片植入自己的手臂，以期利用芯片完成一些事情，这做法细想来让人感觉恐怖——他想干什么呢？想把"外挂"的机器融为身体的一部分。也许这样的向往长久以来都根植在人类的内心深处，谁都曾经期望像孙悟空一样七十二变，腾云驾雾，无所不能。那么，如何达成这种夙愿呢？从前，人们尝试过修仙。到了当代，人们发现了一些更"现实"的主意。但有句老话道"人肉不能掺假"，就是说人不能随随便便往身体里加东西，不然定是要出问题的，奈何人类自古以来的幻想不可能就此终止，于是甚至有人提出直接把电脑接入大脑，让机器成为我们内在的部分。

第十一课　机器人

既然机器无论体力、智力还是感觉力都与人类相关且相似，那么计算机会喜欢人类吗？会像小猫、小狗一样依偎人类吗？会不会具有动物性的情绪呢？能不能将感觉到的东西转化为感情甚至是意志呢？可不可以凭此情感意志做出决定？如果答案都是肯定的，那就很麻烦，这意味着它想做什么人类都阻止不了它，也无法与之对抗。这些问题中最关键的一环就是计算机能否把感觉变成感情。如今的机器已经具有超强的感觉力，这种感知世界的能力甚至超过一切生物，因为任何活物的感知都是有限的，唯有它可以突破物种固有的局限。而一旦这样庞大的感觉实现了向情感的转化，它带来的影响或许就要淹没一切。

要探讨感情，首先就要关注意识或者说意向。有人说计算机是有意识的，那么它的意识具有指向性吗？这原本是心理学的一个概念，后来被胡塞尔的老师布伦塔诺在更广泛的领域提出，指的是我们每个人的意识都有特定的指向①。就好像有些学生之前可能曾在校园里见到我一百次，却似乎和只见了一次在印象上没有差别，但当我们上完这门课之后，你们老远就能认出我来，这是为什么？就是因为有了意向性。我也是一样，我就想到：哦，这不是上课的时候坐在最后一排的那个同学吗！所以歌词里写"在人群中多看了你一眼"，为什么会多看这一眼？是因为之前的第一眼激发了意向性。而只要多出这一眼，你就是注意到他了，你的心里就有了他，想要再看一眼，再一眼——然后就开始想他。

---

① ［德］弗朗兹·布伦塔诺：《从经验立场出发的心理学》，郝亿春译，商务印书馆2017年版，第105页。布伦塔诺认为，任何有意义的体验，在其自身之中就包含对对象或对象性的指向。对象或对象性指向是心理体验的本质特征。

"想"就是"心"中有"相",可能记不清他具体的样貌,还原不出十足清晰具体的图像,但是心里知道那是很美好的"相"。关于机器是否具有意向性的争论还在持续,而一旦确认了机器当真能把"相"转化为"像",进而转化为意象,转化成情感,一切就都完蛋了,美学将被终结,美学将成为机器的美学,就像在围棋领域战胜人类一样,机器美学会将人的美学完全切断,如果说李白在审美上是人中天才,那么机器人可能就是天才的三次方。

西方人把感觉和感情分开来谈,机器可以拥有非常发达精妙的感觉,但到目前为止,这种感觉似乎还不能转化为感情,所以它可以有人脸识别,却不能进行情感识别。现在,人脸识别技术已经遍布大街小巷,有一次我正在散步,看到一个女孩牵着几条狗在和一位老人吵架,蛮不讲理,态度十分糟糕,老年人叫来了警察,结果女孩仍旧很不屑,态度消极不配合。于是警察对女孩拍了一张照,接着她家住何处、身份如何被全部搜集到。一张照片加一部手机就可以调出一个人的相关档案。这意味着任何人在这样的信息系统之中都不再有绝对的安全。

我们对于机器对脸部的识别已经习以为常,支付宝甚至有了"刷脸支付"的功能,但如果被告知它们还能识别出我们的情感并对此做出回应,我们下意识就觉得十分荒谬。或许如此一来,就没有人会喜欢人了,而是会喜欢机器,这个问题随着你们这一代或是下一代人对生育的抵触将迫在眉睫。文学院有老师就很为自己的子女发愁,他的孩子三十多岁了却还是成日地玩电脑。为什么人跟机器相处得很好,而跟人之间反而出了问题?对于现在大部分的年轻人来说,没有机器就会浑身难受,不拿出手机甚至不想吃饭——当然也可能是连饭都吃不上，因为没办法付款——脱离了机器我们几乎无法生活。人与人的关系在机器介入之后显然发生了巨大转变，这种改变如果不断往前推进，其终点就是媒介占领人。上节课我们说的"有机事者，必有机心"就是这个道理，晚年的海德格尔和庄子想法相通，他认为，当我们利用机器的时候，思维就会不自觉留下某些机械的构架，我们逐渐成为这种构架统治下的人①。这里的"构架"一词德文也翻译为"座架"，指的就是人类生活因为机器发生了彻底的改变。

我们现在已经面临着一些可怕的情况，像是机器已经可以全面攻占人所负责的一切体力领域。若不考虑其他因素的掣肘，世界生产可以不再依赖人，即是说机器可以在一个没有人的世界里自主运转。当看到西方电影中密密麻麻排布的机器人的时候，我瞬间产生出惊恐的感觉，那是一种可能被取代的恐惧。人的情绪是不稳定的，有的时候太开心，有的时候又太沮丧，机器人目前没有这样的问题，这是我们的劣势却也是优势，因为它是我们独有的。可一旦机器具有了这种意向性呢？我有一种不祥之感，这种不祥之感驱使我坚持机器不可能具有意向性，并且厌恶提出这种想法的人，但同时潜意识里却也隐隐觉得这种趋向是极有可能成为现实的——只要想法出现，人就会努力叫它实现，就好像一开始被认为是天方夜谭的计算机神经网络模拟，哪怕再多人认为不可以，它还是被一个女科学家做成了。一直以来西方的一些电影、

---

① 参见海德格尔《技术的追问》一文，收录于《演讲与论文集》，孙周兴译，生活·读书·新知三联书店出版社2005年版，第21页。按：Ge-stell，孙周兴译为"集置"，陈嘉映译为"阱架"。

电视中或者是文学作品中,都有很多科学狂人的形象,这从《浮士德》时代就已经开始,歌德让那位想在烧杯中制造一个人造人的科学家成功了,可见在那时科学已经发展到了刺激所有人想象力的地步,而这种想象力也同样反哺了科学的发展。"人造人"如今正从诗学的领域走出来。

然而,机器想要成为彻底的"人造'人'",还需要有心。人类拥有一颗"独有"的心,智慧的诞生不仅需要智力、意志力,还要有心、有情感。心比较复杂,它与情相连,且似乎与身体的感觉也有关。对一个人来说,身体只有一个,它会从刚出生的小毛头开始逐渐衰老,每时每刻都在改变。不同的人生片段对于我们来说有的漫长,有的短暂,大多数人最喜欢的是青春,这个阶段往往很短,不经意间就已经消散。有很多人希望延长自己的寿命,可再如何苟延残喘,也不过一百余岁,人就是这样一种短暂的存在。再多的知、情、意都是需要统一在身体上的,可每个人的身体却是有限的,于是永不满足的人在这基础上用机器扩展了身体的功能。可在这样的扩展中,人类也丢失了本来具有的某些东西。我们每个人只不过是此时此刻、此情此景中的一个存在。过了一段时间,我们就不一样了:毕业之后选择读研和选择工作将会不一样。类似这样的选择不断积累,再过十年更是完全不同,这种有限催生的不同构成了我们。当说到"机器人",我们总是不自觉地使机器的特性趋向我们本身的特征,也就是倾向基于人类的人格特征去预设机器未来的发展方向,仿佛正重蹈上帝造人的覆辙,于是机器与人的关系也越来越微妙复杂。

那么,有什么事是只有人能做而机器做不到的吗?这是个很难回答的问题。毕竟机器太厉害了，比如，文学院所有的知识就能浓缩到一个机器里。若是要求它以某物为题写一首诗，它很快就能生产出一首"李白体"或者"王安石体"，虽然现在它做得还不完美，但以后肯定会越来越好。目前，已经有很多网络写手利用机器来替自己完成一部分写作，可见如果把很多作家的风格融合在一起，让机器创作特定的小说是可以的，而如果这些研发人员对于文学稍有研究，那么创作的事情将会变得更加简单，所以有人说，如果成立一个机器人作家协会，它就可能打败真人的作家协会。

让我们回到有什么是只有人能做而机器不能的问题上来。①机器可以做到永远正确，而人做不到，因为人只要受到某种刺激、产生某种情绪波动就容易出错，因此我们也可以反过来说，出错，就是机器做不到的事情。有个成语叫作"画蛇添足"，说是三个喝醉酒的家伙玩游戏，谁先画出一条蛇就算谁赢，其中一人分明画好了一条蛇，却不由得在心里疑惑"这是蛇吗"，紧接着给蛇添上了脚。《圣经》里说起过蛇不能有脚的原因，就是要让蛇的肚皮不能离开地表，终生只能吃土，这其实是隐喻了人类的始祖。添足这个行为自然是错的，画出的是不正确的蛇，可如果在"画蛇添足"的基础上再增加鳞片、龙头等十几种元素，这条蛇就会变成

---

① 按：西方关于人工智能的哲学研究，译为中文的主要有《人工智能哲学》，[美]玛格丽特·博登编，上海译文出版社2001年版；《计算机不能做什么：人工智能的极限》，[美]德雷福斯著，生活·读书·新知三联书店1986年版；1992年，德雷福斯还出了《计算机仍然不能做什么》，The MIT Press。姚大志著有《身体与技术》，中国科学技术出版社2020年版，研究德雷福斯的技术思想。

龙，这"添足"就成了画龙点睛的第一步。所以画蛇添足是错吗？是。但是不断地犯错之后蛇或许就会成为龙，成为中国神话中最重要的动物——西方的"龙"是邪恶的怪兽，但同样包含了丰富的想象。龙，作为一种想象的动物，能够充分表明人类心灵的飞翔。凤亦如此。龙飞凤舞，是人的想象的飞舞，但被赋予了想象的形态。问题在于，龙之飞腾，本身被赋予了一种神秘的"见首不见尾"的诡异与潜隐的意义。由"凤"的抽象而成的具象，与蛇之关系，则将风、水、云、雨等自然形象，转化为美学现象。"画蛇添足"的过程就展现了一种美学的转变，人的想象是有限的，但把有限的东西不断结合成一体，事情就会截然不同。成语"画龙点睛"的故事无疑告诉我们，"眼"是心灵的窗户，是人的精神最集中的地方。这一点对于龙或者凤或者一切生命体而言，也是一样，有了眼睛就有了"神"，有了自由，所以它就会起飞。

看来，人真差劲哦，总是要出错，但"一错到底"就能化龙，再加上"一点"，就会变得炯炯有神，有了"神"之后就能让肚皮离开泥土在天上飞翔了。我一直强调，学美学是要飞起来的，要从现实、从世俗飞往更高的地方。我很讨厌一个词叫"接地气"，其实谁不接地气呢？不过我觉得，人应当有"飞翔"的能力和欲望。从"画蛇添足"到"画龙点睛"说明人可能会犯错误、出问题，但只要坚持把问题出到底，再注入人类自身独有的精神，就会产生一种飞跃，这就是人的美学智慧的体现。

第十二课　超感觉与身体性

一般认为动物的情感、意志以及智商都是不及人类的。我们读《黔之驴》，驴子的智商很低，老虎一开始还觉得这个庞然大物挺可怕，后来发现它除了尥蹶子什么都不会；《聊斋志异》里的狼比那驴要聪明，但仍旧被人打败。在力量有所不逮时，人还会以动物为参考来制造机器，这就是人在智商上超过动物的表现。

关于动物机器，我们在之前的课上已经有过探讨，把动物当成机器是一种很不好的行为。牛是农耕文明时期最重要的动物，那个时候各家各户都知道一定要爱护牛，但那是真的爱吗？其实人对牛做了很多卑劣的事，被当作耕地工具来拉犁的牛就是动物机器，后来模仿牛拉犁的工具就是"仿生机器"。

另一种"仿生"模仿的则是人。它有两种形式，第一种是用于代替人的体力的，比如能把重物轻而易举地举起来的大吊车，它伸出的长长的机械臂就像人体的一个部分；第二种形式就是模仿人的脑力的"计算机"。请注意，这个名称表明人类智慧的最高形式是数学，我们可以用数学的方式来解决一切智力问题。为什么我们可以在手机上观看影视作品或是处理语言文字？就是因为现在是数字化、数码化的时代。一切资料都转化为数字信息存在硬盘里，人类文明的一切成果都可以用"比特"来量化，于是这种存在形式产生了一个新的哲学问题。在原本的哲学中，我们将精神和物质二分，精神层面的东西可以由意识转化为语言文字，从而与物质发生关联。而现在的计算机孕生出一个"数码存在"，文字不必落实于书本却又不是无所依托，新的载体叫作"盘"，一开始是软盘，后来是U盘，这很神奇，它似乎遵循着某种神秘的力量，不由自主地发展到如今的地步。人文学科的学者曾经认为自己的研究永远是超前的、先验的，但现在，这种自信消失了，我们忽然发现科技发展的速度已经远远超出了人文学者的先验想象。计算机的出现是针对人类的第二种"仿生"，也是这种模仿由体力进军智力的标志，某些数码产品甚至达到了"感觉"的程度，即便这与人的"感觉"还不太一样，但无论是微观的电子显微镜还是宏观的天文望远镜，它们在"感觉"上都超越了人类。前几天，我去眼镜店配老花镜，戴上之后发现看到的东西比原来大了，这令我很不习惯，没有真实感——怎么我看到的都是假象呢？可后来我又佛系地想，咱们看到的什么不是假象呢？我们看世间万物依靠的都是光的折射，没有光，一切便尽归于黑暗，而有了光，也就有了假象。

机器在"仿生"人的感觉时往往要借鉴动物，因为人的感觉是有限的，通过这样的综合模仿，机器的感觉和智力才得以突破人本身的极限。而当这样的感觉和智力集合到一起，机器就变成了"超人"。这种"超人"的感觉引发的问题也很多，比如我再三提及的人脸识别技术——当人脸的立体数据被它记录之后，这个人走到任何地方都能被立刻识别出来，化妆也改变不了骨骼及面部的特征，于是被窥视的不安感开始蔓延。有人把人脸识别运用到课堂中，通过探头来识别学生的表情并判断他们上课是否专心，而这又延伸出两个相关数据，一个用于衡量学生的学习状况，另一个则是衡量老师的上课质量。有的学校已经开始申请这种远距离教学监督办法，将校园中每个人的行为都纳入同一个大数据系统，但这也是对人的隐私的损害，因此必然引发争议与抵制。我在上课时由听到的只言片语萌生出一段很好的灵感，于是忽然思绪万千，神思飘到了很远的地方，所以显露出一脸呆相，这能说明我不认真听课吗？不是的，人的思维去向是限制不了的。但是不能否认的是，机器对听课的状态做出的这种判断，具有智力的因素。

我们之所以能够产生美感，是因为我们的感觉和动物的不一样，譬如动物不会喝咖啡，而人会喝，动物不会喝茶，人会——这里的"喝"其实带有"品"的意味。上课前，有个同学在喝咖啡。咖啡的香味残忍地钻进我的鼻子，侵入我的大脑，看着她美美地喝完最后一口，我太羡慕了，那种诱惑力难以言喻，我就是不能忍受这气味的诱惑，香气飘啊飘，飘到我这里，像是要飞起来。如果有人在课上喝咖啡，我估计就要完蛋，整堂课都想不起该讲什么了。不过，这些年我渐渐被磨炼了出来，不管是茶、咖啡还是酒，对我的影响都已经很小了。我想要说的是，人可以拥有敏锐的感觉，而"超人"的机器则将这种敏锐的感觉提升为超感觉的判断。于是，当看到同学神情凝滞，机器就做出此人心不在焉的判断，而若是我讲的内容没什么好笑的，你却在笑，也同样可以做出这样的判断。

谈到判断，我就会想到康德的《判断力批判》。从一种特殊的现象给你的某种感觉得出的判断，往往是一种一般性的结论，而康德把由"感"到"觉"的判断，称为"反省性的判断"，与之对应的则是"规定性的判断"。规定性的判断是从一般到个别的，比如人会死，苏格拉底是人，所以苏格拉底会死。这样的判断使得某些东西一览无余。可听课的时候，某同学面带微笑，这到底是认真还是不认真呢？每个人的状况其实是不同的，这时调度的还是一般性的判断力吗？当我们对一个人进行美的判断时更是如此：樱桃小嘴很美，但茱莉亚的嘴巴很大也很美；有些人长着不对称的小虎牙，但那就是丑吗？也就是说美是特别的，美丽的事物各有各的不同，不然审美就将沦为与最美模型的比赛，因此规定性的判断丧失了它的效用。这里要采取的从特殊到一般的判断就是"反省性的判断"。

那么，为什么能从这种感觉中达到超感觉的判断呢？为什么镜头可以拍出我们认不认真？笑得前仰后合就是不认真吗？不是的。那么这种判断究竟是如何得出的呢？这里面机器运行的机制很麻烦，需要用机器学习的方法进行建模。关于机器学习的内容之前的课上我们已经讲过，机器在识别人脸之前会通过网格化把人脸扫描成很多块面，并建立起各个面之间的结构、颜色之间的关系。所以即使仅仅想要建立一个判断西瓜是否熟的模型也是相当复杂的事情，需要参考很多数据因素。也就是说，若想解决人一刹那就能解决的问题，机器必须通过细致的建模将数据累积起来而后得出结论，甚至于为了处理更为复杂的命题，最后机器需要做到对人的整个神经网络进行建模。这就是让机器学习，用机器把人的能力分解，使之解构成不同的数学模式，分出由简单到复杂的层级，通过计算机进行处理。随着这种处理方式的逐步完善，机器的判断力逐渐突破了人的判断力。学习动物时也是一样，机器狗已经能够做到比狗还"狗"。又例如，潜艇灵敏的雷达系统对超声波的接收能力足够超越白鳍豚。即是说，机器通过学习，"获得"了人或动物的某些感觉和智力，而后把这些数据在系统中综合起来，放大优势，提升感受精度，使之成为一种特别的敏感，使之捕捉到人所不能捕捉的信息，并据此迅速做出智力上的判断，如此就成了超感觉。

具有超感觉的机器是"超人"吗？从某种程度上来讲是的，机器人早就已经是"超人"了。它的智力超出了我们，它的感觉也超出了我们，于是人类开始面临最大的挑战。这是人在动物那里从未体会到的危机感，因为动物虽说和人一样拥有感觉、伦理和智力，是有情众生，但它们的智商无法超过人，不能以智力生产出一种符号来表达它们的创造。而机器虽然是人造的，但却在短期的发展中就轻松战胜了人的感觉和智商，一台普通的计算机比一个博士生要厉害得多，小到围棋大至军事的许多领域，人几乎没有反抗的余地。

那么，人如何应对这场挑战呢？我们还有优势吗？这就要回到我们这门课所要谈论的中心上来：人有美学智慧。美学智慧虽然与智力相关，但与智力不同的是，在美学的智慧中，后来者并非一定要取代先行者。中国古代最初有《诗经》、楚辞、汉赋，古希腊则有史诗和悲喜剧，后来中国唐诗、宋词、明清小说相继出现，西方文艺复兴到后现代的作品层出不穷，那么我们还要看那些相较而言更为古老的文学作品吗？我觉得鲁迅后期思考问题有些偏颇，他说《诗经》过时了，这叫我不敢苟同，我还是更乐于接受马克思的想法，他说古希腊的神话以及艺术品是人类童年时期所创造的，有着成年后的人类永远难以复制的内质[①]。这个比喻很真实，就好像我们成年的时候看到小朋友叽叽喳喳就觉得闹心，但当他们逐渐长大，我们自己也上了年纪，再来看孙子孙女吵闹时就会变得慈祥，恨不得把他们当成自己的命根子宠着，甚至完全放纵，这在中国话里叫"隔代亲"。我们的审美历程走得越远，就越放不下最初的智慧。为什么老人喜欢子女的小孩？为什么有些老人宁愿亲近家里的猫狗也不愿亲近子女？因为人的心态会随着年龄、阅历等各种复杂的因素变化，原来讨厌的变得喜欢了，原来喜欢的变得讨厌了——这意味着心是自由的。

而在自然科学之中，就一定是后来者包含并取代先行者。牛顿的理论是正确的，但他描述的只是爱因斯坦体系中一种特殊的情况，于是牛顿的理论成了更高级理论的一部分。但在文学中，托尔斯泰代替不了莎士比亚，海明威也代替不了卡夫卡，每一个人都是"这一个"，甚至不能互相比较，这也就是刚刚我们讲到的反省性的判断，美还是丑，好或不好的结论只能通过阅读者的心灵感觉来定义。甚至人的感觉也是多变的，比方说大多数人喜欢香的而厌弃臭的，但同样有人喜欢臭豆腐或是榴莲，马来西亚和泰国的一些酒店严禁携带榴莲入内，郁达夫也曾写文章抨击喜欢跑到海外吃榴莲的中国人"乃逐臭之夫"，但不妨碍有些人认为它

[①] 《马克思恩格斯选集》第二卷，人民出版社2012年版，第711—712页。

是人间至味。难道不可以吗？喜欢榴莲、臭豆腐、腐乳不可以吗？人的感觉在美学中也是自由的。

心是自由的，感觉是自由的，由此，我们也可以说美是自由的。那么自由意味着什么呢？它意味着无法计算。也就是说，我们无法通过计算找到美，设定额头多高、嘴多宽并不一定造出一个美丽的小孩，帅哥和美女生出来的小孩也不一定就很好看。我们提到李白，就会想到他的天才。可如果李白有很多个呢？王安石曾说李白的诗不可多读，读多了会使人厌烦，现在的计算机就可以写出很多"李白式"的诗歌，这令我深有同感，当周围全是李白的时候，我们就要感到厌恶，语言的阻拒性被消磨，变成一汪死水。美必须是自由灵动的，不能总是一个样。例如《诗经》，它之中就包含了各种自由复杂的变化，自由的心与自由的美可以达成计算轨迹之外的偶遇。

除此之外，面对机器，我们的筹码还在于身体性。我脚上的大拇指有甲沟炎，一到秋天，疼得我几乎不想活了，这个时候我就想，我真是太软弱了，作为一个男人怎么一点儿疼都受不了呢！后来我看到电视剧《伪装者》里的明台被特务拔了指甲，血淋淋的指甲被送到姐姐明镜那里，明镜看了心如刀割，我又寻思着万一甲沟炎更加严重，唯一的治疗方法也就是把整个指甲薅掉，这么一想，指甲忽然就没那么疼了。为什么对人来说，这么一点点疼都忍受不了呢？为什么不仅是没了指甲的明台疼，连他的姐姐明镜也感同身受呢？因为十指连心。一根指头连着一颗心，或许还不止一颗，十根指头都受到伤害，心当然就要碎了。其实不仅是手指连着心，身体上不管哪块肉被薅掉都是难以忍受的。由此看来，我们和机器的不同之处还在于我们有身体，即身体性，身体的存在让我们所有的认知都发生改变。有时候感觉到痛，是源于自己的身体，有时候感觉到疼，却是因为他人的苦痛，由此我们知道，人具有一种感受力，即使指甲是别人的，在被薅掉的时候，我们也会感到痛苦。人的这种共感——或者说共情能力——带来了一种更为深刻的审美方式，一旦丧失掉这样的能力，那么一切审美都是空谈。于是当我们看到特务把明台的指甲薅掉"送"给明镜时，都会心道好狠的心，会觉得内心疼痛，感受到心灵的震颤，虽然我们明知他们是演员，那不是真的剥指甲，只是红颜料和纱布。为什么会有这样的共感？这个情景不是假的虚拟的吗？原来人类的情感会受到情境的影响，心灵通过特殊的虚拟情境引发真实的情感激荡。虚拟的东西为什么会引起人们真切的情感，这仍是国际上非常重要的艺术文艺学课题，但简单来说就是"情动"的过程。

这是人的"虚拟"。接下来，我们来看机器的"虚拟"。所有的机器都在模拟建模，计算机以虚拟的方式将所有的事情演化、表达出来，比如人的脸被电子眼识别之后就变成了机器的素材，人眼所关注的美与丑、阴郁与明媚于计算机而言没有差别，它一视同仁地处理它们，并根据这些素材建模和演示。似乎通过这样的虚拟，计算机也可以进行类似于美学的创造，比如我们认为王羲之的字精美无比，让人难以再现，但计算机模仿他却达到了惟妙惟肖的效果。它不但能印出来，还能现场写出来，一只庞大的机器臂通过建模拆解王羲之的提笔、落笔、运笔等特点后，就可以攥着对它而言无比细小的笔写出王羲之的书法风格，米芾、颜真卿也可以通过这种演化模拟出来,这些机器还能够写出书法家过去没有写过的字,我甚至可以让机器用王羲之的字体来抄写我的论文。启功先生的书法已经被生成为一种电脑字体。不久之后,或许融合王羲之、颜真卿、启功等诸位书法家专长的字体也要诞生,具有李白、杜甫、苏轼综合风格的诗作也可以批量问世。但我们也需要关注到,这种演化表达都是基于已有的元素展现的,它基于19世纪的数据能写出巴尔扎克,基于20世纪的则能写出卡夫卡,但再往后它就写不出新的东西了。即是说,机器的演示与美学所要求的独创性和原创性是不一样的,它达不到原创的高度。

卡夫卡曾说,他的画就是自己创造的象形文字。① 多年前我曾经买过一本,那些画确实很有味道,和其他画家的笔法都不一样,并不像出自一个业余画家之手。也就是说,他的创作里蕴含着为自我所独有的一种康德所谓的"形式",或者用更广义的说法来说——"表达方式"。也就是说,人的思想与情感,虽可以经由虚拟的情境达成共鸣,但本质上仍是为各自所独有的,西方一直强调这种思想的个体性。为什么两个人在眼神交汇的一刻就能互相明白对方的意图呢?这绝不单单有赖于教科书上的传授,同样一个词、同样一个东西,在不同的地域或文化圈,不同的人对它的

---

① [捷克]古斯塔夫·雅努施:《卡夫卡对我说》,赵登荣译,时代文艺出版社1991年版。卡夫卡的原话是:"我很想自己能够画画,事实上,我一直在努力尝试。但是并没有结果。我的画纯粹只是我的象形文字,过一段时间以后,连我自己也认不出是什么意思。"卡夫卡的画作只有黑白两色,笔画简单精练,人物形象奇诡。哈迪根评价他的画"蕴含着符号制作的简单原则,即便是最有经验的艺术家也能从中学到东西"。卡夫卡的画作,见《卡夫卡的画笔》,生活·读书·新知三联书店2016年版。

理解是不一样的,那是一种诉诸意会的隐含着的懂,隐含着的知道。

而所有的这些不同,这些个体性都与我们具有"身体"有关,因为我们必须身处此时此地、此情此景之中才能产生这样的感受。立足的社会、接受的教育以及诸多其他因素都对感受产生影响,这是计算不来的,这种不确定性使计算机智慧与人的美学智慧泾渭分明。计算机可以超越我们的感觉,超过我们的智商,成为"超人",但它却永远无法成为拥有身体的人。我们从儿童期到老年期的生长,是计算机所无法模拟的,而这一过程之中纷杂繁复的自由的感觉和自我的判断,更是它所无法推演与复刻的,最重要的是,我们每个人都可以决定什么是美,这是机器做不到的。

第十三课　机心与动心

人的眼睛所能达到的范围有限，精度也有限，需要显微镜才能观察到细小的事物，靠高倍的望远镜才能看到更远的东西，而电子眼可以将这个极限延长加深，达到肉眼难以企及的程度。上节课我谈到，电脑是很可怕的，它将电子的感觉传回"机心"，从而得到超出人的判断力。康德的美学著作中最重要的就是《判断力批判》，假如电脑也有判断力，也可以进行判断力的批判，轻松运至美学的层级，它就无疑很可怕了。

上节课我们说到，康德所提出的判断力分为两种，一种是规定性的，另一种则是反省性的。规定性的判断即是逻辑判断，意味着只要按照一定的逻辑进行思维就能得到某个结论，就像是医生根据人的身体数据得出确定的诊断，如今医生的职业遇到了一些麻烦，因为电脑开始逐步实现以采集数据并与标准对照的方式为病人看病。也就是说，逻辑判断是从一般来判定个别，典型的例子就是"因为所有人都会死，而苏格拉底是人，所以苏格拉底会死"。而相对的，反省性的判断则是只看"这一个"的，是一种单称判断。前面我提到茱莉娅·罗伯茨的嘴巴很大，不符合中国"樱桃小口"的传统审美观，因此单独拿出这个嘴巴来，我们可能会觉得很丑，可当这个嘴巴与她脸上的其他器官搭配起来却又让我们觉得很"美"。为什么这个"美"要加引号呢？因为这种审美判断要求的普遍性是主观的，我认为她美，同时大部分人都认可这个结论，但是我们却给不出一个共同的标准来规定怎样的眼睛、鼻子与耳朵和这样的嘴巴组合起来就可以"化丑为美"，只能在"茱莉娅很美"这一点上达成共识，这就叫作共通感，反省性判断力中的"一般"就是如此借由"个别"来体现的。

我之前提到了计算机的感觉。电子计算机只有 0 和 1 两种形式，这在物理学中叫"与非门"，凭借 0 和 1 这两个数字，它就能构建出一个庞大的系统。有人说这与《周易》中的"阴阳"及其构建出的叙事体系有所共通，我们可以把这叫作"虚事求是"。"一阴一阳谓之道"，《周易》中这个庞大的体系对人间的万事、万物、万象都进行了总结。相对的，我认为，在"0"与"1"为根基的计算机中也有"万象"，可以构建出千万种图像，想"叙述"什么就能"叙述"什么。计算机的"叙事"加上引号是因为这是一种抽象的叙事。它将一切抽象的数据处理后最终融入叙事的模式。

课后，有同学问我："既然只有 1 和 0，计算机又怎么可能还有感觉呢？"这个问题给我当头一棒——他说得太对了！我之前在一定程度上是被计算机惊人的处理能力给唬住了，认为它无论在听觉、视觉还是别的方面都远优于我，就不觉大惊失色，觉得计算机必然也可以进一步创造出美学的作品，拥有感觉，并必然地获得美学智慧。之前我说，所谓感觉就是瞬间便由"感"及"觉"，喝一口水，立刻就察觉到其中消毒水的残留气味。看到美人，立刻就产生美的印象。正如黑格尔所言，"知性不能掌握美"①，我们对事物的分析能力在美学领域中是无效的，这是一个"惑"的同时立刻就能"觉"的过程。计算机的内核说白了就是"0"与"1"，以此为基础经由半导体建立一个无比庞大的系统，由此呈现的万象则更加庞大，所以容易把我们吓坏。可实际上，在听取了同学的观点后我重新思考了一下，就逐渐冷静了下来。

"电子眼"真的是"眼"吗？我们用手机拍照的时候，电子眼就对着我们"看"，这种电子眼的背后甚至不需要人，设定好时间，镜头就可以自动拍摄；马路边的摄像头也有电子眼，"眼睛"之后同样没有人，只有无生命的视线在捕捉着我们，盯着我们看、盯着我们听或是盯着我们嗅，让我们无处可逃。曾经美国在追捕一个恐怖分子时，依靠的就是他的一条底裤残留的气味和基因，追上并击毙了他，可见在"电子眼"这样的电子设备面前，我们无所遁形。但电子眼究竟是否拥有审美能力？会不会如我们所担忧的那般在这种能力之上拥有美学智慧呢？恐怕还是不能。

"电子眼"不是真正的"眼"，它的"眼"是我们依据其外形与功能命名的，命名之后它才成为"眼"，关键就在这里，就好像"门口"并不是门的嘴巴，它只是一种比喻，一种语言造成的错觉。我们确实时刻在"被看"，但电子设备的"看"与生物的"看"是不一样的。"眼睛是心灵的窗户"，可电子眼却显然不是，毫无情感，毫无意向，毫无温度，电子的触觉也是一样，并没有连着心。所以我说"十指连心"这个词非常好，实际上我们全身

---

① ［德］黑格尔：《美学》第一卷，商务印书馆2006年版，第143页。

都连着心，这让我们有很多弱点。昨晚，我去看望一个亲戚。他的小趾骨断了，只能把脚翘在椅子上一动不动。为什么区区一个微小的断裂就会带来这么严重的后果呢？就是因为我们身体的每一处都连着心，共享着瞬间传递的"感"与"觉"。相较而言，机器的感觉则是一种"拟感觉"，是通过声敏或光敏材料实现的虚拟的"类人"模拟。这种模拟的"漏洞"其实不难察觉，比如，计算机看到的图像和我们眼中的不一样，构成它视线的基本单位是一个个方块的像素，当自然景观被变成照片并被不断放大，所有的一切都要变得模糊了，但人的视觉不是用像素表达的，只要在视力允许的范围内，不论看大看小都不会遇到失真的情况。当然，计算机也有永不失真的矢量图，但它远不能用于模拟或是还原自然景观。

对计算机来说，"形"是与"象"分离的。"对酒当歌，人生几何"，这里的"几何"指的是多少，是感慨一辈子能有几杯酒的时间呢；而基本的几何学中它当然不是指"多少"，三角形不论多大多小，内角和都是180度，圆形画大画小都一样圆满——计算机意义上的"形"是这样的几何图形，是可以严格定义出来的形状，而"象"则与之不同。这又要涉及如今令各相关学界都较为反感的"象"与"像"混用的问题，在此不讨论。

需要明确的是，因为这一原因，所有经由电脑得到的图像，或是得到的听觉、嗅觉的数据，根本上都成为一种数码的存在。现在越来越多的东西变成了数码，一个极小的单位"比特"就能够存储很多的内容，于是数码的存在也逐渐成为一个哲学问题。书籍变成了数码存在，电影变成了数码存在，最可怕的是货币也变成了数码存在，人们在花钱的时候没有实感，缺少了付账的"肉痛"，于是很难产生节约意识，不知道在什么时候钱就花光了。

这确实有点可怕，像是一场虚拟世界对现实世界的侵蚀，一种数据对实体的降维打击。我有多少钱呢？一百万，一千万，或者一个亿？会不会一早醒来，这些数据忽然消失了呢？

从人学会使用工具开始，到工业社会，再到后工业社会，机器文明不断发展，直至出现了机器人，但所谓"机器人"还是一种归因于语言范畴的错觉，就其本质依然不是"人"。它的感觉依旧没有依附心而存在，不能进化成情感，或者说感情。当我们和猫咪对视，最初或许毫无触动，但看得久了，被"喵"地讨好了，心就会融化。那一刹那，通过声音与色彩，心里就能感受到并未实际触及的毛茸茸的触感，此时感情就会逐渐产生，而不再是一般的感觉。这种感情若是再度进化，从个体上升到更高的层级，就会产生美学。这是机器所不能做到的。

有一首儿歌叫《两只老虎》，"两只老虎，两只老虎，跑得快，一只没有眼睛，一只没有尾巴，真奇怪，真奇怪"——这的确很奇怪，为什么没有视觉也没有尾巴，它还能跑得快呢？尾巴对老虎是非常重要的。它有很多的作用，最重要的就是用它来调整方向，失去了眼与尾的判断，如何才能维持平衡，又如何表现出暴虎冯河、横冲直撞的气势？我想，这是由于我们的感觉是可以相互置换和进化的。蝙蝠的视力低下，就用超声波来替代；人没有尾巴，但是跑得快却并不奇怪，可见在一种感觉丧失时，机体会以另一感觉去修补和替代这种缺损。我家曾有只秃尾巴狗，我坚信这是聪明的小东西发生了进化，虽然没有了尾巴，但这种缺失却能从其他感觉上被补足。左丘明是盲人,但他的记忆力超群。荷马也是盲人,他们都失去了生命中非常重要的感知工具——眼睛,但他们却用心置换,甚至进化出某种更加强大的能力。弗洛伊德把这叫作升华,他的弟子也持相同的观点,认为自卑能带来情感意志的进化①。

这种感官上的补偿,毋宁说是一种精神上的努力,一种奇迹;是以另外的意想的感觉代替已经消失的感官。动物如此,令人惊叹。那么,人的"幻肢现象",在美学上,更是一种心灵现象。艺术创造,其实从根本上来说,就是创造一个虚幻的感觉世界,超出自己实有的感觉,而具有丰富的精神内涵。"两只老虎",是我们内在精神力量中那种强有力的、野性的、斑斓而美丽的东西的隐喻。虎、虎、虎,东北人说人"虎"得很,就有这样的蛮横、天真的力量。

以上这些,我想说明的是,人的感觉是与心紧密连接的,并借由心彼此共通和转化,但机器不是这样。到了个体的外部,人与人依旧是用心关联起来的,而机器与机器则是使用互联网,此时人与人之间的联系就反而未必比机器之间的关系更加有效。计算机和人都用符号来实现联系,其不同之处就在于机器的符号是一种模拟的数字化的存在。我们认为,计算机最重要的发展基点就是模拟。譬如所谓"深度学习",就是要求机器模拟人的学习方式,这种模拟是通过建模来完成的,即建立模型,要在模型当中

---

① [奥]阿尔弗雷德·阿德勒:《超越自卑》,陈美锦译,生活·读书·新知三联书店2016年版。

把习题的深度方面呈现出来，因此，很多论述机器学习的书籍本质上讲的仍是机器应如何仿照人类建立起类人的行动或思维模型。这是什么意思呢？这是说这些模型还是人类理性思维的产物。我曾与理工科的一位老师闲聊，说起有些时候理工科的学生总不免出现"有知识没文化，有理性没人性，有品质没气质"的尴尬情况，毕竟理性的模型，是按照既定的算法计算出来的，可变化的部分较之文科来说太少了。所以，理工科的从学、从业者，同样需要在精神上谋求发展。

计算机可以写出一部《红楼梦》高度的书来吗？前面我说曾有人提出要创立计算机作家协会，而一旦如此去做，人类的作家协会就会很快被它打倒，因为计算机可以模仿文学史上任一作家的风格进行创作，无论是黄庭坚，还是苏东坡，都能够以假乱真。若出现这种状况，研究古代文学的老师们估计就要忙了，得花费大量的时间去考证一篇作品的执笔者究竟是古人还是现代的机器。其实这种考证工作一直在进行，例如古文献的校勘工作，就要考掘甄别大量可能在电子印刷流程中出现的错误。尽管计算机有可能制造出"红楼梦式""张爱玲式""琼瑶式"的作品，但这依然与人的文学创作之间存在着很大的差异，其根源就在于计算机"深度学习"的这一方式，是通过模拟学习而非灵感创造来设置诗歌的平平仄仄、起承转合或"叙述"小说故事的脉络发展的。

格雷马斯将一切叙事的语法归结为数种行动模式，以语言学方法分析人类行为的意义世界；通过将叙事话语进行"编程"的方法建立模型。①正如《圣经》中写道"太阳底下无新事",即所有的故事的主题与本质都差不多。意图由此破解人类行动的特征,这一点在社会学中已得到很大重视,机器要学习它们自也不是难事。《红楼梦》的中心故事是一个男人和两个女人,一个姐姐一个妹妹,见了姐姐忘了妹妹,见了妹妹又忘了姐姐。琼瑶的爱情小说也是这样,《甄嬛传》中的女性更多,一群女人围着一个男人,总而言之无非是三角关系。至于武侠小说中的套路无非是有"好的导师",有"某某秘籍",计算机可以轻易把这些套路找到。而这些套路就降低了模仿的难度,短篇、中篇可以轻易地扩展成长篇,长篇又可以延展为系列,但始终是换汤不换药,核心内容没有变。有套路就可以模仿,有模仿就可以建模,建模就可以批量生产小说,网络文学的"套路操作"已经屡见不鲜,计算机作家协会完全可以用这样的方法进行创作。

文学理论中包含科学的成分,于是一旦研究叙事学研究得很深,或许就要感到些微无聊:琼瑶、张爱玲故事的模板似乎差不多,都是一男两女,都是三角恋。贾宝玉就是令狐冲,ABC都是行动元。西方结构主义就有类似的观点,目的在于努力掌握人类生活的基本结构。社会学与经济学中常常引入这种自然科学的方法来处理问题,而这种处理就要用到计算机。把模式输入计算机系统,就能利用其深度学习的方式与超越人类的庞大计算能力、

---

① [法]阿尔吉达斯·朱利安·格雷马斯:《结构语义学》,吴泓渺译,生活·读书·新知三联书店1999年版;《论意义:符号学论文集》,冯学俊、吴泓缈译,百花文艺出版社2005年版;《符号学与社会科学》,徐伟民译,百花文艺出版社2009年版。

高妙计算精度来掌握大数据，并通过大数据掌控所有人的经济活动以期对经济策略进行及时调整——这种图景有点骇人，大数据把我们每个人都看得死死的，用符号把我们束缚起来，叫人在牢笼中动弹不得，于是我们感受到知识和科技的可怕。

有同学提出，0和1支配之下的感觉应是先验的，人在依赖机器的同时或许感觉里也将产生一些先验的东西。我觉得不能这么去想。假如连感觉都是先验的，就说明尚未实施就可以预测结果必然如此，那么感觉就不能随心而动了，人就完全地走向了程序化。

其实不单感觉的产生需要"心动"，知识的交流有时也是这样。我们所具有的知识归根结底都是个人知识，或者说是"默会知识"。中国有中国的知识，日本有日本的知识；有的人喜甜，有的人喜辣，我就要蘸糖，你就要蘸醋。这种个人知识想要达成一定的交流，就须以"心领神会"为基础，一眼过去，你懂我，我也懂你，"确认过眼神"，看对眼了。既然存在"确认"的步骤，就说明知识已经通过心产生了某种交流，不管别人明白没有，我俩心知肚明就够了。哲学家波兰尼写过一部《个人知识：迈向后批判哲学》，提出知识分为两种，一种是显性的知识，它是所有人都能辨认的符号，另一种则是需要"确认眼神"的，不同的文化中有不同的默会知识[1]，这就是为什么我们在出游其他国家的时候常常难以理解他们的文化。比如，日本人坚持不愿意麻烦别人，

---

[1] ［英］迈克尔·波兰尼：《个人知识：迈向后批判哲学》，许泽民译，贵州人民出版社2000年版。

在公交车或者地铁上不会大声喧哗，一旦打电话就会被人制止。他们的知识包括美学同我们都是不一样的，那种对侘寂、物哀、幽玄的追求，会在他们的文化生活中慢慢体现出来，在美学中体现出来，最终呈现出一种与我们相异的美学智慧。于是日本的茶道、剑道还有书法与中国也就不同。同样的，中西的美学也存在很大的差异，强行将两者合一就显得滑稽。

刘禹锡有诗道："常恨言语浅，不如人意深。今朝两相视，脉脉万重心。"这是什么意思呢？语言有时并不足以将我们内在的心意准确完整地表达出来，也就是说情感想要被符号化的诸如"0"和"1"的系统呈现出来是十分困难的事情，因为唯有"今朝两相视"的"心领神会"之后，才能体会到对方内在的心意究竟有多少层，这是只可意会而不可言传的，所有的符号在此时都失灵了。

《安娜·卡列尼娜》中的列文总被称为"《安娜》中的托尔斯泰"，列文最初追求贵族少女吉提，可吉提却对他不来电，看中的是军官渥伦斯基。然而，渥伦斯基在火车站一眼看中了安娜，吉提就被他抛到脑后了。后来的舞会上，他也只想和安娜一个人跳，书中的这段描写非常精彩。拒绝了列文求婚的吉提在这时开始后悔，原来列文也是不错的。同样的，渥伦斯基选择安娜的消息让列文重新燃起了希望，于是当他们后来再次相见的时候，双方都萌生出与对方接近的愿望，但贵族的矜持与略有尴尬的过往让两人都难以开口。于是，他们开始用文字交流，最初写下的是一段段复杂的话，诸如"当你说拒绝的时候是否意味着所有一切的永远拒绝"。写着写着，他们逐渐发现，只要写下开头的几个字母，对方就能看懂全部的意思。再后来，文字符号甚至失去了作用，只要互相对视就能知道彼此的心意，这就是在"两相视"的沉默中包孕着的超越了显性的知识。"冰山运动之雄伟壮观，是因为它只有八分之一在水面上"。正如海明威所说，我们所能见的显性知识就是这冰山的一角，而海面之下则是沉默的、复杂的隐性世界。所以俗话说，"女人心，海底针"，其实"男人心"也一样，谁的心里都有一片海。如果失去了这样的默会知识，以傻为骄傲，他的为心、他的自我就要干涸。

中国文化讲究"风流蕴藉"。"风流"是流露在外的，而"蕴藉"则是包孕在内的。《文心雕龙》中有一篇名为"隐秀"。很遗憾，此篇有很多残缺的句段，后来的填补也一直存有真假争议，但这恰恰暗合了"隐"的意旨，强调"言外之意"，强调"秀"冰山一角之下的"万重心"，因此有些人认为，"隐秀"是美学中一种很高的境界。我们的"风流蕴藉"也是如此，精神气质的不凡、情志的高妙纵然不可或缺，可若是单单"风流"而失掉内在的、自我的"蕴藉"，也是不成的。"秀"与"show"在音译上有相通之处，它是外露的，而外露的就需要隐含的搭配，如今计算机"创造"都是外化的、符号的东西，我们就需以美学的、强调蕴藉的、在地下运作的东西来调和它，这就是区别于机器智商的人的美学智慧。

第十四课　道、情与肉身

不同的情境对人的立场与身份有不同的假设，比如，可以限定其为经济中的人或是政治中的人，而在理论领域，人更是成为探讨的根本。文学院的同学就业的范围很广，可以考公务员，可以办公司，也可以进国企……当开始从事不同的职业，我们就会根据职业的要求转变为经济人、政治人，等等。有趣的是，中国最好的政治学家、经济学家还有法学家中很大一部分都是搞文学的，文学似乎具有某种特别的灵性，经过这样的熏陶和训练，就具备了可以踏入空灵境界的素养。所以说，千万不要看低我们的学科，不要贬低文学，更不要贬低文学所赖以生存的美学，拥有了美学的智慧，我们才具有心灵的澄净、空灵以及腾飞的自由，人研究"人"的最重要学问之一就是美学。

在西方，许多人文学科被归类为文学，其实并不该如此。人文学科须得以人为根本，成为"人学"，如此才能成为社会科学的基础。译林出版社曾出版过一套"人文社会译丛"，影响非常大，当时的主编断言这套书会改变中国，大家还觉得不可能，但现在看来，它已经做到了。这套书中的很多思想渗透进了一代人的心灵，或引领一时的学术潮流，或方向性地促成某些文化研究领域书籍的改编。这位主编在江苏人民出版社还有一套"海外中国"丛书,这套书启示了中国学术界该如何认识中国人自己。"自己看自己"的行为被黑格尔称作"反思"①,我们也将之理解为"回顾',它以思想为对象,所以冯友兰认为哲学就是反思②。"反思"这个词在如今的语境中的使用太过频繁,其意义已经被庸俗化。事实上,它的定义就应是冯友兰先生所说的那样。

对人的研究无疑十分重要。关于这个问题康德谈得很深刻。他讨论了人能知道什么,人应当做什么,以及人可以希望什么。"人能够知道什么"蕴有的前提是认识到人并非什么都知道,认识到人类的有限,譬如物自体本身就是我们所不知道的东西。这一点我们也称之为"不可知论"。人类想要狂妄地认为自己像上帝一样全知全能、无所不知,是不可能的。那么人能够知道什么呢?"能"的身后永远隐藏着"不能",在对"知"的讨论中,"未知"是必不可少的。康德最初把人关于上帝的概念也打碎:即便是上帝也不能全知全能,因为人是上帝按照自己的样子创造出来的,既然人并不完美,上帝也理应如此。但在《纯粹理性批判》之后,他就给上帝开了后门,即虽然人不行,但是上帝可以踏足全部的未知地界,也就是所谓"限制知识是为信仰留下地盘",人类不知道的那片广阔天地,就留给信仰——这是康德的第一大批判。

---

① [德]黑格尔:《精神现象学》上卷,贺麟、王玖兴译,商务印书馆1981年版,第79页。
② 冯友兰:《中国哲学简史》,赵复三译,生活·读书·新知三联书店2013年版,第2页。"一个哲学家总要进行哲学思考,这就是说,他必须对人生进行反思,并把自己的思想系统地表述出来。"

康德的第二大批判讨论人应当做什么，哪些事情可以做，又有哪些事情不能做。中国古人觉得在深更半夜最为自由，因为那时候可以无所顾忌地做一些事情，想看什么书就看什么书，想写什么文章就写什么文章；金圣叹最早推崇"死"，并由此牵扯出自由，为了追寻这"自由"的来处，他举出了很多句子①，这十分厉害，说明他具有一种特别的敏感，意识到"自由"是重要的东西。中国语境中的"自由"实际上在古代大多数时候并不那么重要，出现的频率也很低，如今它已经属于我们社会主义核心价值观的一部分；但在西方，"自由"是极为重要的概念，"纯粹理性"即为通向自由的理性，只有这样的理性才与"应当"密切相关。关于这方面的书有很多，其中一本就叫《自由》②，它把西方人最重要的关于"自由"的观念集订起来，很值得一读。

　　此外，康德还研究人可以希望什么。有一本叫《希望的原

---

① "'酒边多见自由身'，张籍诗也；'忙闲皆是自由身'，司空图诗也；'世间难得自由身'，罗隐诗也；'无荣无辱自由身'，寇准诗也；'三山虽好在，惜取自由身'，朱子诗也。"见《清代七百名人传》，转引自陈洪：《金圣叹传增订版》，人民文学出版社2012年版，第107页。
② 何怀宏编：《观念读本：自由》，生活·读书·新知三联书店2017年版。该书主要侧重两方面的内容：第一是分析自由本身，自由的概念或含义，乃至自由的种类，各种自由的地位和优先性；第二是讨论自由的条件、自由的保障与实现，尤其是自由与政治条件的联系、自由可能遭受到的威胁等。

理》①的书。这本书是哲学家恩斯特·布洛赫的作品，讨论的也是同样的话题。基督教的核心内容即信、望与爱，其中"望"就是希望，当我们开始希望、开始乞求的时候，就与信仰发生了关联，也就是说希望到最后是关于宗教的问题。

康德写的是"三个批判"，但加起来解决的主要问题却等于是在研究人是什么。为什么这样说呢？他首先研究的是知性，然后是德性。有时候，我们骂人时也会说"这人什么德性"，但在哲学中，"德性"是伦理学中一个最重要的范畴。所以"我们希望什么"成为一个宗教学领域的问题。神学和宗教学的问题是很重要的，如果人要在人生中确定一个支柱，确定某种终极的关切，这就需要宗教的支持，可这个问题同时又比较麻烦，毕竟马克思主义者是无神论者。但这与我们保有宗教式的信念并不相悖，因为没有信仰的人是可怕的，没有信仰就是无所信赖，也就是无赖，无赖的人最可怕。"赖"就是依靠，内心里有某种依靠、有某种方向是很重要的，共产主义也是一种信仰。知性与德性都与理性相关，而信念则和我们的意志相关。

康德的三分法，尤其强调了人的意志，当我们想做什么或是不想做什么的时候，好像有东西捆绑着我们，这捆绑我们的就是意志。有的人意志十分强大，即便内心非常想干某事，他的意志

---

① ［德］恩斯特·布洛赫：《希望的原理》第一卷，梦海译，译文出版社2013年版。《希望的原理》一书阐明人类精神史的中心在于预先推定一个更美好生活的梦，即一个没有贫困、剥削和压迫的社会制度，而作为人类学-存在论范畴的"希望"（Hoffnung）集中体现了人类走向更美好未来的意图。著作涉及绘画、雕塑、建筑、音乐、电影、时装、舞蹈、节庆等人类社会的各领域，并证明这些活动和现象是人类希望在人类文明中的表达方式。

也能控制自己不那样去做。在康德之前，英美的哲学家只提出了二分法，作家简·奥斯汀有一本小说《理智与情感》，这里的二分法就是做出了这样的划分，认为人一部分归于理智管理，另一部分则归于情感。那么意志是否可以被归入情感的范畴呢？其实也是合适的。但康德的三分法进一步将两者划分开了。

最开始，康德提出了两个批判，对知识的纯粹理性批判以及对意志的实践理性批判。后来他发现自己的两大批判之间似乎存有某种难以弥合的鸿沟。"人能知道什么"和"人应该做什么"这两个问题，前者关乎人的自然，后者则关乎人的自由。大家都知道因为有重力，物体下降的速度会越来越快，这叫"堕落"，堕落往往是容易的，越堕落越快，越堕落越快乐，按照自然规律就是这样。但我们是人，人不一样。人每天要吃三顿饭，但如果这两天失恋了，就会难过到两三天不吃东西，这样下去可以吗？不吃饭身体会垮掉，但是人就要这样做，古时候的人为了气节甚至可以活活饿死自己。这代表着人在违反自然规律，而人的尊严与自由也体现在这违逆当中。顺应自然规律固然是好的，但人同样可以违反、可以克服它，科学规律的发现也是这样，我们认识规律、反叛规律，再用一种自由的精神把原本的不可能变成新的可能。康德认为在这样的过程中，自然与自由之间存在没有被点明的巨大鸿沟，似乎应当有一座桥梁把它们连接起来，而这座桥梁必与人的情感、情性相关，与人的喜欢与厌恶有关。大家公认长得好看的，也总会有人认为他长得不好；长得不好看却很有钱的，不一定招人喜欢，毕竟有人觉得看着不好看的人连饭都吃不下；可也有的人长得不好看但有人偏偏就很喜欢，因为他们觉得好看又不能当饭吃……这些观念都和人的心情、情性有关。为了弥补这个断裂，康德写了第三个批判，即判断力批判，这也是最具奥妙的批判，是研究人类内在情感的批判。第三条渐渐后来者居上，成为之前二者结合起来的关键，结合了自然和自由，融合了知识和意志，所以有人说康德是第一个发现美学的人。那么这个结点是否是二者之间桥梁的最高点呢？是否可以将它们完全纳入麾下呢？想来有一定的可能。在康德之后，谢林的想法中就包含了这样的因素，他认为哪怕是自然也都是诗性的，都有美学的特质①；同样的，神学中也蕴含着美学的含义。这样一想，原来只有在情性中，人性里的许多东西才能被结合在一起。

前段时间，出土的竹简中发现了一句话，叫作"道始于情"②，即人类所开辟的一切的根源都是情，可见在我国，很早就已经开始有对"情"的重视。考古工作对文明初期的研究具有重大意义，曾经很多人不相信甲骨文的存在，直到考古工作发现了十几万片实物才终于使他们信服。随着出土竹简数量的增加以及人们对竹简解读能力的提升，很多研究先秦文化的典籍都需要重新修订，就比如"道始于情"这句话从前我们并不知道，但之后它将越来越被关注。考古工作中的发现，即使单从体量和字数来看，也已经超过了我们现存的流传的文稿，随之而来的将是对战国文字的重新认识以及这些文字在各种文书文件中的运用。对出土资料的研究，极大地改变了我们对先秦的许多观念。但如今我

---

① ［德］谢林：《先验唯心论体系》，梁志学、石泉译，商务印书馆2006年版，第15—17页。
② 参见《郭店楚墓竹简·性自命出》，文物出版社2002年版。

们对于这些资料的研究还远远不够充分，它仍是有待探索的知识宝藏。

"道始于情"是一个伟大的宣言，它把"道"与"情"并提，说明情的智慧是至高的智慧，而"人是什么"这个问题也许需从人的情感中寻找答案。也就是说，我们需要重新思考康德提出来的问题。康德一直想研究人是什么，所以他写了一本书叫作《实用人类学》①。这是一本很好读的小书，与《道德形而上学原理》②一样，很适合同学们阅读。我一直很反感将康德玄学化、高深化，其实康德本人是很贴心实在的一位教师，上过许多非常精彩的课，所以他写的书不会一板一眼。他的眼中不是没有读者，恰恰相反，他的书具有一种对话感，他做好了随时被学生提问的准备。在康德哲学中，最重要的问题就是"人是什么"。这个问题的答案应当是人所有精神的数量的总和。既然是总和，那么用什么把它们加在一起呢？康德认为是美学。在康德眼里，这些"总和"的融合需要中介，美学是作为调和品存在的，它能够像配制中药一般确定每一种成分分别需要多少，这意味着美学是最高明的智慧。

---

① ［德］伊曼努尔·康德：《实用人类学》，邓晓芒译，上海人民出版社2005年版。所谓"实用"人类学，指的是对人类记忆之类的能力以及相关基础因素做深入研究所得来的并需要加以运用的人的知识。《实用人类学》包括两个部分，第一部分为人类学教学法，论述了人的认识、情感与欲望能力；第二部分为人类学的特性，对人类在个体、性别、民族、种族、种类方面的特性作了简要探讨。
② ［德］伊曼努尔·康德：《道德形而上学原理》，苗力田译，上海人民出版社2005年版。《道德形而上学原理》是康德关于伦理道德方面的一本经典。虽然它的篇幅不长，但集中论述了德性是人的意志的道德力量而具有自主性的思想，是康德德性论的代表作。

前面我讲到动物人。动物人指动物具有人的某些性质，其中之一就是它们与人一样都有身体，这是机器人所不具备的属性。基督教里有一句话叫"道成肉身"，这与中国的"道始于情"之间有什么区别呢？"道成肉身"的这个"肉身"指耶稣，道在先，之后神成为有肉身的人，从此感受到全部人类所能感受到的道德、困惑、矛盾，并与之相关，因为他是三位一体的，是圣父、圣子也是圣灵。既是父亲又是儿子，同时又非人间的父子关系所能界定，这就形成了一种极大的悖论，而这种悖论在后来的神学家、哲学家的头脑中都占有重要位置。"道成肉身"说明肉身中包含了某种至高无上的道德，"肉身"的概念本身就来自神学，与之相关的研究也就是当今所谓的身体美学，但关于身体美学的一些书写得比较差劲，没有涉及我们所说的几个层面，没有关注到它同基督教的"道成肉身"之间的联系。就是因为基督教中有"道成肉身"这一观念，身体美学才能在当代美学中占据一定的位置。

基督教是"道在先"，那么古希腊呢？古希腊柏拉图的思想当中，也应当有种在先的东西，那就是理念。黑格尔说美是理念的感性显现，这本质上与"道成肉身"异曲同工。感性显现说明要有感觉，而只有拥有肉身才会具有感觉。中国有个成语叫"麻木不仁"，"麻木"的本义指身体上某个部分失去感觉，比如我有肩周炎，有时候就会肩膀麻木，对于我来说就是肩膀抬不起来了，在黑板上写字都很费力，甚至用针去戳它也没有反应，中医上称为痹症。在我的家乡话里"麻木"也指对一般人的疾苦漠不关心，展露出高高在上的姿态，这也恰合"痹症"的更深层意义，判断的是心是否还有感觉。为什么这么说呢？因为"心"是比身体其他部分更高层、更重要的东西,"恻隐之心,仁之端也",翻译一下就是说对他人的痛苦有很深刻的感觉的人,那就是仁人志士。当你对人间疾苦有深刻体会的时候,你就成为仁人了。"仁人"是很高的褒扬,需要扫除人间的不平。《水浒传》中的鲁智深,明人李贽评说他是"勇人""仁人""圣人""活佛",金圣叹说他"一片热血直喷出来,令人读之深愧虚生世上,不曾为人出力"①。我想,这些评论真切看到了鲁智深的恻隐之心,以及"仁人"所表现的勇和热诚。

"道成肉身"的耶稣投身于世,怀抱某种至高无上的东西来拯救世间大众,是道在先的;而我们中国的"道始于情"则意味着情在先。《红楼梦》里有一句很了不起的话,出现在警幻仙姑与贾宝玉同游的那一篇,《红楼梦曲》第一句便是"开辟鸿蒙,谁为情种","鸿蒙"指的是天地混沌初开的时候,它是由情种中生长出来的东西,即"情"是在鸿蒙之前就存在的东西,这与"道始于情"是一个意思,所以我觉得《红楼梦》很了不起。在《圣经》里天地混沌时是耶和华开辟天地,创造万物,但却是限制人的知识和生命,所以有禁锢知识树和生命树的果实。因此,无视情爱。而曹雪芹的思维里却是情先登场,可见,情与外在的、内在的感性本为一物。按这样的说法,情感应是至高无上的,美学也应是至高无上的。

按照"道成肉身"的思路,人要有身体,但这个翻译过来的"肉身"实际与中国文化中的"身体"是存在区别的。柏拉图的

---

① 金圣叹:《第五才子书施耐庵水浒传》,中州古籍出版社1985年版,第67页。

观念中有轮回转世的想法,存在"前世"这种看不见摸不着的理念。人在投胎的时候带着这种理念,于是理念就有了肉身,即"道成肉身",由此,理性得以通过感性形式显现。古希腊认为人体最美,包括奥林匹克精神都是基于这样的思想——人的运动状态最美。之前我已经谈到,古希腊存在这样的两种人,一种是行动者,一种是静观者。静观者看着旁人跑跳疯闹,自己坐在看台上静静旁观,众人激动的时候唯有他保持冷静,并且能够判断哪个人最优美。就像是西装革履的音乐会听众,自己听得很激动,但不能叫好,这时候他是用理念在观察,哪怕心里激动如潮水,表面也要保持大理石般的安静,直到被容许的时候才开始鼓掌。在欣赏过程中,我们需要遵循某种规则,要带着审视的眼光,这就好像是某种高于"我"的"我"出现在现场,体现出几种自我的分裂,分明内心激动却要假装平静,表情起伏也不能太大,以免显得不庄重。演出结束后可以激动,但也要克制在一定的范围之内。但如果凭"肉身"去欣赏呢?摇滚演唱会上,歌手在台上表演,听众在台下拿着荧光棒跟着摇摆,此时场上与场下的区别已经不大了,表演者激动,观赏者也激动,甚至可以较之更为激动,这是为什么呢?因为这种欣赏和单纯的理性观察不一样,人是分裂的,就好像一个人同时是父、子又是灵。这就是所谓动的美学,这是传统美学比较缺乏的。《奥德修纪》里有一个著名的寓言,那就是塞壬女妖的歌声,接近她的时候如果不把水手捆绑起来,他们就会受到歌声的吸引和蛊惑跟着女妖唱跳,直至投身海底而死。①那么到了现实中，是什么捆绑住了想要唱跳的人呢？或许是人的眼珠子。音乐会上其他欣赏的人会责备地看向蠢蠢欲动的人，会鄙夷鼓掌的人，于是激动的人就被盯得不敢动了。但这样的规则其实并不一定合理，譬如调咖啡的小勺子用来喝咖啡就一定不行吗？就是丢脸的吗？

"道成肉身"背后包含的理念就是希腊传统和基督教得以合一的因由，从以理念为中心到以道为中心一脉相承，而这就造成了西方文化中理念与身体的极大的分裂。这种神学背景一直根植于西方的思维方式之中，从黑格尔一直到当代的海德格尔都是如此，这也造成了中西方文化上的极大差异。

在西方美学中，人是以感性为核心的，因此我们说西方美学其实就是感性学。它为什么不是"情性学"呢？因为情性与感性是不一样的，感性学的感性突出的就是人的身体，所以在这个意义上它也可以叫"身体学"。这和西方长期以来对"身体"的鄙视有关。为什么这么说呢？黑格尔的书叫《精神现象学》，康德的书叫《纯粹理性批判》和《判断力批判》。它们强调的都是某种虚的、灵性的、理念的东西。在西方人眼中，身体似乎并不那么重要。虽然"美是理念的感性显现"，但黑格尔同时也认为，如果最后能达到一种绝对理念就好了，能褪去感性显现就好了，这也是

---

① ［德］马克斯·霍克海默、［德］霍克海姆·阿多诺：《启蒙辩证法》，曹卫东译，上海人民出版社2003年版，第47—65页。按：霍克海姆和阿多诺认为，"奥德修斯式的狡诈实际上就是一种被救赎的工具精神，他让自己臣服于自然，把自然转换为自然的东西，并在把自己奉献给自然的过程中出卖了自然"。笔者以为，还应当从美学的角度，即审美体制的异化的角度进行分析。

受到了柏拉图的影响，如果把肉体归还给父母，只剩下灵魂，那灵魂就是绝对理念。只要灵魂，归还肉身，这听起来像是中国的哪吒，这行为说明哪吒有种自信，自信他自己还拥有某种不属于他父母的东西，那就是自己的灵魂，自己的精神。我的精神只在于我自己，"我命由我不由天"，我就是那个神，那个精神，那个绝对理念，相比之下肉体就不重要也不需要了。西方哲学就是这样认为的，如果能把感性显现的部分全部去掉，最后达到一种绝对理念就好了，所以黑格尔把绝对精神分为三个部分：美学、哲学和宗教学。这三个部分哪个最重要呢？一般人认为是宗教学，但黑格尔认为是哲学，因为只有哲学才是可以发展出绝对理念的东西，他想要在这里把绝对理念总结出来。"道成肉身"，"道"既已成，还需要肉身做什么呢？肉身于是被他否定并抛弃了。

我们从康德讲到了黑格尔。其实在黑格尔之后，还有各种各样的想法，比如马克思，他认为人类的精神可以掌握世界。如何掌握呢？用理论的、实践的、艺术的或是宗教的方式去掌握。其中最重要的是实践，紧接着的则是宗教。宗教在马克思看来是一种颠倒的世界，人做不到的事就让神来完成，我们在宗教的世界中观看现实世界的倒影。再之后的海德格尔认为人生的发展有三个阶段：美学的、伦理的和宗教的。美学是最早的一个阶段，也是感性的阶段，后来经过了理性的、伦理的阶段，将最后到达神性的阶段，完成整个人生。

冯友兰是通过自然、功利、道德、天地四境界来分析人的，而我的想法不一样，我觉得美学智慧应当包含此前的所有智慧和此后的所有智慧，即是说，美学可以贯穿于对世界的把控的全过程中，而非一定被圈禁在某种方式、某个阶段里——它是"人"的。按照马克思的想法，既然人需要通过四种方式来把握世界，就是说这四种方式都不可或缺，只是在处理不同事件时借助了不同的方式，而在这四种方式当中，我认为美学的方式才是最凸显人的智慧的方式。中国古代"开辟鸿蒙，谁为情种"这一想法的缺憾就在于缺乏了宗教神学的维度，缺少了悖论的精神。有人说，中国文化就是审美文化，就是美学的文化，我承认这个观点，但同时也觉得这种概括未必很好，这表明"灵性"这一重要的维度在中国的美学当中是缺失的，或者至少是时有时无的。

第十五课　天人之境

什么叫作天人？我们常常说"惊为天人"，其中的喻义往往是"美得超乎我们的想象"。外出时若是天气好，我们就能看到很美的晚霞，它变幻多姿，却只能停留很短的时间，转眼就会消失不见。而当我们看到这种景象，心中便会产生一种特别的感动和惊诧——这仿佛不该是人世间所应有的，此景"只应天上有，人间能得几回闻"。

朝霞也是一样，印象派莫奈的画作《日出·印象》，就是用"凌乱"的笔触表现一种朦胧迷离却又颤栗跳荡的印象。在西方，"日出"与"日落"有时是同一个词，正如叶芝的散文集《凯尔特的薄暮》，有时也译作《凯尔特的曙光》。一作"旦"，一作"暮"，太阳自地平线东升，或是在草间西沉，相反的方向，相似的轨迹，但无论哪一种，都来自天上，都超越人所能到达的地界。如此，到达人所无法触及的境地即被称作"惊为天人"。

"天上掉下个林妹妹"，书中解释道，这是因为神瑛侍者与绛珠仙草前世在天上的时候就曾经见过，于是当贾宝玉看到林黛玉的时候就觉得她很美，有一种亲近感，心道"这个妹妹我见过的"；林黛玉也这么想，但因为是女孩子，她不能说出口。这是自天上来的亲切感，因为来自另一个世界，来自这个世界之外的世界，来自哲学上所谓"先在"的世界，于是它在我们之外，却也在我们之先，于是这"亲切"一边朦胧得叫我们难以靠近，一边却又确实扎根于心间。从神学上讲，它则是一种前世精神，前世的贾宝玉，林黛玉是见过的，于是当今生回到一个特别情景当中时，就将他一下辨认出来，亲切的同时又很美好，美好到超出了人世间——或者说人间世——所能有的景象。

这其中很有些寓言的意味，却也很好地说明了何谓"天人"，或者说用西方的说法叫作"天使"。何谓"天使"？即"天的使者"。2007年江苏高考命题时，我出过一个作文题，叫作《怀想天空》。之所以"怀想"，是因为我们原本的家园就是天空。即是说，我们本都是"天人"，属于某个神圣、永恒的实体，每个人都是从天上而来，降世生根而为人，此所谓"降生"。

这多少让我们感到有些不甘，明明我本是天上人，怎的偏要落这尘世间？《红楼梦》也有这样的意思，这石头本应有个更好的去处，却偏偏"犯了错"，偏变成补天时多余的一块，于是被抛于这大荒山无稽崖青埂峰下，不得以进入了凡尘俗世。"降生"似乎昭示着我们来到人世间便是种"将就"，意味着我们原本有个更好的来处，或者说是更好的归处，但"天意"往往难违。

在《存在与时间》中，海德格尔认为，人被抛入一个大的存在中，这个"存在"也可翻译为"是"①。为何叫"是"？每当有人敲门，便要问："谁啊？"外头的就答："我！"再问："谁啊？"

---

① ［德］海德格尔：《存在与时间》，陈嘉映、王庆节译，商务印书馆2016年版。

就要进一步答："×××！"这是在中国，西方就不行，一定要用到"是"——"It's me."几乎在所有的表达中，他们都要用到这个"是"，去掉了它，就显得不完整，不完美，不完备。于是海德格尔开始思考"是之为是"：既然所有的东西都离不开这个"是"，那么"是"究竟是什么？西方人的思维离不开这个"是"。逐渐地，我们汉语也开始受到他们的"污染"，很多表达都开始用英语的方式来说话。同时我们也发现，汉语的词有时确实表达得不够确切，比方说朱德写过《母亲的回忆》，这实际上是他对母亲的回忆，读来却像是母亲自己的回忆。汉语翻译中的"是"是不断变化的，很难表达"is"本身的意思，因此我们可以把它叫作"存在"，或者叫作"在"和"有"。"×××？""有！"或是"×××？""在！"

西方这种研究"是之为是"的命题，就是所谓"形而上学"的问题，只有关注到了这一层面，才是真正进入了哲学的领域。同样，研究"什么叫美"，就要追问"美之为美"，追问"美""是"什么，这才进入了美学层面。

有些人不承认中国有哲学。在西方人的角度，中国或许确实没有哲学，因为西方所追问的"'是'是什么"的哲学最根本问题在我国并不被过多关注。"是"是什么？这个问法比较麻烦，海德格尔说，这问题从古希腊就开始有了，它太重要了，但是经过两千多年，却逐渐变得晦暗不明，逐渐被人忘却了，于是海德格尔要重新把它提出来。我也存在，你也存在，但是"种"的存在是如何被发现，又是如何被定义的，这个问题很难回答。笛卡儿说"我思故我在"，或者翻译成"我思故吾是"，原文为"I think, there fore I am."这两种表达有不同的意味,大家可以自行体会。海德格尔哲学中的核心概念Dasein,指一种特别的存在,即存在者,中文往往翻译成"此在",或是"亲在""缘在""偶在"。它强调时间和地点两个要素,指的是此时此地此刻的这个存在。[①]

谁能体会到"我只是此时此地此刻的存在"呢?人,只有人能够感受到自己之外的存在,能够意识到自己的生命是有尽头的,感知到时空的维度,领悟"此时此地此刻"的惊悚,于是"前不见古人,后不见来者,念天地之悠悠,独怆然而涕下"。

在漫长的时间长河中,人会有一种基本的情绪,就是"无聊",甚至能感觉到"生动的无聊"。我该怎么打发时间呢?想要买买买,却没钱,于是就逛逛逛,闲逛,德基看一看,奥体看一看,口袋里不需要有钱,如此打发了时间,便可以尽兴而归。所谓"春宵一刻值千金",就是把时间的刻度换作金钱的刻度,用"聊"打发了无聊,消遣了时间,于是有了调侃说法"聊六毛钱的天"。这种人感受到"悠悠",感受到空间的宽广和时间的漫长。青春不再,人世间这么荒凉,时间这么慢慢悠悠地过,想到便让人心寒,似乎有种慢悠悠的东西在把生命渐渐地打磨掉,生命中最美好的一点时光,很快被磨干净了。所以林黛玉在听见"良辰美景奈何天"时十分伤心,这就是对被逐渐消磨的青春的惋惜。尽管我们可以安慰她:"黛玉同学,没事的没事的,十来岁的年纪,一切都敞亮着呢!"但她还是难免怀有这种强烈的悠悠的感

---

① 王庆节、张任之编:《海德格尔:翻译、解释与理解》,生活·读书·新知三联书店2017年版,第5—33页。

觉，因为不甘于平庸、不甘于浑噩与无聊的人，总会感到天地悠悠、过客匆匆和潮起潮落。

故而海德格尔用"此在"来衡量人的生命，也用"此在"来感悟某种存在。当我们感到心灰意冷的时候，就能顿悟陈子昂所揭示的那样一种"怆然而涕下"的情愫，那是一种对存在的荒谬的领会，是在生死的无谓和世界的永恒中感受到的毛骨悚然，无穷空间的寂静令人恐惧，"悠悠"的意境逸散延伸出消磨感来，它在慢慢地消磨我们，啃食我们原本就行进得飞快的生命。这是一种强烈的内心感受，这就是存在。

我们什么时候感觉到了存在？就在感到死亡随时随地都会来临的时候。我能活多久？谁也不能回答。死亡总是别人的事件，每个人都坚定地认为自己离死亡很远，青春的时候我们总认为人是会永生的，可等到人老了，头发白了，哪儿也不行了，就不得不开始相信死亡。林黛玉感受到了一切美好都是瞬间的，于是她在靠近死的悲哀之中突然顿悟有个东西叫作"存在"。有句恐怖的话说"离了谁地球都转"，原以为自个儿死了地球就要转得不好的人，都不会想到结果地球或许转得更好，它和我们的奋斗、我们的爱恨或是我们的寂寞都没有任何关系。我们终于感到存在好像是笼罩在我们之上的、某种先在的东西。它是不是相当于我们所说的"天"呢？所有的一切都生活在天下，正如有人言道要建立一个"天下体系"，以地球为一个政治单位，实际就是全人类为同一单位，以此达到某种和平。康德的《永久和平论》①写

---

① ［德］康德：《历史理性批判文集》，何兆武译，商务印书馆1990年版，第97—130页。

得精彩顺畅，他提出希望所有的人遵循某种同样的规则，以达到永久和平。各个国家联合的世界大同乃是人类由野蛮步入文明的一个自然而又必然的历史过程。

我们原本在"天下"，仰望着"天上"。但是如今坐上飞机朝外头张望，我们渐渐发现"天上"没有什么特别的东西，它和我们心里曾认为的"天"不大一样，这是因为我们用自然科学的方式把它简化了。于是，如今的我们再看林黛玉已不会"惊为天人"了，贾宝玉之所以看林黛玉似曾相识，仿佛这个妹妹在哪里见过，现代人会想，是因为他们本就是亲戚，黛玉长得像母亲，也就是宝玉的姑妈。或许也不再觉得黛玉长得好美了——美什么美？小女孩总喜欢皱眉头，从医学的角度来看，是不是肌肉群有什么问题啊？自然科学就是如此把很多东西简化掉了，我们不再认为一些事是自然的，天成的，这也让我们对"天"有了不同的想法。

最早的时候，中国人心目中的"天"是超越在我们之上的，是在看不见摸不着的地域里存在着的一种神圣的实体。但是慢慢地，聪明的中国人发觉，在我们之上好像是没有什么的，只有"气"，于是就道"气"化万物，轻者上浮而为天，重者下沉则为地，这已经近似于现在自然科学的思维方式，这种思维方式消减了天的神圣，在气化理论下不再有什么"天人"，轻的物质聚合成为天，重的部分堆积成为土地。

于是"天"成了自然。自然自然，自然就是自己的样子，该是什么样就会是什么样，且因为"道法自然"，"自然"被推至极高的地位上，所有的人都应当遵循自然。儒家思想当中的"自然"还保留着某些"天"的特点，但在道家思想里，已经基本不见这种影子。在这里,"道"要遵循的自然,就是教世界原本怎样就继续怎样,言下之意是不要妄图去改变它。从美学的角度讲,自然的就是美的,那是一种最美好的状态——我一生爱好是天然,要素装,不要涂脂抹粉,要"清水出芙蓉,天然去雕饰",这样的人才能成为李太白口中的"天人",同样的,他认为出口而成的诗才是天然的诗。但实际上,李白的"天然的诗"并非没有艺术的磨炼,他确有天才,也同时累积了对前人的摹仿,于是出口而成的诗都是好诗。在此基础上形成的"天然"的灵感不是任何人都能拥有的。

即是说,当"天"演化为"天然"后,理解就开始变得困难,"回归自然"的呼号也就开始了。回归自然是西方浪漫主义的思想,在中国也很早就有了相似的概念。既然自然本身就是最好的,那么倘若我们每个人都天真烂漫,自然而然,该有多好,相较之下,儒家的那种忠君爱国、忠孝仁义的一套就显得讨厌,老子和庄子都很深刻地批判了这些思想。无论是庄子还是卢梭,甚至是海德格尔都曾提出相近的观点,他晚年主张顺应自然的东西,住在山上黑森林中的小屋里,从井中打水,生活富有诗意。他就像庄子主张的那样,不使用任何先进的工具,只用木桶来取水,摒弃当时德国一切发达的技术,只看到眼前的林中路,每天念着里尔克的诗,思考着自己的问题,展现出一种生态美学。

我曾多次提到,我们认为原生态的是好的。所谓原生态,就是让食物按照它们原本的方式生长、成熟。所以我们喜欢吃草鸡蛋,生蛋的鸡得是散养的鸡,生活在草丛里,不曾被圈禁;再好比南京的菊花脑,还有芦蒿,早先南京的芦蒿都是野生的,梗有些发紫,一掐就溢出清香,现在的芦蒿在大棚里四季如一地被养起来,清一色都是绿的,看过了野生的,再来看大棚养的,就觉得不行,失了天然的味道。《红楼梦》里的晴雯就喜欢吃炒芦蒿,由此也可判断,那"温柔富贵乡"确是南京,毕竟北京的蒿草哪里能吃!南京的芦蒿味道才好,就像只有淮安的"蒲儿菜"——即蒲草才能入口。这些和水土是有关系的,也就是说和生态有关,既然生来便有得天独厚的条件,就不要破坏原来的样貌去生活。

也就是说,庄子、卢梭乃至海德格尔,他们的主张看起来都很美,而且他们无一承认人与自然间无法归一的关系。如今的我们离开了空调就要"生不如死",身处原始森林,很可能会被野兽吃掉。当然在西方社会里也有一些和谐美好的场景,比如,法国的小姑娘蒂皮自小和狮子在一起,和豺狼虎豹在一起,和蛇在一起,像连环画里的孙悟空一样系着件虎皮裙,并如此出了一本摄影集——人与动物相处得这么好,可能吗?我还是有点儿迷离恍惚:究竟有无艺术加工的成分?狮子看到你如何能那么亲切?为什么看见你的脸而不是看见你的肉?你的肉就那么酸,让它闻着就不想吃饭?这种亲切在回归了人的天性的同时,是否悖逆了动物的"天性"。①

中国文化确实也注重天然,注重自然,这种重视涵括了两个不同的层面。其中一个是像比尔·盖茨所说的那样,把人贬低为动物——道家哲学似乎隐含着这样的想法;另一个则包孕在儒家

---

① [法] 蒂皮·德格雷等:《我的野生动物朋友》,袁筱一译,接力出版社2019年版。

哲学之中，就是对于"天"采取某种消极的姿态，以此达成"天人合一"。

儒家思想中的"人"，指的是"人类的生命"。一方面，它认为人与人的生命之间是相感相通的，是痛着你的痛，爱着你的爱，悲伤着你的悲伤的；另一方面，则是认为人的生命与整个宇宙、整个天然间亦是相感通的，于是"你问我爱你有多深，月亮代表我的心"。月亮如何代表你的心呢？因为月亮有光，可以倾泻下来。可当月亮没有那么亮，缺了一块，你的心也缺了一块吗？那是一种直觉、直感，它通过一种直接的感通代表了我的心，代表了对你的爱。月亮可以代表其他的什么吗？是可以的。因为人是自由的，而月亮是自在的，若将自由与自在结合起来，那么任何一种思想、精神都可以彼此相感相通。

正因为如此，中国文化的核心是审美。这样的审美文化内质强调人在天地之间无依无靠，但同时天地却也像是母亲的子宫，让我们在其中像个"小皇帝"。在妈妈肚皮里面的时光是最快乐的，但是我们做"皇帝"时间很短，只有九个月，这段时间，我们与这方天地间所有的感觉都是自然相通的。中国文化认为人在天地间同自然的关系就应是彼此依存，生活在天地间，吸纳它的营养，接受大自然给予的一切。这种观念也是中医的基础，我国古代的医书读来往往像是在讲一种哲学，总要说到天人合一，劝人服从自然的规律，天冷了就要多穿点儿，穿少了身体也许就要出问题。我们十分注重寒暑，有部史书叫作《春秋》，书名就显出一种对四季迁移的关切。

也就是说，中国的文化要求我们依照完全自然的方式去生活，如此才能得享天年，而若总是这样那样地乱来，很可能就要把自己的命送掉。它很多时候都在强调不能勉强，不要执拗地去做什么，而应当顺其自然，而不是西方的改造自然。所以我国古代没有出现过大规模的改造工程，最多出现过像都江堰那样巧妙地在自然之中添加上一点东西，让它形成另一种自然。

我们强调人不能变成机器人，用孔子的话来说就是"君子不器"，不能让自己变成某种器物、某种器具，庄子也有同样的思想。其实在孔子的观念中，"小人"是可以成器的，但要做君子，就不能够这样。我们很多时候需要用机器的方式来改造我们的社会，改进我们的生活，但即使接纳了这些改变，我国也惯称之为"天工"，比方说有一部专事生产创造的著作便名曰《天工开物》，明明是我们自个儿的改造，是"人工"，却要把它归因于天。艺术上也是一样，所谓"巧夺天工"，当我们的某一技艺极端灵妙，就可以比大自然做得还要好，画出的山的形貌比自然天生的还要好，写出的字在大自然中压根寻之不到。其实这么说不太对，书法在自然里有时也能够看到，像是朱赢椿老师就专注于"虫书"。他拍摄被虫子啃食的树叶，记录下来就成为一本书①。我们的文字本就是象形的，最初看到鸟兽的脚印、动物的痕迹、自然万物的规律，古人从中悟出了"天工"，于是依靠这"天工"来"开物"。但即便是"巧夺天工"的艺术，也并不意味着没有经过长时间的钻研思考，毕竟这是个"巧夺"的瞬间，十分难得，所以会说"亏你想得出"。写作中我们会讲"技'巧'"，当技艺进益到一定的境

---

① 朱赢椿：《虫子书》，广西师范大学出版社2015年版。

界,忽地就质变为"巧",那是一个技术操纵者自身无知觉地进入的领域,运动员或是狙击手也常有这样的经历,这是一种天才,是从技术到艺术的破茧成蝶的过程。

但也由于我们对于"器"、对于"技"的贬低,我国古代没有科学思维。科学思维同样需要我们建立起一种系统——正如我曾谈及的,一个特别的符号系统。它需要在符号系统的内部进行运算,以此达到某种虚拟的境界,需要朝着一个方向用力推进,直至完全脱离我们的经验,逐渐拔高,远离原本天然的世界。例如,我们使用的电脑,它的每一个部件都与天然相去甚远,这完全是我们"人工开物"制造出来的事物,是塑料,是油漆,而不再是天工制造出来的了。

再进一步,人工智能就产生了,智力被人工化,与我们的身体分离。如今的手机就好像是我们的外挂器官,和原来的身体没有关系,就算手机丢失了我们也不会死,不会痛——不过或许会有金钱上的"肉痛"——它不是你的灵,也不是你的肉,失去了也可以再买新的。

这种脱离经验的方向十分玄妙,说明即使是在自然科学之中,有些东西仍旧是现实中不能实际得见的,但是它们又能在一些希望的方向上带着我们不断向前,不断制造出新的技术和器。

第十六课　符号与虚构

自然科学中的物理、数学、化学、生物、地理等学科，很大程度上是以虚构的方式建造而成的，每一门学科都有自己的术语，或者是符号。卡西尔《人论》认为人是符号的动物[①]，这个想法很深刻，由此来看，艺术也是符号，但这种想法未能被很好地推演下去。

自然科学符号所构建的世界庞大而可怕。我们现在穿的衣服很多是化学产品，纯天然工艺的成品变得难得而昂贵，人造的、生活的骨骼逐渐呈现出非天然的质地。我们曾经调侃的"天工开物"，实际上还是"人工"。如今，我们的制造更是"人工"得名副其实，衣服里可以不是棉花，桌子里可以不是木头，这想想也是蛮恐怖的事儿。恐怖在哪里呢？这些东西是我们自己创造出来的，是用符号系统建构出来的，即是说，如今我们身处的是一个自己用符号改造后创造出来的新世界，简单来说，是虚构的世界。这只杯子是实在的吗？构成它的原材料不是野外的一根木头，不是灼烤过的一块泥巴，是人工合成的塑料。这东西自然界里原本

[①] ［德］恩斯特·卡西尔：《人论》，上海译文出版社1985年版，第35页。

没有，因为人希望它存在，才有了它，这就是一种构虚——我们正切实地感知到真实世界，可是其来源却是"虚"的。

非天然意味着一系列符号的运算，而符号的运算，永远离不开数学，根本上，一切的自然科学与社会科学中包含的最重要的科学就是数学，它是哲学中的哲学。即是说，我们正身处一个由数学推演而出的世界。人工的世界以符号为基，而最高级的、最重要的、最根本的就是数学符号。我们以此立足，推演出众多的符号体系。在谈及"出神入化"的话题时，我认为它最终要抵达的是凌驾于想及思考之上的、超越躯壳感知的不可思议的境界，而数学就恰好可以触及这样的境界。在那里，无理数、虚数这样魔鬼般的重要概念接连出现。

数学思维的重要性我留待之后详细说明，先谈谈这种"不可思议"。为什么说数学在很大程度上超过了哲学？因为哲学观想"不可思议"，而数学计算"不可思议"、解析"不可思议"，甚至，数学的进步必将在物理学、化学、生物学等学科的发展中引发连锁反应，于是——制造不可思议。不可思议，意味着进入一种虚妄的领域，以智慧造物——也就是我方才所说的构虚。之所以强调这一点，是因为在以往的观念里，自然科学同人文科学是敌对的，或者至少是极为不同的。但实际上，这两者在本质上存在重要的共同点，这个共同点即是"巧夺天工"。自然科学很好地展示了"夺"字，生产方式被改造了，饮食习惯被改造了，动物成为动物机器，连植物也被改造为转基因的。从前"人工"对"天工"的渗透尚算潜移默化，但科技革命以后，这种改造更加根本、迅速和惊人，"巧夺"的强劲势头隐隐有着向"豪夺"进发的趋势。

通常来讲，我们习惯根据符号本身的性质及形成的方式来进行分工，但或许，符号的划分还有另外的方式。若是我把化学看成不完全发展的生物学，用生物学来规定化学，可以吗？若是想要尝试将植物与动物进行嫁接，又会如何？这种带有后现代意味的想法同中国的巫术思维十分相似。小时候我看《天仙配》，发现在中国神话里，植物、动物、无机物或是人与鬼神之间从来不是泾渭分明，比如土地爷爷、太阳公公、花魂仙草、牛头马面，或是无机物生物化、植物动物化、动物拟人化、人妖魔化。艺术创作以现实为依托，现实世界则以科学符号为组分。虚由实中出，实自虚中来。自然科学与人文科学以同样牢固、复杂、精细的符号发生共鸣。

我们讲美学智慧，这是一门想象力占有重要地位的艺术，而想象力从根本上与我们的虚构能力紧密相连。虚构，应以何处为起始？拿什么来构造？有人说这很简单，自"无"而始，无中生有，相较之下，"有中生有"的创造永远要低上一个层级。这话没有错，自然科学也有无中生有的时候。我们计数，要数1、2、3、4、5、6、7、8、9，到了10，这一位的数字就要开始重新循环，这是十进制。如若切换成二进制，系统里就只有0与1。《周易》中的"阴阳"理论采用的就是二进制的方式①。通过思维的抽象，符号的循环实现了认知的前进，有限的变化构建出无限的世界。"无中生有"与"从0到1"无疑有着相似的机制，这也是创造最困难的环节，而一旦混沌初分，一旦有了光，世界就要"一生二，

---

① 杜君立：《现代的历程》，生活·读书·新知三联书店2016年版，第17页。

二生三,三生万物",一如数出"1"后自然就有"2",有"3""4""5"……

于是我们得知,原来自然科学有时候也合乎神话的寓言,符合创世的想象与冲动,同样要自"虚"中来,同样需要"无中生有"的灵感。自然科学以符号创造,而符号由人创造,以数学符号为根,推演出不同的世界:声光电的物理世界、酸碱水的化学世界、天地人的生物世界……康德"科学中没有天才"[1]的论点如此看来有些过分,我们有理由相信创造冲动从来不为艺术家所独有,纯天然的世界在亚当夏娃"相认"的一刻就消亡了,人工的世界无论在美学艺术还是自然科学领域,都为冲动及其创造的符号所推进。

或许有人要在此驳斥我道:我们的吃穿用度,所有的一切确是自然科学创造的,但实际这种创造只能叫制造,这些手段终归可以被技术化。然而,我要说的是,即便如今李白的诗、王羲之的字和曹雪芹小说的叙述模式都已经被机器习得并制造出复刻品来,也无一人质疑李白等人是创作的天才。同样的,自然科学也不应因技术化大生产而被磨灭理论推演之初的灵性。我们谈美也常要用到逻辑学,而这便是科学推演的最重要形式,从生物到基因,从基因到符号,从符号到更加抽象的东西,从合理到不可思议,直到再不能符合逻辑的节点仍要以虚构的方式继续向前推进,人力有不逮的,还要让机器来继续,如此一往无前,势不可当。

---

[1] [德]康德:《判断力批判》,邓晓芒译,杨祖陶校,人民出版社2002年版,第1€2页。

当然，虚构和想象力的概念被论及，多在人文学科——或者说是在审美的范畴之中，这是艺术创造的特征，是审美活动的组分。而人的艺术创造同样需要依靠符号。音乐有符号，Do、Re、Mi、Fa、So、La、Xi，纠缠出旋律；绘画有符号，西方认为是线条，中国的"一画论"则认为是起一成文的"一"①，由此铺陈开来，控制、切割、重组；文学自然更是如此，语言与文字都是它的符号。

符号的创生与使用是必然的，但符号本身却是多元的，譬如中西方在符号的选用上就往往存在差异。这首先体现在文字符号，还有记录这一符号的手段及工具。中国最早用刀来刻录甲骨文，后来惯用软毫制成的毛笔。西方则从鹅毛笔到铅笔再到钢笔，始终是硬笔的体系。或是正因这个缘故，西方人才早早有了线的观念，绘画符号上也与中国有了不同的偏重。此外，西方的绘画讲究色彩搭配，而中国则更重视浓淡的过渡与墨迹的走势。音乐也是这样：宫商角徵羽演奏不出交响乐，Do、Re、Mi、Fa、Sol也奏不出《文王操》②。

艺术的门类实在太多，大门类下又有分类，音乐之下的歌唱、演奏和舞蹈，造型艺术之下的雕塑、建筑和绘画，以文字为依托

---

① 石涛《苦瓜和尚画语录》第一章有言："太古无法，太朴不散，太朴一散，而法立矣。法于何立，立于一画。一画者，众有之本，万象之根，见用于神，藏用于人。而世人不知，所以一画之法乃自我立。立一画之法者，盖以无法生有法，以有法贯众法也。"石涛：《苦瓜和尚画语录》，周远斌点校纂注，山东画报出版社2007年版，第3页。

② 《文王操》：古琴曲，已失传。《史记·孔子世家》记载，孔子向师襄学琴，所学之曲便为《文王操》。

的文学、书法和演讲，跨门类的戏剧、电影电视……如此众多的艺术符号是在什么情况下出现的呢？

我们都读过安徒生童话里的《美人鱼》，人鱼爱上了她所救的王子，却被规定不能说话，无法倾诉。鱼通常来讲是没有发声器官的，会说话的鱼就成了妖——我们很难想象在水里叫的鱼。美人鱼的暗恋具有普适性，热烈张扬的不叫暗恋，暗恋是寂静无声的欢喜，最真挚、最纯洁、最美好的情感依托于无声的表达。语言的符号被禁止了，于是我们开始搜寻此外的种种形式。比如跳舞。鱼能不能跳舞？原本也是不能，但她舍弃了尾换来了腿，决绝地离开海岸再不复返，这是一种挣扎的生命的舞动。我们都见过杀鱼，第一步就是要破鳞，把鳞片尽数刮掉。这个时候的鱼还是鲜活的，它在刀下进行着剧烈的舞动，在痛苦中舞蹈，在舞蹈中死去，这其实与小美人鱼是一致的，浓烈的爱与浓烈的绝望同样灼烤表达的冲动。

电影里常有坏蛋把人绑到空旷野地的黑屋子里，威胁他说："你叫，叫吧，叫破喉咙也没有人会来救你！"这桥段之所以屡见不鲜，就是因为它实在是恐怖的一件事儿，想想看，这意味着你只能任他凌辱，任他宰割，一切的愤怒、恐惧、绝望、痛苦都无法传达。美国曾把战俘关到靠近古巴的关塔那摩，那是一个空悬海外的基地，这些战俘就处于这种境地之中，与人间隔绝。有人将其称为"切除术"，这是一种意义切除，或许你本来很英勇，无论是严刑拷打还是威逼利诱全都抵抗得住，防守得密不透风，但是在这里你被与一切隔离了，不会有人知道你的英勇、你的无畏、你的坚持、你的存在，抵抗也好，顺从也罢，你所做的一切都变得没有意义，这个世界从此接收不到你的声音。很多艺术就是在回答这样一个问题：当面临绝望的境地，当叫破了喉咙也没有人听到的时候，我还要不要叫？想不想叫？它的答案是肯定的，坚定的——我要叫！直到我死去！这就是抒情的需要。没有人听到，没有人去听，那么我对谁叫喊，向谁质问？对天，对上帝——你这个坏东西，原来好好的，怎么现在变成这样了呢！这叫天问，是对天的追问，是天大的问号，是不顾一切的表达，这就是艺术冲动。

艺术与科学同样以符号构建世界，也同样向着不可思议的领域一往无前，它们的差别只在于：科学符号大多最终创造出实在的物，而艺术符号所制造的仍旧是一个虚拟的空间，而这实在的物正是虚拟空间的支撑，两种虚构由此勾连。比方说要进行钢琴演奏，总要有人制造钢琴，总需要一个庞大的工厂，需要非常繁复的生产手段和精妙的机器；要画出画的神韵与意境，就必得有好的宣纸、好的墨、好的笔、好的桌案。可很多艺术家总是自欺欺人、忘恩负义地把这一点忘掉。艺术的表达已经离不开强大技术世界的支持，哪怕弹古琴，也要依靠科技将曾经的琴弦复原出来，这两个世界早已彼此相携前行。

这就是科学与艺术彼此相通之处，但它们同样存在着更多不能互通、泾渭分明之处。

第十七课　数、图无限

我们认为一旦与天告别，人就站起来了，这是受到了进化论的影响。当人成为人的时候，就与天分离开来。"天人相分"①这种观念来源于西方自然科学的方法，很不幸，就像我之前所说的那样，在中国几千年的历史和科学文化中，独独缺少这样一种自然科学的思维方式，我们应当意识到这个事实。我们需要认清东西方这两种思维方式之间的差异。

西方思维的核心是数学，正因为具有数学的方式，西方的哲学才得以蓬勃发展。柏拉图学院门口写有"不通几何者不得入内"，因为不懂得几何的人是无法进行推理的，而不借助推理逻辑就无法逐层推进最终达到预期目标。同学们都进行过平面几何的训练，很多时候，当我们写下"证毕"二字时，心中明白透亮，推理确切无疑。因为经过一环扣一环的推导，才终于导向了最终

---

① "天人相分"：自德谟克利特提出"原子论"，创立了西方古代物理学之后，就把天地人分开研究。从那时起，物理学一直被认为是研究无生命自然界规律的科学。柏拉图首先提出了"主客二分"的思想，明确区分主体与客体、人与自然、思维与存在、精神与物质、现象与本质、时间与空间，并把两者分离、对立起来分别研究，从根本上是天人相分的研究方法。

的结论。柏拉图认为，如果人能够习得几何学的推理方式，得出的道理就将是颠扑不破的，也就不再需要老师教授了，而是可以凭借着自己的内心一步一步推演完成——数学使人进入了玄妙的世界。①

在数学中存在一种"无理数"，英文为 Irrational number，顾名思义，就是当我们推理到某个地方的时候，发现这个数字没有道理好讲，它不再按照理性的法则来，无法除尽或是被正常开方；此外还出现了"虚数"，英文 Imaginary number。这是17世纪数学家、哲学家笛卡儿发现的，以为是纯属虚幻的数。高等数学中还引入了极限，这些概念也同样令人害怕。于是我们才说，数学不是哲学，但它比哲学更加哲学。

值得特加注意的，所谓"无理数"，是从几何图形中"唤"出来的"怪物"。而"虚数"作为"既不可捉摸又没有用处"的数，乃是"想象中的""图形中的"，笛卡儿正是在此意义上使用这种数的，强调只能在几何中理解。这样，数与形之间，呈现出特殊的关系。这在哲学上、美学上都具有特别的意义。

有一次我与一位数学系的教授闲聊。他问我："他们都说《红楼梦》很伟大，它真的伟大吗？"我回答他："《红楼梦》确实伟大，就像数学里出现了虚数，所以它很伟大。《红楼梦》里也有虚数，比方说太虚幻境，以及其他很多不可思议的东西，所以《红楼梦》是中国文学中伟大的作品。"数学系的教授听了觉得很有意

---

① ［古希腊］柏拉图：《理想国》，刘申丽译，台海出版社2016年版，第289—290页。

思。数学和文学中确实存在可以类比的地方，甚至可以互为密码，彼此解析。一种思维方式不断进展、进展再进展之后，必然会遇见极度难解的关节，而解决这种难题就需要引入新的工具。

然而，正如我很多次提及的，相较于文化领域，中国在科学方面长久地缺乏这样的"虚境"，缺乏知识学和先验综合的传统。为什么自然科学没有在古代的中国蓬勃壮大？就是因为智慧的中国人，缺少了数学思维。《周易》也讲"数"，但那实质还是一种算术，古代有算术，而没有数学，计算能力与数学思维之间存在不可逾越的天堑。①

有段时间我为了女儿的学习也看了很多高等数学或是数学哲学方面的书，发现数学书编得不太好，它把代数与几何搅和在一起，很多数学思想都因此变得混乱。德国数学家克莱因曾写过一本《高观点下的初等数学》，书中提出应在高等数学的观点下开展对初等数学的学习②，如此，掌握初等数学便易如反掌。20世纪日本的矢野健太郎在《几何的有名定理》中也很好地接纳了这一观点。中学的物理课本开篇便讲光学，这怎么能行呢？光确实是最常见的，但它也是最难讲的，是波粒二象性的，这应当如何去讲？大学的教材存在这样的通病，总以"做题目"为中心。

数学是有思想的。我建议文学院开设一门叫作"数学思想史"

---

① 释《周易》者分为象数、义理两派，窃以为象数派在一定程度窥见符号中蕴含的数学意识。参见骆冬青：《"一画"论——汉字"指事先于象形"的美学理据》，《南京师范大学学报》2020年第5期。

② [德] 菲利克斯·克莱因：《高观点下的初等数学》，舒湘芹、陈义章、杨钦樑译，复旦大学出版社2008年版。

的课程，以期掌握那种层层递进的数学思维，学会站在高处看低处，了悟"一览众山小"的学习方式。其实，小学的算术，从代数的角度可以顺利地解决。如何直接跳过小学数学的算术阶段，以代数方程能够轻易便捷地解决算术上的一切问题？或许值得重视。小学教育一度推崇奥数，实在是很奇怪的现象。学习几何也是同样的道理。当年我的初高中时代数学都是看书自学的，对于数学学习有着很深的体会，因此我切实感受到，我国的数学教育存在着很大的提升空间。不仅是数学教育，任何一门学科，没有知识学的体系，必将无法维系长远的发展。以我们自身来说，中国现存的古代文论，断简残篇，大多都是不成体系的，《文心雕龙》算是其中体例较为明确的，但严格来说仍不是完全的体系性专著，因此文艺美学很大程度上并未自文学、哲学甚至政治中独立出来。

数学思维蕴含人类思想的大奥妙，以神奇的方式将我们推入一种玄冥的境地，推举着人的思维不断冲破极限，不断向前、再向前，向上、再向上。这种思维方式与计算机的运作是不一样的，计算机只能进行平面的推算，无法实现跨境界的思考。有位数学家曾说，自己永远都有事可做，因为他将不断地潜入思维的深处，不断接近那种深邃高玄的境界。有一名华人学者曾说，每当解决一个十足困难的问题，便觉"落花人独立，微雨燕双飞"，这就是由思维的推演实现了境界的跃迁。支撑自然科学发展的，正是人对无限之无限的不服，是即使知道存在一个"无穷大"，也仍旧毫无惧色，一往无前。

这"无限"正通往玄冥之境，因为无限意味着荒无人烟，再往前走，就将是玄冥之境。在这里，人面对的是无理的、虚幻的东西，面对的是复杂的、层层叠叠的永无止境的追求。在自然科学之中，我们发现了很多"不可能"，譬如"阿罗不可能定理"[①]；很多"不确定"，比如光的波粒二象性以及量子力学；还有"哥德尔不完全定理"，所有体系都不可能完全，总有些东西将超出原本的界限，成为前进的指引者。这些"不可能""不确定""不完全"并不意味着"不行"和"错误"。若是在初等数学里不行，那就创建一个高等数学的体系解决；高等数学不行，就再构造一个超等数学。西方自然科学最值得我们尊重的就是这种一步一步往前挪移的精神，人的能力不但要实现自我超越，还要胜过天，胜过不断征服天之后看到的天外之天。在这一点上，文科的学生要读一点自然科学的基本书籍，文科也能学数学，只要找对教材，有了好的指引，就能生出热爱与动力。

自然科学中包含着众多对"不"的克服，这其中的一些被称为悖论，而当遭遇悖论，美就开始产生了。美是从悖谬中破茧而生的，"悖"是逻辑上的不相容，"谬"则指意义上的不契合。当我们感受到这种互不相容的境界，美就产生了。自然科学发展到极致时，必然与美产生关联。我小时候曾看过《哥德巴赫猜

[①] "阿罗不可能定理"：由诺贝尔经济学奖获得者肯尼斯·约瑟夫·阿罗于1951年首先陈述和证明。在他的《社会选择与个人价值》一书中，采用数学的公理化方法对通行的投票选举方式能否保证产生出合乎大多数人意愿的领导者或者"将每个个体表达的先后次序综合成整个群体的偏好次序"进行了研究，并得出了"不可能"的结论，即当至少有三名候选人和两位选民时，不存在满足阿罗公理的选举规则，亦即：随着候选人和选民的增加，"程序民主"必将越来越远离"实质民主"。

想》——那已是很遥远的记忆。徐迟这篇20世纪70年代末的报告文学讲述了数学家陈景润证明哥德巴赫猜想的过程，用了很多美妙的比喻和诗意的意象，表现出陈景润对哥德巴赫猜想的思考。这种文学性的叙述很容易叫人"上当"，至少我就是这样，从此拼命地学数学，想要成为下一个陈景润。我至今仍旧认为数学是最有魅力的学科，它使我们的头脑不断由悖论的支撑点向更高的境界攀登，并在这一过程中学会创造。我们发现，每当自然科学的某个问题无法解决时，就会出现新的体系，譬如在平面几何的基础上产生了解析几何，而几何又发展出拓扑学。在合理与不合理、已知与未知的不断翻滚中，我们进入了创造的境界。

虽然不是很情愿，但我们不得不承认，自然科学的创造比人文学科要多得多，而很多时候美学的进步是受到了自然科学的刺激，毕竟我们眼睛看的、嘴里吃的、耳朵听的、手里拿的都是自然科学的创造物。技术在不断革新，新到超出我们的想象。前面我也谈到，本来以为人文学科或者说社会科学足以为自然科学"道夫先路"。但实际恰恰相反，往往在想象之前，自然科学已经将新事物创造出来，完成了技术的更新换代。俗话说得好，"火车跑得快，全靠车头带"。一直以来，人文科学似乎缺少了这样的一个"车头"。那么，自然科学的"车头"是什么呢？是数学，是这样一门超越了哲学的学科，是克服了似乎难以克服的困难的学科，是拥有无限追求的学科，是能够层层叠叠不断向上推进并创造新境界的学科。正是因为有这样的学科，人类才能勇往直前。原来我们只能想象孙悟空翻跟头，后来造出了飞机、宇宙飞船，我们才把孙悟空的跟头从想象翻进了现实。

在西方观念里，"人"是想要超越"人"的存在。我们不甘于简单做个人，希望超出原本的人的极限，不断向上超越，海德格尔对此进行了很好的阐发。而超越人到了极限就成了神，成了上帝。这就是通常说的"僭越"，指人超出了自己的本分。"僭越"这个词本身彰显了等级制度的存在，古代人穿的衣服有布料、质地及颜色的区分，吃的食物也有区分，所谓的礼乐文明就是把人们的衣食住行都规范化。如果到北京故宫去参观一圈，体会可能会更加深刻，因为只有皇帝待的地方才是富丽堂皇的，而其他诸如军机处的办公场所都是很小的。

即使是在西方的观念中，人如果把自己当成上帝，也是犯了僭越的罪过——怎么能妄想做上帝呢，上帝是无所不能的，也是无限的。如此想来，自然科学也是无限的。那么这两者是不是能够等同起来呢？上帝造物，科学也造物，特别是随着生物科技的成熟，人不但能够通过转基因技术改进物种，也可以造出"人"，等到这样的技术进一步发展，能够造出人与其他动植物杂交的新物种，或者把生物芯片"杂交"进电脑，制出具有肉身的机器，那就更加可怕。但自然科学本身无限的冲动是很难抵挡住的，我们面临着生物学与伦理学胶着的极大的困难。西方认为人是上帝的造物，因而上帝面前人人平等，可如果把这种假设去掉，即以上帝不存在为前提的话，这种平等还存在吗？自然是不是就要"适者生存"呢？这是个无解的难题，因为全世界不同人种的宗教观念各不相同，每个人对这个问题的想法也不一样。很多西方人的头脑里仍存有上帝的观念，但另一部分人已经在自然科学的蓬勃发展中淡化和消除了这一印象。西方文明视域下的自然科学飞速乃至疯狂地发展，最后的结局还不得而知。

人超越了人，这种"超越"很大一部分就来源于自然科学的发展创造，它把人推到了全新的历史阶段。尤其是对中国人而言，我们的生活形态与两百年前截然不同，甚至同五十年前、三十年前都有很大的差别。自然科学使得人类的想象、头脑、思维不断地进化再进化，在无限的追求中超越了人，于是超人感觉——即美感出现，我们开始"惊为天人"。这是西方美学的创造，是基于无限追求所必然产生的东西，也是中西文学最大的差异，因此我建议大家多读一些西方文学的诗歌与小说，它们展现着不断向更高深处追求的冲动。中国文学中当然也有对无限的追求，但相较而言，我们的冲动远不及西方那般深入、细致和强烈。基于两者文化的不同，我们产生的感觉是很不一样的，在文学上尤其如此。

之前我说过，从美学上讲，中国对于天人关系的认知往往停留在"天人合一"，这意味着我们看不到"天外有天"，西方就全然不同，他们对"天外天"的追求从未止歇。比如在引入虚数的时候，他们就构建起了一个全新的系统，就在这样的不可能、不确定、不完全中向外拓展，开辟出天外之天，让视线所能及的"天"不断后退，不断发现新的"天"，延伸出几重天来。中国古代也有几重天的说法，但那依然是对"天"本身进行的划分，而没有超出天外，因此"天"是永远不变的。正所谓"天不变，道亦不变"，而人在不变的天道之下，就要皈依自然。"皈依"是个宗教名词，指的是把自己完全放下，回归到自然的状态。由于中国人崇尚道法自然，因此回归自然的状态就是最好的状态。我曾说，中国文化惯用"樱桃小嘴""杨柳小腰"这样的自然物比拟美人,这就表明我们所想要成为的"天人"是天生的、天真的人,强调自然本性的天真烂漫。另一方面,我们的文化也强调"天生我材必有用",我们所有的才能都是上天赋予的,因此人很难有超出自然的实力,所以中国古代只发展出了技术,而没有发展出科学。

李约瑟的《中国科学技术史》写得很精彩。这本书从中国文化中最重要的东西"汉字"谈起——汉字在中国文化中起到了至关重要的作用,这一点毋庸置疑。汉字从中国源起,扩散到越南、韩国和日本等地,形成了一个庞大的汉字文化圈。日本现在同时使用"漢字"与假名,且假名之中为数不少的部分都源自汉字的草书;韩国为了脱离汉化,把首都的名字从"汉城"改成了"首尔",并废除了汉字体系,但韩国现在使用的拼音符号似乎并不能解决文化传承问题,仍有许多人在起名字的时候专门去汉字里找些不常见的来用,这说明无论是日本还是韩国都没有摆脱汉字文化的影响。[1]汉字是一种文化的符号。但语言文字符号的差别对于自然科学的意义远没有社会科学来得大,因为自然科学自己也创造了一种符号用以运演——这里的"运演"是我生造出来的词,即运算和演算,它同时关系到代数与几何。当我们使用这种科学独有的符号,比如"X"及"Y"来代替数字进行演算的时候,人类思维就达到了一个更高的层级。

古代中国正是缺少了这样的层级,而停留在技术层面的理论

---

[1] 李约瑟:《中国科学技术史》第一卷,科学出版社、上海古籍出版社1990年版,第26—39页。

极易上升为艺术，比如，我们的衣食用具很美、绘画很美，以及最重要的——我们的字很美，书法很美。字写得这么美意义何在？字好看才显得有文化。于是在这种"字如其人"文化心态的影响下，我们的书法越来越好，好看到一种高妙的地步。换言之，中国文化中的书法已经上升到了很重要的哲学层面，所以日本把中华书法称作"书道"，即书写之道，上升到了形而上的层面。曾有书法家去日本时发现日本人跪坐在地上看他写字，他们为什么要跪着呢？这是日本人普遍的礼仪。那又为什么要看着他写？为什么要关注书法家的行为？因为所有的思想感情、所有的人格风骨都在书写的过程中展露出来，于是行为本身成了一种艺术。

有一次成公亮先生在南京开古琴音乐会，我慕名前去。说实话，看到本人的一瞬间，我很失望，只觉这个男人的气质很像以前生产队里的会计，没一点仙风道骨。这样的人怎么是古琴大师？但当他开始弹琴的时候，姿态、形容、资质，全都不一样了——他的手好美啊！弹琴的时候，他的手首先发生了变化，令我这不太懂琴的人，也不自觉地将全部注意力集中在那双手上。这也是一样的道理，艺术行为本身成为一种艺术。

成语"庖丁解牛"讲的是刀在牛的骨肉中游走，"恢恢乎"而"必有余地"，这就是技术成为艺术的典型例证。我们看到球类运动的比赛中常有对进球镜头的重放，这也是因为这一行为本身内蕴的技术妙不可言，上升到了艺术的、美的层面。

那么，怎样让技术成为艺术呢？有同学说："首先要熟练技艺，然后进入一种忘我的境界。"是的，先要"有我"，而后又须

"忘我",按庄子话说就是"以神遇而不以目视"①,即便看不到刀在牛的身体里游动的轨迹,也仍然可以做到批郤导窾,游刃有余。游刃有余其实就是说有缝的地方就要去钻,庄子"太坏"了,简直是一个钻空子大师,那把刀一直在空当处游走,还能始终留有余地,没有碰到经络和骨头。当刀从牛的身体里出来时,完好无损,牛却被解构了,变成了一摊软肉。想要做到这一点,光"忘我'还不行,还需要一种相当灵妙的境界。牛还没被剖开,怎么能看到它身体内部的东西呢?所以要"以神遇而不以目视",目就是眼睛,神就是精神,不以肉眼去看,而是凭借感受、凭借全部的精神在牛的身体中游走。我们也可以把这句话当作"以灵感而不以目视"——用灵来感受,似乎比"神"还要更高一个档次,这并不是一种确切的把握,而是不确定的灵感,是凭借肉眼所不能及的余地。并不是所有的"熟"都能生出"巧"来的,"巧"要依托一种灵机、灵感,手在牛身体里游走的刹那就是身体和灵感高度合一的时刻,只有一个人的"灵"有所"感",肉体才能为之牵扯行动,形成一个几乎完美的过程。这样的境界从现象学上来讲,就是身体成为我们的精神器官,身体的每一部分都充满了灵性。

即是说,按照事物本身内在的规律发展出的艺术,可以让人"养生"。在解牛的过程中,无人为庖丁伴奏,也没有人教授他舞蹈技巧,但他的动作却自然而然地、灵动地与韵律切合。事实上,

---

① 《庄子·养生主》:"方今之时,臣以神遇而不以目视,官知止而神欲行。"郭庆藩戡:《庄子集释》,中华书局1961年版,第125页。

很多舞蹈的动作都是从日常劳动中演化而来的，这也可以为庄子的这种想法做佐证。这一篇在《庄子》里就叫《养生主》，这个题目有些奇怪，其实，《庄子》七篇的题名都有些特立独行的味道，譬如《齐物论》，或是《逍遥游》。"养生主"就是倡导养生，让我们在任何时候都以优雅的节奏、优美的姿态来度过美好的时间。庄子心目中养生的"天人"在碰到任何状况时都能做到像这样"钻空子"，游刃有余地保全自己，一生安泰。若想好好保养，就要重视人世间的规律、合乎"天人合一"的要求，只有掌握、顺应了自然规律才是"养生主"。

前面谈到，中国古代文化，从儒家到道家，再到中国化的佛教释家，都对天抱持一种高高仰视的态度。可既然如此，为什么中国古代文化中依然没有很强的鬼神观念呢？诚然，中国的神坛上供奉着各路神仙，有佛祖，有玉皇大帝或是观音菩萨，甚至有孙悟空、猪八戒和关公，但总体态度依然是"敬鬼神而远之"。中国有句古话，叫作"敬神如神在"，这就很好地解释了儒家的心态，所谓"如"就是"像"，神的存在是一种假定，而不是事实。按道理，天才、天神、天工……天上的一切都该和我们人间存在很大的不同，但无论是道家还是儒家，对此都早早采取了一种实用主义的态度，这种态度后来被叫作"实用理性"。我觉得很有道理。所以，我们"敬神"，只是"如神在"，这就表明中国人并没有像西方人那样坚定"超人的存在"或是想当"超人"，而是认为人本身自然就是万物之灵。中国对于"神—人"关系的界定观念与对"天人"的理解有着密切联系，我们希望做天然、天真的人，而非胡乱改造自己，身体发肤皆受之父母，不得随意损伤。外国人在身上随意打洞或文身，这在中国就被认为是很不可取的。这说明中国文化中存在着一种精神与肉体合一的要求，这能让人领会到现世的审美感受。然而，从另一个角度讲，缺少了一种超越无限的追求。

电子计算机，似乎归结为"计算"、数学；电脑，则似乎蕴藏着人的整个智力体系。那么，回到开端我们讨论的，数学中，"形"，图形，图象，image，表现出人类对空间的"想象"；而"数"，数"字"，代数，则是以特别的"文字"进行运算。当数"字"，或曰"数码"，进入"电脑"的运演，则出现了"人工智能"。数字、文字，演化出图象。世界是一切发生的事情①，维特根斯坦说的话，在电脑构成的世界中，无疑创生出虚拟的图象。这种图象与人脑中的"想象"，也就具有了某种相似性，虚拟世界亦为世界的重要部分。文字的世界中，数字或者概念文字，乃电脑世界的重要基底。我想，汉字作为一种直接表达"象"的文字，若将来成为电子智能的另一种程序语言，则数与形、字与象的关系必将生发出别样的创造力。

当然，这需要首先在数学智慧的文字学转向上另辟蹊径。

---

① ［英］迈克尔·莫里斯：《维特根斯坦与〈逻辑哲学论〉》，广西师范大学出版社2022年版，第13页。

第十八课　破而后立

　　人在制造智能机器人时，存在两种截然相悖的思路，一种是打造"执行机器"，另一种是铸就"情感机器"。

　　小时候我们读《钢铁是怎样炼成的》，这本书在中国的影响很大。这里的"钢铁"指的是钢铁般的战士，在意志百炼成钢的同时，他人性中某些重要的东西也在锻、炼中消散。书中那个名叫冬妮娅的小姑娘俘虏了很多人的心，有篇文章就叫作《纪念冬妮娅》①。保尔·柯察金与这位可爱的姑娘有着阶级上的差别，后来这所有的一切都成为他必须克服的东西。钢铁是怎样炼成的？要炼掉心里面软弱的、所谓小资产阶级的情调，剥除、灼烤、灰飞烟灭，钢铁才能炼成。

　　如果要塑造最听话、最安全、最能完美执行命令的战斗者，最好连血肉也全部炼化，即以机器制成真正的钢铁战士，换上个亲切些称呼便是"钢铁侠"，最好还能同时是"变形金刚"，可以依据需要不断改换形态。机器人核心中枢的钢铁律例便是严格地执行命令，如今或许可以更加具体地成为电脑指令——它们可以

---

① 收录于刘小枫：《这一代人的怕和爱》，生活·读书·新知三联书店1996年版。

成为完美的杀人机器，在命令执行的过程中不会有一丝丝犹豫、一丝丝软弱、一丝丝心软，不会在意对象的美与丑、好与坏，肢解一切情感，只留下钢铁般的理性与冷静。电影中这样的角色常被认为很"酷"，冷静到极致的帅气就成为冷酷。他极致的理性令你生出一股凛然的寒意，叫你的血肉之躯感受到紧贴没有心的钢铁造物的冰冷。如果我们要消灭一个人身上的弱点，就得把情感挖掉。以此想法为基，一部分人认为智能机器人的发展应当以完美的命令执行机器为目标。

与此相对的另一种想法，则希望制造出的机器可以无限地与人接近。我希望我的生活机器人对我好一些，再好一些，最好能更爱我一点，但同时它应当又不会记恨与抱怨，对我绝对的忠诚。我们若是在伤心的时候正巧碰见心爱的人，即便悲痛已经压制下去也要委屈起来，好好哭上一场；一旦撞见的是非常讨厌的家伙，你看到他还想哭不想？不想了，心说咬碎了牙我也要绷住，在他面前千万撑住了、站直了、别趴下！我可以在冬妮娅面前哭，在保尔·柯察金面前却千万不能，他那么冷酷无情，对他哭可不要太糟糕，抛了媚眼给傻子看，兴许还要吃一顿意志软弱的瓜落；但我到冬妮娅那里哭，我就能得到一个温暖的怀抱。我们的情感都有这般共通的选择倾向性，而若是将这些反应总结成固有模式，设计建模，就可以通过预设反馈方式和情绪判断模块使机器模拟出仿真的情感特征。如此，我们就制造出一种"情感机器"。

在这种功能之下，机器可以表现一切人所具有的情感。它甚至可以在更广泛的学习中对一切反常的情感处理模式进行完善：能够抑制悲痛，假作平静或是喜欢，能够如同《世说新语》中描写的那样,淡定自若地赢了棋,却在起身告辞之时高兴得把鞋跟都踩断①。这种预期的发展前景,意味着"理"的造物向"情"的领域进军,科学的虚境开始浸染艺术的虚境,于是"超人"的机器人在我看来成为一种麻烦的存在,它让我们开始丧失对审美创造的绝对的自信。

人类用科学与艺术的方式建构世界。在这一过程中,虚构取代了自然引动世界的运作。起初,艺术虚构世界的能力较之科学更强大一些。每个古老民族的历史都经过以神话、宗教的形式诠释世界的阶段,这样的想象后来尽归艺术的范畴。我们走过了非常艰难漫长的时间,终于感觉到:原来上帝可以死去,人可以活得更好。在人的主体性、人的知识被认可为改造自然的切实力量之后,科学的话语权终于勃然壮大,势不可当地吞并衰落的艺术领地,"和平演化"艺术的形式。譬如现代社会新兴的电影、电视和电子书,就将艺术的造物通过电脑变成"比特",虚妄的不再单单是其构建世界的手段,还有它的存在方式本身。

我们曾以为艺术家非常了不起,认为艺术所构建的世界是非常完美的世界。后来我们意识到,在这个世界的特质中,"虚拟"较之"完美"有着更高的优先级,且这种"虚拟"难以如自然科学般在不断推演前进中构造出"现实"。大约在20世纪,科学开始了它的"吞并",人们发现艺术可以被演算、被模式化。现在我们说"中国故事",包含的意思就是以故事的方式构建话语,它意

---

① 《世说新语·雅量》:谢公与人围棋,俄而谢玄淮上信至,看书竟,默然无言,徐向局。客问淮上利害,答曰:"小儿辈大破贼。"意色举止,不异于常。见刘义庆:《世说新语》,中州古籍出版社2017年版,第163页。

味着"讲故事"作为一种话语模式、一种意识形态进入我们的生活。陈平原写过一本书,书名为《中国小说叙事模式的转变》①,讲的就是这样的中国故事。西方的叙事学也发现了同样的问题,并从共时性与历时性的双重向度阐明了叙述的结构,探究其行动序列,从结构主义中来,找到解构故事的方法。这或许是一场"祛魅",我们由此发现,人类能讲的故事其实很少、很简单、很无趣,就像光秃秃、坑洼洼的月亮,这种理论讨论的是讲故事的规则问题,所有叙事在此都被归结成某种模式、规则和程序。20世纪80年代,叙事模式风靡一时,而如果要分析模式化的作品,文学理论家就该滚蛋了,合该科学家上场,科学最擅长的就是处理模式。

在数学上,建模是个常用概念,可一旦将之移栽到语文中来,就令人厌恶。前些年,学界曾有过对语文教学建模的探索,要把文字的阅读与使用模块化、模式化,然后千篇一律地掌握它。这就是把学生的头脑当作空调的外壳,拿来这个厂家生产的机芯,那个厂家生产的压缩机,按照固定的凹槽把这些不同的模块结合到一起,就宣称完成了传授语言的能力。在这般样式的教学中,人本身也逐渐建模化,学一点经济、学一点政治、学一点数学,再来点"全面发展"的作料——音乐,每个人的配比都一致,谁也不比谁在哪一科上多学一小时。实际上,单一的模子制作出的不是"百科全书式"人才,而是滞销的"印刷品"。同样的,用理工科的方法来分析叙事也令我非常反感,即便由此促成了文学作

---

① 陈平原:《中国小说叙事模式的转变》,北京大学出版社2010年版。

品的井喷式创造，文学的领地被严重地侵犯、侵占、玷污了，这是一种被殖民的繁荣。从此金庸的故事里只有一个傻蛋和一个聪明蛋，再加上一个叛逆的坏蛋，聪明蛋要经历种种磨难成为一代武术大师，遇见几个红颜知己，并最终与武道至尊的女儿终成眷属，看一本不够味，就让计算机再"生"出一本，总能读到餍足。

有人说，讲故事的人得到的最好褒奖，就是被急急追问："下面呢？下面怎么样了？"这意味着他的故事是开天辟地的，是突破想象力极限的，是天上绝无地上仅有的，而当所有人都能自个儿找到故事下面的故事的时候，他就要完蛋了。自然科学从以说话为生的领域里夺走了话语权，这种残忍不单单体现在叙事模式上，更体现在语法、语义和语用的各个层面上。"我爱你"与"武松打虎"在语法上没有区分；语义学要复杂一点，同词可以不同义，同义亦可不同词，但这种"不同"依旧是可供枚举罗列的，计算机可以简单筛选出所需的语义矩阵，譬如那个既爱又恨的男人是"死鬼"，是"杀千刀的"，是"前世冤孽"。亚里士多德在《范畴篇·解释篇》中就提到这个问题。于他而言，语义无非是：是、否、非是、非否的组合，穷尽之后不过寥寥数种可能。[1]甚至在逻辑的荫蔽之下，语义的违背也可以被规则化、模式化、建模化、演算化，于是电脑"小冰"可以写出用韵和谐的格律诗，也能够写出《阳光失了玻璃窗》。

结构主义在文学中形成一个悖论，原来是人讲故事，现在是

---

[1] ［古希腊］亚里士多德：《范畴篇·解释篇》，商务印书馆1959年版，第9—12页。

故事讲人，不是我说话，而是话说我。西方人在话语内在的规则中意识到，人不总是万物尺度，可怕的机制比人更厉害，这种牢固的结构是驱逐人、绞杀人的，与组建其结构的网相较，人无关紧要。我们想要在美学的领地里创造自己的城市，于是规划和搭建叙事学，建立起模型，建立起故事下面的故事，建立起故事的语法，却未能很好地因地制宜，立起的不是向上垒砌的琼楼玉宇，而是向下深掘的洞穴，看上去像是一排排幽深的坟寝。这让我想起文学院的两次讲座，主讲人一位是古汉语专业汉字研究的专家，另一位是研究汉语的专家，主题词一个是"元结构"，另一个是"并联"，可见我们的学术思维已经严重地计算机化，我们正怀揣最真挚的热情成为自己的掘墓人。

　　机器人让我们警醒起来，原来在践行规则这件事儿上，我们如此地不堪一击。孙行者一个跟头十万八千里，这在爱因斯坦看来肯定不对头，眨眼间就超越了光速，轻而易举地跨越了"有限"的向度。但哪怕如此，即便到了天边，到了海角天涯，也跳不出如来的手掌心，这是一种寓言，人类就在无限的想象与有限的能力之间被来回拉扯。自然科学也无法突破这一限制，哪怕是宇宙学，终究也是且必然是"宇宙的一角学"。我再次强调，人是有限的，尚存无限可能性的只有想象力，若是将这种想象力也用于为自我创造更为有限的规则，在设定的格式里沾沾自喜地翻跟头，是多么令人绝望的愚蠢。

　　所有美的创造归根结底都是一种叙事。绘画、音乐也好，电影、建筑也罢，都以其"语言"行事。一切感觉器官都是发声器官，甚至在感官之外，人体的延伸——媒介也自成一套语言体系，一部收音机，或是一台电脑，这样的声音足以跨越时空。媒介对人体感觉的延伸在艺术中凭借不同的符号表达出来，对应着不同的感官。现在，让我们回到感官的叙事上来。昨天晚上我在地铁上见到两个聋哑女孩。她们对话时面部表情鲜活丰富，手语姿势热情灵动，一会儿甜蜜，一会儿愤怒，在快速变动的表情、手势中自在交流。可见，面部表情是一种语言，肢体动作也是一种语言，甚至汉字在很大程度上就是从手语与图画发展而来的。艺术虚构就是要调动一切能够用以叙事的感官，由此开启美的创造。

创世这件事儿在艺术的领地中似乎并不遥远和神秘。上帝凭自己一个，天才也凭自己一个，李白创造了一个世界，杜甫创造了一个世界，曹雪芹也创造了一个世界。"世"为时间，"界"为边界，所谓创世即开辟一个虚拟的时空体，我身不在其中，我心为其主宰。前面我说，一切感官都具有叙事的功能。这句话也可以反过来说，叙事需要全部感官的同调。闭上眼睛聆听音乐，依旧能看见高山流水、夏蝉冬雪；"两耳不闻窗外事，一心只读圣贤书"，黎庶哀苦、兵戈铁马也仍在耳畔震颤不绝。用耳朵阅读，用眼睛咀嚼，以感觉及其延伸媒介创造的世界也须以感觉解读，新生的世界因此生生不息；相对的，如果仅仅按照电子计算机的机械反应运行它，失去了偶然与变化的世界无法进化，美不能成活。

之前，我提到过"情感机器"，即在情绪与反应之间建立既定的模式，但想要把它做到真正"类人"的程度，实际很难，因为感觉一旦牵涉心灵，往往具有某种超越性。[1]我们把经历过、体验

---

[1] ［美］马文·明斯基：《情感机器》，王文革、程玉婷、李小刚译，浙江人民出版社2016年版。

远的事情叫作经验，而在经验之前的就是先验，这种超越性就是一种先验。譬如当我们看到小孩就要掉到井里时，便在事情发生之前就感到不忍和恐惧；又如眼睁睁看着开水浇下来，还没落到身上就已经预先在痛了，提前烫伤了。这种感觉不需要实际经历，是可以跑在它前头的，然而计算机的行动却不可能发生在指令之前。也就是说，纵使我们在反应速度上千百倍地逊色于它，机器也无法练就这种先验的敏感。我们之前已经论证了这一点，机心无法心动，因为"心灵"本身不具实体，所以"情感机器"再如何改进都仿制不出这物件儿来，也正因无法仿制，精神自由才成为超验的自由、无限的自由。

艺术作为情感、精神、心灵的主阵地，理应将此铭记于心。在20世纪，叙事学研究逐渐衰败，并被自然科学顺利地收编，这似乎贴出了一张通告全球的告示：人已经讲不出新的故事。当真如此吗？讲不出新故事的是旧模式。比如机器可以写苏东坡的诗，写李白的诗，但一定写不出我骆冬青的诗，因为还没有一种"骆冬青体"供它参照，它凭空生不出个性和独立的精神。因此我们要做的其实很简单，就是突破模式，学会心动。心动就是情动，心动才会行动——"曾经沧海难为水，除却巫山不是云。取次花丛懒回顾，半缘修道半缘君。"有个汉字叫作"兴"，在某一个时机心动，就是产生出了一种"兴"的体验，这就是张爱玲所写的那一句"原来你就在这里"。无论是心还是情，都是会咕噜噜乱"动"的，不可测、不停歇，因此需要一个契机，我与那叫我魂牵梦萦的东西猝然相遇。

童话之所以成为童话，就是因为它让心静止在"动"的一刻，王子与公主冲破一切阻碍，从此过上了幸福的生活。但现实不会这样，涓生同子君在一起之后彼此的缺点全部暴露出来，于是鲁迅说娜拉出走之后要么回来，要么堕落。我们要写情，要写心，但不是把它拍扁钉死在画案上，也无须春秋矫饰，而要描摹它流动成长的轨迹，它的美正在于自不完善臻至完善的永远变化的过程。

人类的情感是变动的，需要耐心地、细心地维系，但是正因为这样的变动，才有了机缘，有了巧合，有了兴、观、群、怨，有了蓬勃燃烧的激情与蓦然爆发的灵感——这就叫即兴。方才我谈到了这个"兴"字，而"即兴"就是凑巧，就是引发冲动，表达激情。无论即兴的思还是即兴的歌，展露的都是我们的意趣、我们的情思、我们自内部点燃的火星，这些机器都无法做到，机器惹了火就要短路。

即是说，"一时兴起"是为人所独有的能力。建模与程式足以穷尽一切规则内的变化，百倍千倍地超越我们的周全，但也要同时被这百丈高墙锁死，再见不到围城外的世界。就如我先前所说，美的创造需要某种将错就错的奇思妙想，需要某种忽然的相遇。这是一件十分困难的事情，前面的巨人越多，想要成为新的天才就越艰难。突破自我壁障的奇思妙想，常常要在人家那里撞上南墙，沦为更高视角下的陈词滥调，想要通过构虚的方式，推演出开天辟地、焕然一新的境界，从来不是易事。

我们谈审美心态的时候曾讲过要由"忘"入"化"，讲独孤九剑和张无忌，而消解既定模式也需要这样的破而后立。解构！解构！解构！不要套路！不要招数！套路与招数意味着有限，意味着重复，若想要无敌于天下，就要舍弃一切既定的规则。《庄子》

的第一篇是《逍遥游》，其中有着"有待"与"无待"两个概念，有待意味着还有要等待的东西，存在要对待的或是与之相对的东西，而无待则表明不需要它们。这样看来，"有待"与"无待"即是有限与无限，想要飞，就要有风助我，或是需要一个动力系统，没有这样的前提就不行，想要飞出"天外天"，需要的动力就更大，至少要超出第三宇宙速度。然而即便再伟大的人，再天才的艺术家也不可能永远与前人的创造毫无交集。所谓的即兴、动机、凑巧，都是为了在这循环往复、周而复始的重复中迸溅出一个、两个、三个变数来，并由此震动翅膀，颠覆整座死城。

  20世纪80年代有一名女作家刘索拉。她有两篇小说，分别为《无主题变奏》与《你别无选择》。我们看到的所有故事都有一首主题歌，所有的主题歌都能找到鲜明的节奏，于是对无主题变奏乐章的呼唤成为必然的诉求，这种音乐与文学要素的糅合是她写作的一大特质。至于后者，则恰是表明即便在别无选择之时我们也必须有所选择，我们要用自我的感性、自我的情感，争取自由的权利。我就喜欢老鼠，就喜欢臭豆腐，就喜欢榴莲，这种选择是自由的。对格式化、对结构主义的破除，正是有限自由对无限自由的追求，是在别无选择的绝境中破茧成蝶的必然选择。很多好诗都是破坏语法规则的，破坏语境，才有了心境，破坏词义，才有了情义，就像林黛玉在临死前说出的那句"宝玉你好"，至今还在无数人心头千回百转。这一份"影影绰绰""模模糊糊"需要每个读者用自己的性情，自己的气质，自己的心魂来填补，在这种揣摩推敲中他们被赋予选择的自由。禅宗有句话叫"说似一物即不中"①，确切地把它说成是某个东西就反而不对头了，自由选择决定其内部始终蕴有悖反的运动，无限的可能彼此牵制拉扯，叫它的形态很难在这种张力中确定下来。

请注意，情感是自由的，因此叙事也应当是自由的，感性的冲动不应以理性的法则来规范。或许我们可以从语义的解放开始，从语用学开始突破概念化的规范，让一个字、一个词在更加深广复杂的语境中获得语义的滑动，在各色的权力关系中从固化的意义中解冻，通过这种解构主义的策略，让叙事从这个字、这个词开始获得某种自由。之所以说是"某种自由"，是因为一个字必然不可全然跳脱其本义，这种自由是有限度的，但这些不断生成的滑动与变化将促使我们的叙事衍化出多样的可能。从此，它将更加难以被掌控，被穷尽，被重复，被消磨。

即是说，想要夺回艺术虚构的领地，就要让叙事回归最初的动机，叙事的动机正是情动，而情动将引发即兴。归根结底，所有的艺术都是即兴。福克纳见到外边的树上坐着的女孩在大笑，感觉很有意思，于是写出了《喧哗和骚动》，他在这笑声里听见一个时代的消逝，目睹一个对白人来说浪漫的、天真的、美好的世界的坍缩。故事由傻瓜班吉开始，他跟他的姐姐原本很好的，但后来他发现姐姐失去贞操了，接着这个家也完蛋了。福克纳为何能从一个小孩坐在树上联想到那么多呢？这就是因为艺术首先就是即兴，突然产生的意念好像一场让宇宙初生的大爆炸，偶然却

---

① 《指月录》：南岳怀让禅师礼祖（六祖），祖曰："何处来？"曰："嵩山。"祖曰："什么物？怎么来？"曰："说似一物即不中。"祖曰："还可修证否？"曰："修证即不无，污染即不得。"祖曰："只此不污染诸佛之所护念，汝既如是，吾亦如是。"

坚决地把很多种元素糅合、重组到一起。在这个奇点上，在这个契机中，一切的程式化被粉碎，伟大的叙事诞生了。我想，对这种即兴的追寻，对程式化、格套化、公式化的克服，应当是文学院，以及音乐、美术等相关艺术学院要永恒研究的话题。

我们之前谈到，艺术创作需要数学的思维，但"需要"不是"依附"，不是将一切反逻辑的、荒谬的部分驱逐出去，自然科学以虚构实，文学艺术以实构虚，作为虚拟世界的两种形式，它们在实现方式上自当不同。自然科学讲逻辑，其中最强大、最核心、最重要的就是数学，于是有人也想用逻辑这个词来说艺术。艺术创造中有没有逻辑？自是有的，但美的领域所遵循的逻辑比较麻烦，自然科学的逻辑为其所涵括却不可与之等同。譬如我们读过推理类的文艺作品。侦探小说要求读者具有强大的推理逻辑能力，小说的作者更是需要厘清一切细节，把谎话说得合情合理、光明正大，结局在意料之外又在情理之中。这样环环相扣的推理类文学作品的构成，就与逻辑的推演相类同，任何一个环节出了差错，都无法导向正确的结果。硬科幻作品的兴起，正表明艺术在逻辑与想象碰撞中可以迸发耀眼的新质。但遗憾的是，中国的传统中，软科幻仍旧占据着科学幻想类题材的主流，而一些声名远扬的西方科幻电影，也一如我之前所说，正被科学的想象力所赶超，早已失去了"道夫先路"的效用。为什么会出现这样的情况呢？

因为文学艺术最为擅长的本就不是逻辑，而是反逻辑，看重的本就不是方法，而是反对方法。《红楼梦》在第五回就将一切人物的命运摊开了，后面只是叙述怎样从这个开头走向了那个既定的结局。章回体小说从来惯说"欲知后事如何，且听下回分解"，环环相扣的悬念吸引着我们看下去，电视剧也是一样，假如缺少了这样的钩子，第一集放完就再也提不起看第二集的兴趣，而《红楼梦》却舍弃了这样的叙述方式，这就是一种"破"，一种独属美的逻辑。什么都告诉你了，为什么你还要继续看下去？如果大家可以将这个问题想通，就能知道我们与电脑的差别了。直白来讲，文学可以讲逻辑，更可以不讲逻辑，非要说的话，它遵循的是情，这种始终处于流动变化中的情性的逻辑在自身内部形成永恒的悖论，而美就在这样的悖逆中孕生——这就是美的逻辑。

因此，艺术对数学思维的借鉴不意味着形成既定的格式和方法，那是一种残忍的杀害，美学反对方法。法伊尔阿本德写了《反对方法》一书。不过这本书讨论的是自然科学问题，其副标题是"无政府主义认识论纲领"，意在抨击唯理主义的科学方法论，倡导以自由的无政府主义知识论取而代之。由此，他在自然科学中指出一条艺术创造的道路，认为自然科学并非是想象中那般环环相扣，它是容许异想天开的，什么都可以被运用在科学上，或许在太阳穴上贴个符，头痛也能得到缓解，为什么一定要用科学方法解决问题？[1]法伊尔阿本德的想法很精彩，他以无政府主义的知识论表明自然科学也是可以反对方法的。这在另一层面上，也可以说是自然科学的"恐怖主义"，因为一旦自然科学什么都可以，就必然对人文科学展开侵占，一旦什么都行，最终必然走向什么都不行，这其中包容有很强的革命性。同样的，这种思路也

---

[1] ［美］保罗·法伊尔阿本德：《反对方法》，周昌忠译，上海译文出版社2007年版。

可以应用到"美学智慧"上，美学智慧也要"什么都行"，要反对方法，以防有了方法就将被格式化、电脑化，从而走向消亡。

总而言之，文学艺术的虚构有着自身强大的支撑，同时面对种种格式化的威胁，这种威胁让我们受到一定的侵占。在规则之内，我们的演算速度无法超越科学，正如人无法超越精密的机器，但一旦突破规则，就要喷薄出无限的可能。从画蛇添足，到画龙点睛，再到文心雕龙，无形的链条牵引着我们的思想，我们的灵感腾跃于九天之外，这种"出乎意料"的飞跃是机器和模式无法做到的。翻新！翻新！翻新！你有最美妙的旋律，我偏要搞出无旋律，这你会吗？等你把无旋律也搞好了，我还有千百种别的花样。我们说创新，有人会诋毁，说是对传统的"造反"；如今创新的价值已然不必争辩，创造美、创造艺术的动力，正在这种破而后立中新生。

而对美的创造有赖于自由的灵感，有赖于即兴。学校的随园校区原来的主人袁枚讲"性灵"。《随园诗话》中有言道"夕阳芳草寻常物，解用都为绝妙词"①，凡是性灵之人都能写出好诗，凡世间之物尽可入诗，端看你怎么用。这句话讲得很好，吸引了很多人前来拜他为师。但不是每个人都具有审美创造的能力，并非人人都是艺术家，所以钱锺书对他的批判也很对，他说性灵的时候写出来的文章自然很好，可性不灵的时候就糟糕了。袁枚"性灵说"的观点有些后现代主义的意味，认为人人皆有灵性，人人

---

① "但肯寻诗便有诗，灵犀一点是吾师。夕阳芳草寻常物，解用都为绝妙词。"见袁枚：《随园诗话》，浙江古籍出版社2016年版。

都具灵感，但实际我们总是看到冥顽不灵的人，有知识没文化，有理性没人性。若想人性与灵性兼而重之，其实非常难。

创造艺术的世界需要利用借助感觉的媒介，最重要的就是要有一颗心来运作。由此，这种创造就指向了玄虚，指向了超验，指向了不可知。这种不可知是十分必要的，取消了不确定的这一块，它就会被模式、被计算、被规则吞并。即是说，在叙事过程之中，我们要依仗偶然，依仗这样不可知的时刻，依仗媒介，依仗感觉与精神的突然通彻，依仗灵性的光芒乍现，依仗我们之后要讲的精神的感官，当我们的感官彼此接通而孕生出精神感官的时候，我们就以超越的姿态同机器人、人造的超人区分开来了。

艺术要如何从科学那里挣回一点点的尊严？美学智慧或是这一问题如今的最优解。但也正因如此，我常常感到一股紧迫的危机感，因为美学的智慧似乎很容易被自然科学的智慧所吸纳。一部手机可以看电影、读小说，甚至写首歌来给我听，作幅画来给我看，我们与机器相较唯一还占有的优势，只剩下有别于"制造"的"创造"，有别于"有中生有"的"无中生有"。但这只是科学造物，科学除却实在的产品仍有其自身的虚构形式，我们的艺术离不开它"实"的媒介，也无法全面战胜其"虚"的想象，何止离不开，这就造成美学在科学面前的全面溃败。

第十九课　悖逆与超越

科学似乎成了一种价值观。进入19、20世纪之后,很多科学家、哲学家开始反思,如果仅用科学的眼光看世界,那世界就会失去亮色,毕竟"理论是灰色的,而生命之树长青"。

"青"其实可以代表蓝、绿、黑等众多颜色,但"灰"却只有一种。对于这种灰色的世界观,歌德在《浮士德》中借魔鬼之口进行了调侃。浮士德是一位非常博学的博士,他读了一辈子的书,吸收了各种各样的知识,自然科学、神学、医学等领域都不在话下,这个人物是按照当时德国大学教授的标准来刻画的。康德本人也是这样,他在物理、天文等多个学科领域都有研究,中国最早翻译的康德的书就是关于天文的。总的来说,在以前的德国,博士毋庸置疑拥有很高的地位,不像现在,博士的人数有点膨胀了,难免出现一点虚假繁荣,使得大家有种"博士总是越读越傻"的感觉。浮士德也有这样的感觉,有一天,他突然觉得自己很傻,尽管读了那么多的书,把大量知识装进了脑子里,但是划分起来不过几个部分:最高级的是神学;其次是科学,另一个是所谓的人文学科——在浮士德博士时代,所有学科之间都具有混沌不分的特点。浮士德没有结婚——康德也是这样——他每天起床睡觉的时间都是固定的，但有一天他被卢梭浪漫主义的书打动了，觉得睡不着了。浮士德突然察觉自己的一辈子就要这样过去，这实在是太糟糕了，自己已经老了，头发也白了，生命就要走到尽头。虽然懂得的知识很多，但却是无用的、无聊的。他终于在魔鬼的低语中清醒——"理论是灰色的，而生命之树长青"。

逝去的生命不可能回头，但浮士德同梅菲斯特签订了契约，于是回到了青春，也就是得以再活一次。西方人最重视契约，卢梭写了著名的《社会契约论》。在他们的传统观念里，如果让契约不作数，那是很无耻的，所以哪怕签订契约的对象是魔鬼，契约也拥有切实的约束效应，也必须被如实履行。整本书就是写了浮士德活一次不够，还要多活几次的故事。因为要做的事情太多，而一辈子实在太短。这辈子我们选择了中文系，如果还想尝试一下其他领域，那我们就要重新活上几次，不过或许文学院本身就能让我们多活几次，因为想象力能够超越时间的维度与界限。

为什么我们想多活几次？因为我们是审美的人，我们希望此时此刻自己可以是浮士德，彼时彼刻又可以是梅菲斯特。我们不想在一成不变的生活中画地为牢，而审美可以让我们多经历几次不同的人生。也就是说，即使在西方人的心目中，自然科学也并非一直是好东西，一直到爱因斯坦，他们也依然认为，如果只按照自然科学的规则来生活，世界就太可怕了。哲学家胡塞尔同样认为只有自然科学的世界是可怕的[①]，因此我们需要找回原来的、

---

① ［德］埃德蒙德·胡塞尔：《欧洲科学的危机与超越论的现象学》，张庆熊译，译文出版社2005年版。

没有被自然科学所破坏的世界,只有生活世界才是原生态的世界。自然科学世界里的月亮是光溜溜的石头山,所有的诗意、所有的幻想、所有的神奇全部被自然科学"祛魅"了。

于是我们察觉到自然科学的坏,它让我们从生活中不再能看到希望,而只看到技术和物质,精彩繁复的生命被解析成相似的基因,能活多少年、长成什么样都由此决定。最可怕的是,基因竟然是可以解读的,于是"人造人"的可怕想法随之产生,《浮士德》中就存在这样的想法。语言也是一样,它开始分离出人造的语言来。人工语言往往比较简单,可以很流畅地进行翻译,你告诉它什么,它就表达出什么;而自然语言的意思却很繁琐,"你这是什么意思""一点小意思""这多不好意思""这意思是什么意思""没什么意思,就是一点小意思,意思意思"……自然语言中的"意"与"思"都很复杂,需要体会和感悟,需要根据语境去揣摩,与单一确定的、没有任何游移变化的人工语言是截然不同的。

我们是审美的人,因此自然与自由的特性在此共生。首先,人是自然的。这里我们说的"自然"与康德的"自然"不一样,这一问题之前我已经谈过。简言之,他的"自然"是上帝最初创造的"好的"自然,而我认为的"自然"是我们自然而然地被生下来,而后自在生长,在此过程中形成的思维、行为所体现出来的自然。将这两种"自然"分割开来,就会发现自然科学正驱使生命中灰色的东西去吞噬常青的部分,甚至吞噬我们的青春和所有的梦想。刘欢曾有歌唱道:"心若在,梦就在。"但如果一味听从科学的号令,朝着唯一的方向不断前进,无论是心还是梦就都要被逐渐消磨。从这个角度来看，我认为梅菲斯特讲得非常精彩。

前些天，我去看了话剧《浮士德》。我曾经看过各种版本的《浮士德》，但它依旧给予我极大的冲击，尤其是前三分之一的演出非常精彩、惊心动魄，那些话语被念出来之后深深地击中了我。遗憾的是，剧情随着发展越来越平淡，到了最后三分之一时，剧本的处理在我看来简直有些糟糕，表现出的人物与歌德笔下的浮士德的距离似乎越来越远——他亦步亦趋地走向了梅菲斯特，最后梅菲斯特背着浮士德的尸体围绕着舞台行走，不知道想要表达什么。我觉得这很奇怪，因为梅菲斯特要的是浮士德的灵魂，而非这具肉体——赌约的具体内容便是当浮士德遇到了想要为此停留的美好时刻，就要向魔鬼交出自己的灵魂。

其实我们何尝不想把自己的灵魂交给魔鬼呢？身处极致的快乐，就会忍不住想在这一刻停留。中国有句古话，"山静如太古，日长似小年"，说的就是中国人面对极乐的一种状态：心灵安静的时候，便感觉自己同最远古的静谧相合共鸣，因此"心静"如太古；"日长如小年"则强调了时间感，就是在说"度日如年"。不过这种度日如年是快乐的，因为日子过得非常充实，而充实、平静地度过一天天、一年年，不就是中国人追求的那种状态吗？

但浮士德不这么想，他不愿停留，因为经历太多值得驻足的美好就要失去他的灵魂。他认为人应当"太初有为"。"太初"这个词与《圣经》有些渊源，后来我们也说"太初有言"，或是"太初有道"，总之"太初"的意思就是"最开始"。上帝说，要有光——于是有了光，那么这就是"太初有言"。其实，"太初有道"的"道"也可以指说话。我们常说"说道"，因为说话的人多了，

"说"本身也就成为一种"道"。于是出现了两种"道":所谓"道可道,非常道"。我认为其与"名可名,非常名"的词性应当是对应的,第一个"道"是名词,是"道路以目"的"道"、"道路"的"道"。"道路以目"即当不被允许自由说话的时候就只能偷偷确认眼神。而第二个"道"则是动词,是"表达"——而非单调的"言说"——的意思。"道"在字形上包含了头和眼睛,有一日本学者曾解释说这是一个被砍了头的人拎着自个儿的头在路上走①,听起来很惊悚,但其他的解释却又太平常寡淡,比如有人说这是眼睛环视四面八方后选择了一条路来走。但无论如何,这个"道"已经具有了逻各斯的意义,即当我们面临各种不同的道路时,要选择不寻常的路去走。

浮士德认为应当"太初有为"而不是"太初有道",其强调的是人一定要有所作为。中国人认为知识分子很"作",这话很有道理,浮士德也是知识分子,他认为"作"是最重要的,人活于世就一定要干些什么。尤其是在"太初"这当口,务须有这么个力量作为推手,让生命自己动起来,万万不能停下,停下了灵魂就要被交给魔鬼。李泽厚认为,中国人的幸福就是慢吞吞、懒洋洋。但"山静如太古,日长似小年"式的快乐真的能够永恒吗?到了晚上,太阳还是会落下,这种延长只是心理上的拉长。在西方美学中,不"作"会死,只有"作"了才能活,"作"了才有生命。只要"有为",衰老的生命也可以恢复青春,但如果停止就会灭亡。这种想法直接被总结为"浮士德精神",其实也就是"动"的

---

① [日] 白川静:《汉字百话》,郑威译,中信出版社2014年版,第59页。

精神或"动"的强烈意志。这种强烈的欲望驱使着我们扩张自身的力量直至整个宇宙，甚至是宇宙之外的"天外天"，只有在欲望的不断扩张中人才会感受到快乐，这就是西方人的想法，这与我们之前所说的不断超越、成为"超人"的精神是相互贯通的。

在科学的世界观下，人们将不断超越现状，因此自然科学的发展在很大程度上超出了我们的想象力。文艺学曾想研究媒介的发展，但是随即生出一股无力感，因为媒介的发展早已超出了我们的研究范围。正如我之前谈到的那样，自然科学在想象力上早已战胜了人文社会科学。你永远无法预料智能手机的下一代将会推出什么样的产品，我们只能等着它出现，然后把手里的技术更新换代。它有点像是歌德笔下永恒的女性，引导着我们不断为新事物付出，引导我们向上。我经常说南京最励志的地方就是新街口的德基，因为那里所有的东西都非常昂贵，因为买不起，所以更能催动人加倍努力。于是当自然科学的想象力逐渐被机器所习得，用机器人代替人的可怕想法自然要随之产生，人们开始想要创造出一位真正"永恒"的女性，来引导我们不断前行。

需要强调的是，即使是爱因斯坦或者胡塞尔，他们的想法也不一定全部正确。实际上，如果能够发展出一个足以和科学抗衡的体系，比如发展出人文的、美学的体系来与之对抗，世界才能达到一种"动"的平衡。请大家注意，美学、文学有着很大的包容性，它可以把所有理性的成就归纳进感性的经验之中，或者说归结于我们的精神层面。科学与美从来不是非此即彼的关系。物理学家费曼从来不受自然科学思维的拘束，恰恰相反，他的思维非常调皮。曾有一个艺术研究者认为费曼无法欣赏一朵花，因为他无法摆脱科学的思维惯性而纯粹欣赏花的美。但费曼却不这样认为，因为自己是研究自然科学的，所以兴许能因此更好地欣赏这朵花。①原来我们以为，既然理论是灰色的，用灰色的眼光看到的世界也必将是灰色的，科学的月亮只能是很多环形山和石头。实际上或许并非如此，眼见永远不是心见，心中的世界并不因瞳孔的颜色而与其他的颜色绝缘。就好像如今，但凡受过基本教育的人都知道月亮、太阳实际是什么样的，但我们依然可以欣赏月亮的光、太阳的暖，依旧会因观月的时地不同而生发出不同的慨叹和想象，并不会因此丧失寄托其中的精神追求。这说明在自然科学的眼光下，尽管我们必然对世界产生理性的认识，但只要不是仅仅目视一处，就不会消除审美的精神。相反，就如费曼所言，当对事物有了层层叠叠的了解之后，我们的审美也将蕴有更多的层次，由简单趋向复杂。

于是，当浮士德与格蕾琴的恋爱开始，他就与未曾有过恋爱体验的康德不尽相同了，而这段恋爱也不仅是康德认为的"互相使用某个器官"②的平面的行为，而变成更迷幻、更梦想式的事情。康德这种对于人生的认识是多么贫乏、单调和无聊啊！怎么能这样想呢？男女婚姻的背后总该有莫名其妙的激情，各种各样的精彩构成了这件事情，形形色色的经历使每一次爱情变得特别丰富，特别与众不同，也正是因为这不同，所以爱情才显得特别

---

① ［美］理查德·费曼：《发现的乐趣》，朱宁雁译，北京联合出版公司2016年版，第12—13页。
② 康德认为："婚姻是两个不同性别的人为了终身占有对方的性官能而产生的结合体。"康德：《法的形而上学原理》，商务印书馆1991年版，第96页。

美好——我们都有对"不一样"的追求。这种追求表明感性精神的彰显需要复杂的层次,需要起伏波澜,而通过理性的认识自然科学则在很大程度上以人工的方式为我们提供了这种复杂性,而使生活世界不再单调简单。所以我认为,在审美之中,当我们的想象力与感性飞翔到灵性的领空时,就能借助科学体现出一种超越的精神。

触碰不到,无法想象,也无法对其行为做出判断,这就是超越的存在,比如上帝就是这样的一种存在。《圣经》中有很多例子,中世纪的神学家也对此进行过许多思辨,比方说经典的"上帝悖论",提出要让上帝创造出他自己举不起来的石头。上帝在这个问题上永远是自相矛盾的,这就是用悖谬的思维否决了上帝的存在。同样的,《旧约》中亚伯拉罕杀子献祭的故事也曾引起后世哲学家的反复思考,克尔恺郭尔将此问题也归结为一种悖谬[①]。也就是说,上帝的存在是超出我们想象的,是难以通过思考来做出判断的。正如我们多次强调的,美就是悖论,美须得超出我们思维的存在,超出我们单一的定义,正因为有了这种超越的维度,神秘感才得以产生。"蒙娜丽莎的微笑"被称为最神秘的微笑,但我认为每个人的微笑都是神秘的,都包含着神秘的要素,从而与没心没肺的笑区分开来。然而,换个角度看,没心没肺的笑似乎更神秘——既然没有心肺,怎么居然还会笑呢?总之,当我们感到一种艺术、感性的力量足以将我们带到神秘的境地,就会觉得

---

① [丹麦] S.克尔凯郭尔:《恐惧与颤栗》,刘继译,贵州人民出版社1994年版,第85—88页。

它是美的。也就是说，审美将我们引向了复杂，它用复杂的存在给我们以复杂的感觉，这种复杂以理性思辨难以言说。

过去的语文教学总是让我们归纳所谓"中心思想"，文学史也总是热衷于将作者的主要思想逐一罗列，这也就慢慢形成了一些问题，因为总有些内容是不能分析归纳的。很多人崇拜一名叫作桑塔格的美国女作家。她的书已有多本被翻译过来，包括她的日记。虽然我觉得她的学术造诣并不甚高，但在其中一本叫《反对阐释》的书里，还是有一些漂亮的文章。桑塔格的"反对阐释"，就是反对把一切文本都归纳为某种特定的意思。①这种想法其实很早就有，它不是真的反对阐释，而是强调确实存在无法被阐释清楚的东西。这个话题本身就是悖谬的。我之前也说过，"悖"是没道理，而"谬"是没意思。要造出自己举不起的石头，这在逻辑上讲不通，在意义上也讲不通，没道理加没意思，才能构成复杂，而在审美的时候，越复杂就越美。②

加西亚·马尔克斯《百年孤独》开篇的第一句话已经被分析得透烂——"多年以后，奥雷连诺上校站在行刑队面前，准会想起父亲带他去参观冰块的那个遥远的下午。"③我们可以用李商隐的一句诗来做对比——"君问归期未有期，巴山夜雨涨秋池。何当共剪西窗烛，却话巴山夜雨时。"有人把后者总结为"巴山夜雨

---

① [美]苏珊·桑塔格：《反对阐释》，程巍译，译文出版社2011年版。
② 骆冬青：《论悖谬美学》，载《文艺之敌》，商务印书馆2017年版，第89—102页。
③ [哥伦比亚]加西亚·马尔克斯：《百年孤独》，范晔译，南海出版公司2017年版。

型"结构,说这与马尔克斯的叙述如出一辙。但我认为李商隐这一边要更复杂。"巴山夜雨涨秋池"一句写的是此时此刻,此时躺在床上睡不着,听到秋天的雨在落入池塘,水位在不断上涨;而后两句则不然,"何当"的是未来,"共剪"的是过去,而这"来"与"去"也不知具体的时候,其中内蕴三重时空的张力。剪蜡烛是古代特有的一种活动,因为那时候蜡的提炼并不精纯,烛芯过长就要垂到一边致使烛火熄灭,所以要剪烛,"蜡烛有心还惜别,替人垂泪到天明",多少泪都要抹掉,抹掉才能继续燃烧。而剪蜡烛这个分明一人便能完成的事儿却是两个人一起做的,就暗示了两人非常亲密。从未来回望过去,等终于说到巴山夜雨中互相思念之苦时,却变成了一种甜蜜。于是,回环相接的时空与心理截面交错构成了一种更加复杂的结构。这说明我们在审美的时候是需要克服困难的,换句话说,审美是有层次的,有着庸俗与高雅的区别。当我能读《尤利西斯》和《追忆似水年华》的时候,你还只能读琼瑶小说和都市小报,那么我们在审美层次上就会产生不同。只有当所有人都去努力克服审美中的困难,大众审美能力和层级才可能提升。

审美中复杂的因素要求我们吸纳西方自然科学,并同时吸收中国的传统文化。有人认为中国没有超验的存在,如果有,也是内在的超验,这种说法其实不大对。既然是超验的,就应该是所有人都体验不到的、只能通过审美的方式不断贴近、通过那些只应天上有的东西来感悟的某种天意般的存在。在基督教"三位一体"的圣父、圣子、圣灵之中,圣灵是绝对超验的,我们感知不到,但其实在我们中国文化中也有类似的"灵"存在,比方说神韵。在我们的传统中，天、地、人、神在世界中都是存在的，只不过灵的世界常被搁置，或者用现象学的语言来讲，我们把灵"悬搁"起来了。老话说"举头三尺有神灵"，我们承认它就在那里，但同时又无法无天，要"遇人杀人，遇佛杀佛"。据说如来佛一出生就一手指天，一手指地，既然佛能天上地下唯我独尊，人自然也敢"狗胆包天"。中国人既体现出对神灵的尊重，又时常表露出对神灵的不敬，这是一种很奇怪的现象。

中国人心中从来就没有上帝，我们都只是活在世间。而"在世间"，却包含着一种神秘的东西。对这种神秘，人们有各种各样的描述，比如"玄"——日本人称之为"幽玄"，这个名词的产生受中国文化的影响。玄，最早是一种丝，丝就是蚕丝，而蚕丝是彼此纠缠在一起的①，就像凡高的《星空》，很多丝线旋转交叠在一处，看来就会觉得晕眩，就会恍惚。东北人有个说法叫作"忽悠"，说的就是把人骗晕，于是就有了眩晕，或者也可以是"玄晕"，这是中国美学的又一奥义。玄，也可以是以黑为基调的颜色，是一种深不可见的东西。这和西方的观念也不一样，西方认为太初首先得有光，要明白就要"I see"，需要通过光来看清世界；可我们却希望看不到，看不到的反而更妙，所谓"玄而又玄，众妙之门"，当微小到不可察、无从见，思想就会被领入一个特别的境界。

这个"特别的境界"究竟是哪里呢？我想，主要是"别处"。

---

① ［日］能势朝次等：《日本幽玄》，王向远编译，吉林出版集团有限责任公司2011年版。对于"玄"的解读，可见朱崇才教授的观点见骆冬青、朱崇才、董春晓《文艺美学的汉字学转向》，商务印书馆2017年版。

西方的"别处"是超验的"别处",而我们的别处是在想象中的另一个世界。魏晋时期我们把这种境界叫作"自远"①。为什么我们爱喝酒?因为我们可以通过喝酒"自远",就是使自己远离了自己,使自己无法控制,用现在的话说就是"High"。大家可以尝试着喝多一次,当喝到最后一滴还想喝却再倒不出什么来,这时的我们就被带到了与日常世界不同的地方,就会感到自己生活在别处,这样的时候也就是具有审美感觉的时候。

或许曾有一次,你坐在火车靠窗的座位上,望见迎面而来的火车上有一个很美的人,她对你笑了一下,但车子很快就交叉而过,你们终其一生也无法再次相见,这事情即便已经过去许多年,你的心里依旧会十分惆怅。这是为什么呢?因为她成为一种"别处"。你分明不曾与她说话,连眉目都来不及确认,但就像你生命中很多很多的人,他们从此生活在别处,永远见不到,就像最后的那滴酒,再也喝不到了。这是和幽玄、旋转、恍惚等相似的情境,这种情境,我们称之为境界,它预示着某种审美,"只在此山中,云深不知处"。它激发我们的想象与灵感,激发对人生此在的不满足,所以即便我们只是刹那的存在,这一刹那也同样足以延绵不绝、无休无止。在这时,我们就成了审美的人。

---

① 〔南朝宋〕刘义庆:《世说新语·任诞》:"王光禄云:酒正使人人自远。"

第二十课　创世纪

《诗经》时代的人的天才是不可复制的，而自然科学却可以通过反复练习来巩固——我们都经历过物理、化学的"刷题"洗礼——这和美学的"创造"是不一样的。所以我说，审美人是"创造人"。

我们称某人"作家"，这个概念是相对于"写手"而言的。写手已经是很能写作的行家里手，但比不了一个作家。那么，怎样才能被认为是"作家"呢？他需要展露独特的个人风格，让人一眼就能辨认出来——"啊，这是莎士比亚""这是雨果""这是李白""这是李商隐"。这种开创性让他们自成一家，其作品便"成一家之言"。

这世上谁最有开创性呢？在西方，毫无疑问是上帝，他老人家在混沌初开创造了世界。严格来讲，西方真正的创造者只有这一位。我们对创世者的认定虽然没有西方人那样执着和严格，但这方面的思考也有很多。南京有位大画家龚贤，他的画作十分精彩，颇有印象派的味道。我买了他的一本画论，其中第一句便是个小和尚问他的师父"何以忽有山河大地"①。从什么时候开始突然出现了山河大地?《圣经》中也有相似的问法,这是个创世的问题。而老和尚的回答很有意思:"画家能悟到此,则丘壑无穷。"这个问题提得好,是佛教的、神学的问题,转变得也很好,成了艺术哲学的问题。李白也追问过同样的问题:"青天有月来几时?我今停杯一问之。"他的思考更加超越、更有个性些,和宇宙相关联,苏东坡的"明月几时有,把酒问青天"就是从李白那儿继承来的课题。可见"何以忽有山河大地"是个重要的问题。它重要在哪里呢?就在于创造。这是世界最初的创造,无论诗人还是画家,凡是内蕴创造性的人,都绕不开心中对这一问题的追问。龚贤认为,"当其未画时,人见手而不见画,当其已画时,人见画而不见手"②,即是说,画家在作画之前我们只能看到他的手,而在画作完成后我们就能看到画而忽视那只手了,说明手与画之间有着非常紧密的关系。要对着一张白纸画出满幅的山水,就需要对山河大地的初生有所领悟,要"与生天地同一手"③,体会到生命与宇宙的关联。所以在中国画里,山水画被认为是最高级的,画山水的人最了不起。手和画之间的界限是一张白纸。所以新中国成立初期毛主席说,我们的国家犹如一张白纸,让我们好画最新最美的图画。这便是创造者思维,要在新的起点上展望最理想的、最优美的未来,很有神气,却也同样傲慢。于是胡风说"时间开

---

① 龚贤:《龚半千课徒画稿》有言:"一僧问古德:'何以忽有山河大地?'答云:何以忽有山河大地?画家能悟到此,则丘壑不穷。"四川人民出版社1981年版。
②③ 龚贤:《龚半千课徒画稿》,四川人民出版社1981年版。

始了"①,要把前面的一剪子截断,一切变成空白。这表明,无论在哪一个领域,领头者必然是创造者。

创造是"无"中生"有",是面对"无",凭空生出新的、美的东西来。自然与自由在审美的人身上得以共生,而"无"中生"有",就是最自由的事情,也是最困难的事情。每当作文没有题目,或者作画没有题目的时候,我们就能切实感受到这一点。若人想要"无中生有",最重要的是什么呢?对于画家来说,是手;对于舞蹈家,是容貌、姿态,是整个身体所有的一切鼓动起来;而之于歌唱家,就是金嗓子。即是说,重要的是媒介,是我们身体上化为艺术创造媒介的器官。画家的手、书法家的手与普通人的手之间的差距显然很大,那些微妙灵动的地方,都是借由一双好手倾泻出来的,就如同龚贤所认为的,此时此刻手的主人就是创造者,靠着这双手,山河大地才能诞生。中国有个词叫作"手艺",劳动人民靠着一双手创造出锦绣江南鱼米乡,创造出富足美好的生活图景。美好的声音有时也要依靠手,比方说钢琴或者小提琴的演奏。总之,它们都与身体的器官直接相关。

前面讲过,所有的感官首先要能够接受别人创造的东西。如果没有那样的耳朵,就永远听不懂贝多芬,只觉得音乐千篇一律得叫人困倦;没有这样的眼光,就永远分辨不出画中山水树木的万种姿态,只觉得这竹叶花鸟如出一辙得让人厌烦。画一样的东西,写同样的字,手不同,故各成一家,眼不同,于是百家争鸣。书法里有不同的"品",众多的"体"。本来一样的东西,经由不

---

① 胡风于1949年创作的大型交响乐式长诗《时间开始了》。

同的手，展现出不同的艺，所考验的似乎是手的运用艺术，或者可以说，所有的艺术都是以人体作为媒介而产生的一种虚幻体。

龚贤的画论，从手与画的问题、山河大地的问题开始，逐渐回到中国传统的思想上来，回到庄子的"心手合一"上来，思考如何把心中所想栩栩如生地展现在手下。"心手合一"便是要让手成为灵魂的精神器官，以期笔未到而意至，在这样一"气"呵成的作品中，鉴赏者从其中的气息就能完整地领悟并复原出满目的山河大地，于是二维向三维乃至四维空间的跃迁完成了，身体器官向精神器官的进化就此实现。龚贤作为一位古代画家，其理论回响着传统的共鸣声，他通过两次转化，将"创世"的问题化解为艺术哲学问题，并进而演变为"心手合一"的具体方法问题，这种转化与阐释都十分精妙。但是也精妙得可惜，精妙得遗憾，一个个性的、宏大的、创造性的追问，终于倒向了传统的、封闭式的理论解释。我们一旦对于某种理论过分熟稔，在解释问题的过程中，思维就极易不自觉地臣服于这种理论本身，在已有的论断里画地为牢，这就是被"套路"了。"套路"如今渐渐成为一个动词，理论还是活的，活跃到能给我们设下圈套，可"套中人"却恰恰相反，不知不觉间他的创造性思维就死了。

其实，在"手"被龚贤作为关注点在创造的过程中提出的时候，他已经有了很伟大的发现。恩格斯认为，人和动物的区别就在于人实现了四肢的分化，进化出了手。[1]动物有手吗？严格来

---

[1] 恩格斯：《自然辩证法》有言："手的专业化意味着工具的出现，而工具意味着人所特有的活动，意味着人对自然界的具有改造作用的反作用，意味着生产。"《马克思恩格斯选集》第四卷，人民出版社2012年版，第273页。

说,动物只有脚,手在脚中,是具有特殊意义的脚。猩猩和猴子因为要爬树,两只前脚逐渐有了向手分化的趋势,但它们的"手"还是要走路的,它们的"脚"还是被用来辅助进食,只有人才能彻底地把手和脚的功能分离,成为具有四肢的"两脚兽"。其实有四只脚也有好处,人一旦上了年龄,腰椎颈椎就可能出现问题,要缓解疼痛,一是躺平,二是爬着走,总之要叫四肢全部着地。于是我们意识到,人想要站起来必然要付出极大的代价,那就是让自己的头与颈暴露在显眼的高处,并仅用一根连接颈椎、腰椎与尾椎的骨头,去负担全身的重量。

器官从来都是用进废退。之前我跌断了尾椎骨,在它"自毁式抗议"之前我从来没有发现过它的存在,和颈椎、腰椎相比,那真的是很细的一条,以至于我女儿在看到片子时连它的错位和断裂都没有发觉。人原本是有尾巴的,但它的"担子"逐渐卸给了脊梁,卸给了双腿,于是不断地萎缩,退化成这么一点点。智齿也是一样,除非闹了情绪,我们寻常时候都不能感受到它们的存在。相对的,手承担的任务却越来越重,因此它不得不从脚这个部门里独立出来,分化为新的器官。这之后,手就有了"手艺",它进化为一个创造性的器官,一个艺术的、美学的器官。

西方人从前最重视的是眼睛,认为视觉是最重要的审美感官。眼睛确实重要,人所接收的信息超过百分之七十来源于它。于是,对于审美来说,眼睛自然十分重要。但当我们强调"创造美",手的作用就变得不容忽视了。同样的,耳朵对于审美也很重要。比如音乐,它主要靠听。大多数西方歌剧中的女人都很肥胖,有一种说法认为,她们牺牲自己身体的美,而用嗓子来创造另一种美。

中国自古便对音乐有着很大的迷信，以至于先秦最重要的文明形式被称为"礼乐文明"。而"礼乐"之中，更是乐在礼先，礼是后来才形成的，因此按历史发展的实际进程来说，或许还该叫作"乐礼文明"。为什么音乐在那个时代如此重要呢？那个时候人的语言系统还不曾发展完善，甚至在最早还没有语言的时候，人们只能咿咿呀呀地表达自己的意思，于是对于音乐，自然怀有原初的亲切感。

　　为什么我认为手才是最重要的器官呢？按照人类生长的脉络来看，我们在母亲的子宫里就是先分化出手脚，才睁开眼睛；婴儿在学习使用身体的时候，也是先会爬了，才开始咿呀学语。整个人类的发展，也有着相似的机制。几万年前，人的口腔构造还不足以发出完美的语音。其实即便是现在，每个人对于语音的分辨也有局限，例如，本人很难辨别"r"与"l"、前鼻音、后鼻音。西方人常找不准我们的四声调值，很多北方人发不出苏南的音，同样苏南的很多人也发不出北方的音——平翘舌的区别一直是令我头痛的事情，更别提法国或者俄罗斯语里的卷舌绕舌了。但是我们已经发现了很多数万年前的刻文和岩画，它们自然是靠手留下的，那一定是比起"想当施手时，巨刃磨天扬"更加震撼的场景。在还不会说话的时候，人们就已经会用手去画了，人的手已经十分发达。于是，我们又把"笔划"称"笔画"，这也更强烈地表现出刻痕、刻文的这段历史，强调着人最初是用手进行创造的。

　　这种创造的过程依靠的是什么呢？越来越多的研究表明，人类最初来自同一个地域，有着同一个起源。人类在进化的过程中，适应环境，经历时间，靠着自己创造了自己，即是说，人类一切器官的发展进化,都是一种自我创造。人行走,动物也行走,为什么人把脚变成了手?人唱歌,鸟也唱歌,为什么人把唱变成了说,把"乐"变成了"礼"?"关关雎鸠,在河之洲",鸟语亦是关关,鸟类也会求偶,可为何人会滋生出和鸟不一样的情感呢?"窈窕淑女,钟鼓乐之",她的诉求就是请你来用八抬大轿吹吹打打地把她娶回家。这种"琴瑟钟鼓"表达了一种美好的诉求,通过"敲锣打鼓娶回家"将乐器变为了礼器,让本属于个人的快乐在美学上产生一种共通感。这就好像所有的节日,尤其是狂欢节,要求我们一起浸入到快乐之中,相互传染,相互叠加。钟鼓琴瑟也是一样的道理,音乐演奏起来的时候,八抬大轿请来的时候,我们俩的爱情就达到了一种形而上的境界。古代人很重视音乐,因为声音本身就具有形而上的神秘特质,它看不见,摸不着,无形无象无踪。我刚才说的话在哪里?长什么样?你能再把它找回来吗?西方人也是这么想的,黑格尔就认为音乐是一种很高级的艺术,它是诉诸上天的,因此在宗教之中音乐不可或缺。[1]我们说"此曲只应天上有",或者说要让"天上人"听到自己的心声,总之高级别的声音要与天关联,要达到形而上的层级。两个人在一起固然美好,脱离了人群的规范,脱离了俗世的评说,但是更多的爱情还是需要这样的"共通感"。于是有了钟鼓,于是"乐"生出"礼",这是一种形而上的确认和肯定。

人在成长的过程中,首要的就是用手劳动。马克思对劳动的强调是非常正确的。人们说到"劳",是劳动、劳工、劳作、劳

---

[1] 黑格尔:《美学》第三卷上册,重庆出版社2018年版,第378—386页。

累……带着点不情愿的意味，无论劳心还是劳力，都有点不开心。"一双劳动的手"好吗？它似乎暗示着一种被迫，是为了生存，为了活着，为了争取生产资料才进行这样的活动。马克思对劳动的情感也很复杂，因为劳动把人变成了机器——工业革命之后，"机器"有了特殊的含义，让人变得更叫人厌恶——它让我们变成了"机器人"，为了某种特定的功利的目的而行动，而这种劳动对人来说是一种损害，无法使人感到开心。于是他说工人阶级只有在结束劳动以后，骑自行车带上老婆孩子，喝杯啤酒交交友，这个时候才活得像个人，而在工厂机器前多劳动一个小时，得到的只有麻木①——上帝都要休息了，还让我加班！对我们人来说，只有当我们是自觉自愿的，或者是自由的时候，才能感受到快乐。

但马克思同样强调劳动创造了人，即只有当我们劳动的时候，手才能产生手艺。我们喜欢打乒乓球，或是排球和篮球，这些虽然不是劳动，但同样具有劳动的性质。当一样的动作被重复几十遍、成千遍、上万遍之后，到了比赛场上，无论对方打来任何角度刁钻的球，你的手都能先于大脑判定并神乎其神地把它接到，这就是超水平发挥，"超"的是平时自己肌肉应用的水平，达到的是艺术的境界。为什么会这样呢？因为此时此刻，我们的感性变成了"超感性"，感觉的敏锐度与覆盖面超越了寻常的界限，此时此刻手变成了"千手"。金庸小说里就有个"千手如来"，能够接住所有的暗器。我们的器官在劳动当中进行强制磨炼，而在艺术

---

① 卡尔·马克思：《工资、价格和利润》，《马克思恩格斯选集》第二卷，人民出版社2012年版，第92—98页。

化的活动当中,则进行自由的磨炼。为什么许多人追求"海豚音"呢?为什么唱歌比赛时我们总希望歌手在最后爆发出回肠荡气的高音来呢?这种"不满足"就是一种超出感性界限的追求。只有唱出独独你有而我没有的,优美而荡气回肠的,我才承认你是歌王。所以说,我们的感官是在这样的劳动和艺术活动的锻炼中渐趋发达的。

我前面讲过,感官与我们所使用的媒介,即与艺术创作的手段间存在密切的关系,然而这一问题却常常被忽视。我们用粉笔、毛笔、铅笔或是用刀写字,媒介的不同造成了呈现结果的差异,中国画与西洋画在风骨韵味上的不同,很大程度要归因于此,笔触的软硬使得水墨画与素描画泾渭分明。如今,这两种作画方式逐渐交融,但我们仍不妨回到19世纪我国与西方开始交往的时候,站在这个时间节点上往前看,我们更能发现一些事情的实质。我们需要历史,需要由此得知我们的手经过了不一样的训练——使用毛笔的训练、用刀篆刻的训练或是铭刻甲骨文的"石头记"式的训练。正是这种以"笔画"为根的与西方完全不同的书写方式,印证了在美学领域工具与其使用者器官的紧密联系。

西方人很少使用毛笔,竹制的笔杆纤瘦硬朗,无数根狼毫捆扎而成的笔头却极其柔软,软硬交叠,对我们运笔的手有着很高要求,让笔下的墨迹化开千奇百怪的姿态。文学院的常国武老师能够用一根狼毫写小楷,现在随园校区池塘边上的四副对联就是他的字。他的字实在精彩,那"一根狼毫"舍弃了千百软毫团结而成的"韧"的着力点,将软硬的过渡与掌握发挥到了极致,在这样的过程当中,手便成为创造的手、精神器官的手、从无到有的手。拿着刻刀，拿着毛笔，或是拿着鹅毛笔，这精神器官的样貌全然不同。同样的，纸也是可以造成这种不同的媒介。之前，龚贤便说作画要有手还要有纸，这是什么纸？是宣纸，古人绘画惯用的就是宣纸，只有当毛笔与宣纸两者相合，才能产生出特殊的奇迹。前一阵子，我看了傅抱石的画，看他的抱石皴，这种皴法只有用这样的纸这样的笔才能够成形。现在的电子技术已经对画作进行了高精度的采集，我们可以看一看这些高清的原画作，不难发现其中的神妙。

早期西洋画的主要作画工具中也有"软笔"，但不是毛笔，而是毛刷。在晚清的时候，西方开始大规模接触到东方的绘画，尤其是通过日本的绘画，他们似乎体验到毛笔用笔的意趣，于是西洋的印象画里也生出很强的笔墨感。我不认同吴冠中先生的"笔墨等于零"[1]这句话，通过笔墨应用生成出来的世界无论在哪个时期都有其独特的韵致。这样的世界超出我们的日常世界，而自成一个自由的世界。当我们在其中自由地应用我们的手的时候，这只手就不断地进化，如同美学在进化。这样的进化是非常重要的，所凭依的媒介自然同样重要。

所有人的手都可以经由操练达至"国手"的高度。这个"国手"不单指围棋的手，还指书法的手、古琴的手、写作的手、茶艺的手或是其他任何形式的手。人类在各种各样的活动当中，包括在劳动中熟能生巧。我们中学时学过课文《卖油翁》，也在纪录片里见过四川的秀壶与茶艺，它们的根基都在这操练之中。画家

---

[1] 吴冠中：《笔墨等于零》，江苏文艺出版社2010年版。

也要操练,手要画出一种特定的形状,难道不需要练习吗?练习本是枯燥的劳动,但是想要进化,就要将这种劳动变成自由的形式。什么是变成自由的劳动呢?就是"我就要""我想要",纵使我的声音嘶哑难听,我也要唱,唱到海枯石烂,唱到地裂天崩。

或许有些人的嗓音确实不适合唱歌,但是他热爱,这是个美丽的悲剧;有些人虽然嗓子沙哑,却可以在不断的调整与练习中寻找到适宜自己的独有音色与表现方式,譬如"烟嗓"听起来就特别令人入迷。还有很多从小众黑人音乐中发展而来的歌,中国人一听,就要夸赞道:"哇,这嗓子好有国际感啊!"为什么说是"国际感"呢?因为中国人的传统审美本是不喜欢这种嗓子的,我们喜欢的是邓丽君,是王菲或是"甜蜜蜜"的声线,沙哑低回的音色突破了我们惯常的隔套,但即便如此,它还是为我们所接纳,这就是达到了更高的境界,获得了审美的更高的共通感。

黑人对世界艺术做出了极大的贡献,让我们意识到任何东西都可以很好地实现艺术化。"诗可以兴,可以观,可以群,可以怨",黑人的艺术让我们感受到艺术向"群"的回归。当黑人部落的音乐响起,我们就产生出一股跟着他们一同扭动的冲动,回到了艺术的群体化状态,感受到在艺术的聚集作用下所有的人团结在一起的至高境界。当我们开始咏歌,便是觉"嗟叹之不足",当我们"手之舞之足之蹈之",也就是"永歌之不足"了。①于是念"关关雎鸠",就要变成"关关雎鸠兮",古音的"兮"实际就是

---

① 《毛诗序》有言:情动于中而形于言,言之不足故嗟叹之,嗟叹之不足故永歌之,永歌之不足,不知手之舞之,足之蹈之也。

"啊"——"关关雎鸠啊!"这种加入其中的文艺感,叫我们感受到"诗者,天地之心也",似乎天地之间本来就该有这种声音,本来就该有这样的歌,本来就该有这样的舞,本来就该有这样的狂欢,本来就该有所有人聚集的极乐与幸福。

非洲的一些地区,穷得要死,快乐得要命,这就让"足之蹈之"的器官随着艺术的发展不断地进化,最终成为自由的、创造的器官,这样的器官通过适宜的媒介及特定的方式自我创造,并随之生长为一种文化,一种能够传承的属于整个人类的可贵财产。

第二十一课　无中生有

人的每一个器官都说自己的功劳最大。确实，如果按照器官对人体进行划分，那么对于美的创造而言，它们确实各有不可轻视的作用。这种作用主要通过一定的媒介发生，比如上课时我用粉笔写字，这粉笔就是一种工具，也是一种媒介。

媒介是个很有意思的东西。当我们使用扩音器的时候，或是接通语音电话的时候，我们的声音就可以忽略一切障碍达至地球的另一端，甚至地球之外的地方。从某种程度上说，媒介是我们人体器官的延伸——这是加拿大传播学家麦克卢汉的想法。媒介极大地——即使并非全面地——扩展了人体。①比如，我写的文章一旦被刊登出来，世界各地的人就都能通过阅读来理解我的思想；把舞蹈上传到抖音，那么理论上说全世界也都能看到我的舞姿。当这种媒介发展繁荣，它就成为我们无法脱离的环境。像如今的人们就离不开手机，它似乎已经成为我们的器官，且这个器官特别重要和发达，能够将多重官能统筹在一起，可以同时充当书本、

---

① ［加］麦克卢汉：《理解媒介：论人的延伸》，何道宽译，译林出版社2011年版。

电视和音乐播放器，成为个人器官的综合拓展包。

西方人特别执着于认为人体是可以分裂的，即上文提到的按器官来划分人。之前我谈到，弗洛伊德的学说认为人最重要的欲望是性欲，而最重要的器官则是性器官。此外西方也有很多书以性器官为名称，再加上"主义"，以表现人对欲望的执念，好像人的存在就是为了实现器官的共用与结合。在这种泛滥的性欲论之中，马克思主义学者马尔库塞认为事实并非如此，人们相爱并不只是为了器官的接触，而是出于一种更为全面的需要。①为什么说是"全面的需要"？因为这种需要不单针对性器官，也针对完整的身体。

有个举动叫"求抱抱"，仅仅一个拥抱可以传达和满足的就很多，这或许也恰恰说明我们不应过分执着于某一特定器官，而应该执着于整个身体，应当认真思考器官与身体的关系。我有个朋友，他的女儿在学画画，家里印了不少知名的绘画作品。有一次我去他家，他问我哪一幅画得最好。我就说："门后面的那两只手画得最好。"然后被告知那一幅是他女儿的老师画的。为什么我会觉得这两只手画得很好呢？因为从中我可以看到画面外的整个人。这双手不是石膏像的手，而一定是某个活生生的人的手，它不是从身体上被移植入画中的，你仿佛还能看到画布外主人的年龄、性格和生活经历。而石膏像的手实际是不可称之为手的，那样的手失去了生命。人的器官一旦被摘除出身体，那就是死的。说这双手画得好，说明它们呈现出的不是割裂的部分，它们仍是有生

---

① ［美］马尔库塞：《爱欲与文明》，译文出版社2005年版。

命的，甚至是有心的。黑格尔说古希腊的雕塑哪怕只剩下一小块——某一块残肢、某一片翅膀或者身体的任一部分——我们也都能看到它的"眼"，这就是因为它们还有心，残片通过心灵的窗户凝视着我们。①古希腊雕塑是古典型的艺术，它的高级之处就在于此，甚至不需要足够完整，它的每一部分都像一只眼，向外闪耀出内在的灵性与光辉，引发无限的想象，比如断臂的维纳斯。在这些时候，手不再是单一的手，翅膀也不是单一的翅膀，它们与整个身体的心还有灵魂紧密相连。

为了更好地欣赏舞蹈家的舞姿，在拍摄一些镜头时，我们常常刻意只拍他的脚、他的手，或者任意一个部分。在寻常的交流中，我们会下意识地看向对方的眼睛，因为眼睛会流露出无限的情感，让我们读取和判断。但舞蹈是身体的每一个部分都闪耀着内在光芒，舞蹈家只通过身体的表达，观众便能懂得他躯体的语言，此时身体中的每个部分都在诉说他的心。但奇怪的是，很多运动似乎又是将器官分离了，甚至要求被分离的器官比其他部分更加发达，比如跳高、足球、排球、篮球或是乒乓球等，这些项目对人的不同器官提出了不同的训练要求。实际上，这种发达也是一种畸形。这种畸形正逐渐因为普遍而被视作寻常，就像学生物的人可以不懂物理，不懂化学和机械，学文学的人理所当然地不懂政治和数学，专攻某一学业方向的人仅能从他的学科角度出发思考问题，矛盾从器官的畸形上升到人的畸形——这也是之前我们讨论的"异化"。

---

① 黑格尔：《美学》第三卷，重庆出版社2018年版，第132页。

正所谓"五色令人目盲，五音令人耳聋，五味令人口爽"，这种异化正是中国道家一直极力批判的东西。"爽"现在常被用来形容开心，但这里是指一种沉迷食欲的状态，要是天天吃好的，总要腻味，腻味了就不再想吃了，海味山珍永远不可能取代清粥小菜成为饮食的常态。"五色使人目盲"，原本中国人喜用墨色来着画，看似单调，却是"墨分五色"，我们能从黑色中看出多彩的内容；而西方的油彩就是一种致使目盲的东西，缤纷斑斓，令人眼花缭乱，反而看不出多余的什么来。中国文化十分重视调解这种极端，时刻警惕人的异化与畸形，讲究历久弥新，来日方长。天天吃大鱼大肉固然"口爽"，但过度的鲜味会让人丧失味觉的灵敏；同样的，在井喷式的影视艺术的冲击之下，用眼过度的问题屡见不鲜，年轻的时候架近视眼镜，老了还要架老花镜。今年夏天我为了校对书稿，一个字一个标点地看了好些时日。等到校对完毕，就感到视力明显下降。这是很奇怪的事情，从前我们没有那么破坏性开发眼睛，于是眼睛不会坏，但从睁开眼睛开始，越是"创造性"使用，它就越要出问题。也就是说，器官独自高度发达的最终结果是失去这个器官。

艺术最初确实需要靠某一器官作为媒介，或是依靠某一工具作为身体的延伸，比如书法既需要手，也需要笔墨纸砚。之前提到，有了手才发展出手艺，有本书叫作《手艺的思想》①。我们的手至关重要，但同时，如果被手——或是其他器官——占据了思维或者精神的核心，人可能就会走向异化，走向畸形，走向精神

---

① 杭间：《手艺的思想》，山东画报出版社2003年版。

的失衡。

我在前面已经多次提及庄子那个很好的寓言,说"中央之帝为浑沌"。浑沌也就是混沌,是浑浑噩噩,为了帮浑沌走出这样的状态,倏、忽就帮它开凿七窍,这工程花费了七天——与上帝创世的工期恰巧一样,不过上帝是干了六天,然后休息了一天,可见全世界似乎都以七天为一个周期。中国人常用"开窍"来形容一个人的思维被突然打通。小学一直学不会的数学,到初中后突然易如反掌,这就是开窍了。可我们也要注意,倏、忽日凿一窍,可七日之后,浑沌却死了。这是什么意思?为浑沌开窍本是为了回报他的恩德。凿窍,其实就是开孔,不过更加细致,要一点点地打通,只开出一个小孔,甚至要由此孔洞精巧打磨出一条光滑平整的通道,来和某些神奇的东西相互勾连,来容纳光、声、味和时间。这个关口一旦通畅,后面的就会豁然开朗。为其开窍本是好心,是为了让浑沌能更好地感受到世界,可当它突然听到了美妙的声音,突然看到斑斓的颜色,突然尝到鲜美的食物,浑沌反而走向了灭亡。

首先被打开的是它的眼,其次就是感觉时间的能力。此前浑沌无知无觉、无拘无束,没有时间流逝的概念,过得安静快乐。这段不知道时间过去的时间是最幸福的时间。但现在不行了,它感觉到了时间,也感觉到了空间,变得耳聪目明。这还不算完,睁开眼之后耳朵也被打开,嘴巴紧随其后,恐怖的诱惑、庞大的信息不留一丝拒绝的余地,一股脑涌入原本清明通透的内心。我们生来具有五感,不能体会这种被迫敞开自我的痛苦,或许可以这样来想象,假设所有人忽然在此刻获得了读心的能力,你的耳朵里被迫充斥着千万人的心声，抱怨的、谩骂的、恸哭的、尖叫的……震耳欲聋，延绵不绝；与此同时，你心底最隐晦的欲望对所有人而言一览无余，赤裸没有余地——这就是开窍。如今我们用"开窍"来形容"聪明"，形容你这个人感觉变好了，变得更加灵巧敏锐，这实际上回避了感觉初生的阵痛，强调的是短期混乱之后终将迎来的秩序。

金庸的小说里有"南帝北丐东邪西毒中神通"。其中"中神通"就是老顽童，顽童是顽皮的小孩，这与道家的思想十分一致，认为越老越要返璞归真，越要回到天真的状态，就是这种儿童般的状态使得周伯通成为中神通。老顽童的"顽"其实也就相当于浑沌，浑然不知，冥顽不化。与之相近的还有馄饨，这东西我们看不清里面究竟包了什么，只有吃到嘴里之后心里才有数。"混"与"浑"是一个词，恍恍惚惚、忽忽悠悠，表示不确定的状态，尤其是时间状态。引申说来，人类的历史就是不断开窍的过程，在这个过程之中，我们的五感从对时间的恍惚中逐渐明朗，但原来某种混沌的、原初的、淳朴的、天真无邪的状态却死了。

当我们开始艺术美的创造的时候，感觉的通道便逐步被打通了，内心的世界变得宽敞明亮。于是再回过头来看普通的、凡俗的事物就会觉得难以接受。有女生花费大量的钱用于化妆打扮，但不论如何修饰都仍比不上艺术创造出的美，所以现在很多人宁愿买人偶手办抱着，因为真实的人总是有缺憾的，比不上人偶精巧。哪怕《红楼梦》中的美女也有各自的缺点，极端的要求完美的审美快感是无法被满足的，但现在的社会还是风靡这种"宁可不是人，也要完美"的追求，这是一种堕落，是强行让原本混沌的东西开启感性的通道,而把更深层的、深刻的、原本的、重要的混沌弄死了。

但矛盾也正在于此,只有当混沌死了,感觉才会产生,审美才能成活,因此站在美学的立场,很难探讨这两者间的平衡。艺术似乎也是会死的,黑格尔的《美学》就讲到艺术会终结,会死亡。甚至万能的上帝也会死,我们亲眼看着他独一无二的权力死在我们跟前。可在"上帝死了"的呼号中,艺术领域之中,这位上帝却还活得很好,大有永生下去的意思。那么,我们想,能不能通过审美的方式,叫混沌也涅槃重生?

那么混沌到底是什么呢?难道要把身体全放弃,把器官全扔掉吗?这就要说回到德勒兹的"无器官身体"。这个概念很好,从某种角度来说,我们的身体是没有器官的。"我好想念你",是身上的哪一块在想呢?是心吗?似乎全身都在想,或者这个时候可以说,是没有器官的身体在想。对于外国人强调的把身体划分为器官,中国人无法理解,因为我们认为身心统一,十指连心,十个脚趾头也连着心,身体的每个地方都连着心。因此在我们的观念下,"无器官身体"应当同时是精神性的和拥有身体感觉的存在。当你说"我感觉到孤独寂寞冷",理工科的人可能就要说:"你到底想要什么?说人话!"而人话可能是"我想要一个LV包"。虽然已经有很多的包,但我还是想买,不行吗?当然可以。其实有时"说人话"反而说的不是人话,比方说要和吴妈"困觉"的阿Q。若是所有语言都带有明确的目的与指向,那就太功利、太冷酷了,没有人味儿。不能把抒情与无病呻吟等同起来,或者反过来说,有病呻吟要上医院,无病呻吟才是艺术,才是美学,才是美感，所以说美是一种需要精神和身体结合的存在。有人明明穿了很多衣服却还说自己感到冷，那是心冷。但究竟是心脏的哪一块冷，却找不到，说不出来。贾宝玉身处温柔富贵乡、花柳繁华地，但他还会感受到冷、寂灭、悲凉、痛苦和绝望。

也就是说，当我们不仅拥有身体的器官，还具有没有器官的身体的时候，我们才是一个完整的人，否则人将逐渐异化为机器。吊重物的大货车有手臂，模拟出王羲之字迹的机器人也有，但它们依然是死的，永远感受不到工人搬运或是王羲之写字时的心情，更感觉不到文字符号背后的意蕴。器官必须由精神操控，既要有身体上的器官，也要有没有器官的身体，一旦把所有的东西都化为器官，混沌就死了。庄子非常重视"混融"的感觉——似乎是这一种感觉，却又仿佛并非这一种。钱锺书所说的"通感"与之在意义上贴近，却也仍然存在区别。譬如，"前""后"原本是空间上的定义，但我们也用"前天"或是"后天"来形容时间；"香""臭"是味觉与嗅觉上的感知，但我们同样说"臭美"，这都是感觉的混融。所以这样看来，没有器官的身体就是混沌，混沌是不能被分成各种器官的。分成了不同器官就有了功能，有了功能的分化就会走向异化和畸形，最终导致混沌的死亡。

现代社会对分工的重视，正在让人变成一种机械的存在。当我们利用器官的长处的时候，利用器官进行仿生学制造的时候，甚至最后造出机器人的时候，我们本身正在死亡。这些机器人可能比我们各方面的能力都强出许多，是一个功能人，它不会老也不会死，人的能力却被碎片化和功能化。那么正在"死亡"的人类会不会退回到动物的状态呢？人常按照功能将动物分类，爬的、飞的或是直立行走的,但事实上蛇并不是为了爬而出生的,就像蝙蝠活着并不是为了接受声波,这只是它们迎合生存需要而进化出的官能。"动物是功能化的"这一观点本身就带有人类中心主义的傲慢。我已经多次讲过,万物有灵,动物也有精神,有感觉,有伦理性,实际上一部分动物甚至比人的伦理性更强,毕竟有的人什么坏事都敢干,而动物不是这样。①所以说"人之异于禽兽者几希",人和动物的差别或许并不实际存在,动物也和人一样,有器官的同时也拥有无器官的身体,因此"动物"状态绝非人的退化。

我们谈到创造美的时候,必然会牵涉到精神层面。我们可以把精神层面分成理性、德性、情性三个部分。理性的部分,计算机、机器人也可以轻易做到。我们的工具从最初的石块、木棍到后来的机器,再到计算机、到电脑、到人工智能、到机器人,在自然科学不断向前发展的过程中,理性逐渐体现。与此同时,德性成了很重要的命题。比如无人驾驶汽车面临着的最大问题就是德性——怎么来设计行车选择?以保障谁的生命安全为第一准则?这种道德问题很容易变成法律问题,因为法律是道德的底线,道德的界限必须依靠法律来管制,所以法学和伦理学不可分割。现在关于民法的修订十分困难,也是因为牵涉许多无法统一的伦理问题。机器解决不了道德性的问题,也很难解决情性的问题——当然它可以具有一部分感性的特征,使自己可以听、可以看、可

---

① 有关动物智慧的问题,可见〔荷〕弗兰斯·德·瓦尔《万智有灵》,严青译,湖南科学技术出版社2019年版。

以嗅。美的创作所需要的感性必然是内在的感性，也就是内在的情性，需要将感与情紧密地联系在一起，即与无器官的身体联系在一起。这就是说，还存在很多机器人无法解决的问题。

之前我们讨论过，机器和人最大的不同就在于机器不会犯错，这里指执行程序设定的流程。文学院有两部最重要的书，其中一部是《说文解字》，要研究中国的语言文字就一定要吃透这本书。即便由于现代语言的冲击，今人对此不再像古人那般重视，它还是十分重要的。另一部则是《文心雕龙》，许多古代文论研究者把"雕"理解为雕琢，认为刘勰所处的时代就是以雕琢词句、繁华富丽为特点。其实，刘勰的很多想法不是这样的。我一直想写一篇文章来阐明"文心雕龙"这个书名与书本内容之间的关系，说明书名与意图的一致性。"雕龙"的意思其实很简单，就是画龙，但因为要长久地画，所以成了"雕"，是雕刻的意思。从画蛇到雕龙，这是两个同义词，有着好像"雕梁画栋"一般的互文性。"文心"即为文之用心，是"文果载心，余心有寄"。龙是人世间没有的动物，所以只有用心才能雕龙。写文章也是一样，在被我写出来之前，世界上从没有过这样的文章，写《文心雕龙》之前没有《文心雕龙》，写《红楼梦》之前也没有《红楼梦》，只写了八十回的《红楼梦》看不到结尾，所以说"龙"就是指自己将要写出的文章，而"文心雕龙"就是要用为文之用心去雕刻文章中神奇的、变化莫测的、难以形容的、独有的东西。

前面我说过，画蛇添足是画龙点睛的第一步。上海有位学者认为《西游记》没什么了不起，只不过是把一只猴、一只猪变成了神，让几个动物去西天取经，想象力不过止步于动物成神。这篇文章令我十分气愤，怎么能有这种想法呢？或许也是因为那时候正是20世纪80年代初，他急切地想要否定文学中的浪漫主义，使所有文学都进入现实主义领地。可难道给动物加了点东西就是浪漫主义了吗？当时我激情满怀，写了一份万字长书给他寄了过去，不过没人理我。这么多年过去了，我还是保有这一想法——既然赋予了动物一些东西，它们就已经不是原来的动物了，神化的动物确实具备了神的精神。画蛇添足确实是犯错了，但"添足"反而增加了我们的想象力，令我们惊觉原来蛇不只能在地上爬，还能在天上飞，在海里游，这就是蛇足的神奇之处，这样的想象力难道不够伟大吗？龙就是这样的一种伟大的想象，它作为中华民族的图腾而存在。中国社科院的考古新发现说这是取形于天上星座的形状，也就是说甲骨文时代，或者说六千年前，古人就已经以龙为天之形。中国社科院考古研究所长冯时写过一系列考察中国古代天文与甲骨文关系的文章，很精彩，它们就从天文的角度来看龙。那么，是从什么时候开始，人把蛇与龙混淆在一起的呢？这还没有定论，或许因为想让天龙降生到人世间来，于是既会爬也会游的蛇就与龙搅和在一起了。我们形容女孩子的腰很细，身姿曼妙，就常说她是"水蛇腰"，譬如张曼玉饰的青蛇，扭起来简直像是电脑特效，不像人而具有蛇的特征。

一错到底却成就了美的创造。错误使我们突破原本的理性界限，放下事实的"是"，找出"可能是""可以是""希望是"，从而实现超越性的创造。美的创造必然突破一切界限，进入自然、自由的状态。这是一种可以犯错的自由，在这个境界中，错误成为一种褒奖。有一部叫作《误杀》的电影，它的结构与我们的心理十分契合，一部电影要做到同时合乎道德欲与观影心理是很困难的，但如果从审美的角度出发，这一困难似乎便迎刃而解，因为它的内质将不以符合道德而以突破道德甚至反道德来实现物质化。很多艺术品，比如电影或是小说，都是通过不断突破人对自身处境的想象来增大自由的权利并拓宽世界的，这一点与自然科学有异曲同工之妙。艺术与我们心灵世界创造出来的东西一致，我们可以在美学当中犯错，以实现对自由的探索。一旦被格式化，被套路化，就会沦为"平庸的恶"，好比在计算机智能发展出作曲和作诗的功能之后，平庸的音乐家与诗人就无饭可吃了。

我们常常会说"假如"，所谓"假如"就是虚假，也就是我们前面阐述的虚构。我们通过"假如"来设定特定情境，观察此时究竟会发生什么。在数学中，同样常有"假如有一个点"或是"假如有一个三角形"这样的说法，在此前提之下，要求证明点与点、点与线的距离或是角度关系。之前我已提出自然科学是由虚构开始的论点，最根本的东西往往是不可知的，只能用假定来判断。我们都知道两点之间直线最短，但真的能够画出这条最短的直线吗？实际是不能的，这条线只存在于我们的头脑中，所以一切都从虚构开始。那虚构又从哪里开始的呢？从没有器官的身体开始。想象中的身体是没有器官的，当我们的想象力像龙一样腾飞起来的时候，空中的身影就仿佛仅是残影，似有似无，捉摸不定，最终就不再有身体了。这种抓不住的残影就相当于中国传统美学中的"意境"，它只存在于幻想之中，是任意长、任意大、任意宽、任意高的虚拟空间。我们能把一只手或一只脚伸进王维诗歌的意境里去吗？显然不可能！只有通过没有器官的身体才能进入那种虚空的灵境。找不到器官，也找不到具体实在的东西，这就是虚；跟着心走，体悟到什么就达到什么高度，这就是灵。比如"空山不见人，但闻人语响"的翻译有十数种，说明外国人对这句话的体会感悟各不相同，构建起的虚空各不相同。

在审美的时候，我们应该让头脑腾空，成为无身体的器官、无器官的身体。只有先成为"无"，才能无中生有。这个"有"不是"是"，而是经过思想的飞跃后到达的美妙境界。如此看来，美学的创造需要从绝望中诞生，但这种绝望并非来自外物的逼迫，它是自然生发的一种感觉，而这种绝境则以美的方式开辟艺术家的思维，拨去迷雾，让我们看到更多的路。美学智慧就在于此——哪怕是犯错，也可以是好的错误，它让我们得以高高天上飞，深深海里行，进入与此前不同的人生境界。

第二十二课　天才的飘逸

美学的重心应当转向美的创造——这是永恒的问题。因为人类与上帝一样，最初面临的对象就是自己所制造出来的东西，思考的就是自己与自己的创造物之间的关系问题。

而美的创造者，是人。

我们与西方处在两种不同的系统当中，根植两种不同的文化土壤，承继两种不同的哲学背景，秉持两种不同的世界观、人生观及价值观，因此制造出的艺术品自然不同。相互接壤靠近的国家，比方说我们与日本、与东南亚一带，在艺术观念上就有很多共通之处。但在交流发展的进程之中，差异与变异仍是目不暇接。我们意识到，或许艺术冲动与自然科学的那种冲动是不一样的，并不是越是民族的就越是世界的，或者越是世界的就越是民族的，这论断正反都好像说不通。西方人的著作，一般先提出问题，然后顺着问题一路往下来进行论述。中国人读西方人的书，一开始很不习惯，觉得这种书的结构千篇一律，都是写给"钝根"①人的。至于我们自

---

① "钝根"：佛教语。指根机愚钝，不能领悟佛法。《法华经·药草喻品》有云："正见邪见，利根钝根。"

己的书,那才是给"利根者"读的,只有拥有超强领悟力的人才能读懂它们。我已经多次提及,西方人有着追问的传统。他们讲究程序,讲究步骤,讲究系统。因此我们读西方的书,一定要循着线索顺流而下,顺着这条线,将最开始的那个问题一路高悬,收拢发散的"玄思",改变"妙不可言"的态度,随之追问、追问、再追问,直到自圆其说,理出一个完满的圆——这样的"圆"也正是黑格尔口中的一大重要思维结构。即是说,我们谈美,首先要肯定彼此间差异的存在,不叫中西的体系混同,分析其各自独有的艺术思维,探究其分别孕生的美学智慧,在这样的基础之上,再来考虑它们的共通之处,试一试,瞧一瞧,能不能找到什么美丽的规律。

在西方的观念里,最开始在创造的不是人,是上帝,因此获得了伟大创造能力的人就成为"天才",而中国古代或多或少也有这样的观念。我们曾多次讨论天才与灵感的关系,论述过科学与艺术的区别,也知晓天才的创造是无底的黑洞,因为创造的过程不可解析、复制和逆转。灵感本身就在排斥科学的阐释,且随着上帝在现代社会"以言行事"话语权的逐渐弱化,人在创造中的独特地位被越来越多地凸显。李贺有诗道:"笔补造化天无功。"这代表人凭借才华可以造出自然中所不存在的东西,这与中国古代"巧夺天工"的观念有异曲同工之妙。人造物、人造人、人造超人及可能将要出现的恐怖的人造自然人,都是科学的"夺天之造化",而李贺此言,则是自艺术的角度肯定了:较之天地对造化而言,人的天才、灵巧、智慧更有功劳。艺术家总是满怀雄心壮志,要与上帝争夺创世者的地位,但在肯定自身效能的同时,如何在"天工"与"人工"之间寻觅一个精巧的平衡点，才是我们美学智慧需要探究的课题。我们需要意识到，人的美学是在进行一种"女娲补天"式的创造，天生万物，而后能"夺"；天衍造化，而后有"补"。美学智慧以人的天才为灵根，却也须以天地自然为血肉。

我曾提过西方的"混沌"：最初的创造总是从混沌开始，而"混沌"这个词在中国则主要用来形容"道通为一"①的感觉。就我们固有的认知来讲，在七窍形成了之后，人的各种感觉之间就很难再毫无障碍地沟通了。但庄子认为，在过去曾经有过一个相通的阶段："道术将为天下裂"②，即远古的时候天下原始混沌一气、互不相分的，但是在某一刻突然分裂开来，从此七窍打通了。这些分裂物有的只管嗅觉，有的只管听觉，有的只管视觉。同样的，从此每个人有了他们各自的学说，有了各自对天道的理解。

即是说，我们这里讲的"混沌"，其实是一种超越器官界限的感觉。在中国文化中，有不少地方存在着这样的"超感觉"。比如，我们说"你讲的话有股酸酸的味道"，散发着"醋意"，又像是中医中所讲的"感觉"，其实有时便带有通感的意味。这种感觉对庄子来说是一种"混沌感"，而如果从"道通为一"的"道"字来讲，那就是一种精神，一种"无器官的身体"，它统帅并超越了身体的存在。德语中的"精神"即中文里的"灵"，或是"魂"和

---

① "道通为一"源自《庄子·齐物论》："故为是举莛与楹，厉与西施，恢诡谲怪，道通为一。"
② "道术将为天下裂"为《庄子·天下》中提出的范畴。参见《庄子集释》，郭庆藩校，中华书局1961年版，第1064页。

"灵魂",是"灵魂"的"灵"。它支配着我们所有的感觉,也支配着身体。唯物主义中也有"灵",当我们谈及精神与物质,实质就是在说灵与肉,可见唯物主义也好、唯心主义也罢,要论第一本原,前提便是认可精神的存在,也就是灵性一直都在。

既然"混沌"是超越了所统帅之身体的,为何我们还要将其称为"没有器官的'身体'"呢?因为有了身体,才能有感觉。正如之前所说,审美与感觉都需要一定的媒介。摒弃身体的理论自然也是有的,黑格尔"理念的感性显现"到了最后便希望将一切感性的部分舍弃,以达至纯粹的、绝对的理念,身体就此消失了。之前谈到,西方文化中对身体的厌恶屡见不鲜,基督教尤甚。相对来说,中国文化中倒是很少展露出对身体的厌恶。如果表现了,那么往往是为了"反对身体代表的美",为了"反美学"。譬如在话本小说和野史传说里,男人往往为了美丽的女人丢了天下、送了命,于是要抵制这"红颜祸水",要远离这"粉红骷髅"。也就是说,这种"厌恶"实际针对的是身体中隐藏的对人产生诱惑的东西。

我们研究美学,就有必要知道,并非所有的中国文化传统都是推崇审美的。宋代理学就有很多强烈反对美、反对审美的言论。儒家文化中所谓"非礼勿视,非礼勿听,非礼勿言,非礼勿动"①,就是将对美的欣赏严格限制在礼法的范围之内,只能看规定你去看的,说规定你去说的,做规定你去做的,超出了这个限

---

① 《论语·颜渊》:颜渊问仁。子曰:"克己复礼为仁。一日克己复礼,天下归仁焉。为仁由己,而由人乎哉?"颜渊曰:"请问其目。"子曰:"非礼勿视,非礼勿听,非礼勿言,非礼勿动。"颜渊曰:"回虽不敏,请事斯语矣。"

度，就是非礼。而在道家那里，"礼"本身就是"非礼"，规则本身就是对原初规则的破坏。老子、庄子都很厌恶礼教，但从根本上讲，这也是厌恶美，秉持的仍是反美学的态度——当然这与如今的"反美学"存在一些概念上的差异——他们认为以杀死混沌为代价孕生美学，本身就是一种罪恶。旭日东升，鸟鸣山涧，似乎又是美好的一天，但这一天始终在走向终结，美好的诞生意味着灾难结局的开始，较之无知无觉不辨时空的混沌，很难说哪一种状态更加幸福。

但我们已经"相认"了，我们回不去了。如若意欲在审美中追寻混沌新生，就只能更多地发觉美学的智慧。我们在被美吸引的同时又因与其伴生的欲望及诱惑而感到惧怕，但也正是在对这诱惑的克服与排拒中，才真正达至了审美的境界。所以我强调"没有器官的'身体'"，那种视身体为洪水猛兽而避之不及的想法很不可取。

美学最重要的就是感性学，因此作为感性由来的身体是美学的根源。我们或许都希望让自己的精神脱离肉体的桎梏，自由地运行。柏拉图就是这么想的[①]。他认为，我们生活在天上的时候都是没有身体的，不过降生为人得到一具肉体凡胎之后就记不得那时候的事情，就像是喝了奈何桥边上孟婆的汤，把一切忘了个干净。"给我一杯忘情水"，这个"忘情水"就是我们的身体，住进去就会忘记原来精神的存在。但与此同时，很多东西也被我们找

[①] ［古希腊］柏拉图：《斐多》，杨绛译，辽宁人民出版社2000年版，第33—35页。

回来——什么回来了？感觉回来了，或者说感性回来了。

我们之所以需要美学，就是因为每个人都只是短暂的感性的存在，即海德格尔所说的"此在"。简单来说就是人是会死的，是向死而生的。而在此过程中，烦闷、畏惧、无聊以及疲倦都是不可避免的基本现象。前些天，南京大学的一位老师给我看了他为鼠年设计的四枚鼠标的图样，红、绿、蓝、黑各一，图上的鼠标后头拖着的电线乱成一团，可就是找不到USB插头，似乎是忘记了设计出的鼠标最终要连接电脑。海德格尔认为，人也有这样类似的状态，各种各样的"烦"令我们失魂落魄，忘掉了"脑"。① 可所谓的"美的创造"，也正是来自这些痛苦、烦恼和无聊，所有被认作负面情绪的精神素质往往也是文学创作重要的内驱力。

宋词以及后来的诗歌中都乐于表现一种"慵懒的优雅"。这种"懒起画娥眉"或是"慵整纤纤手"的女子，往往比生机勃勃的人更加性感，更具有吸引力。为什么"懒"之前加一个"慵"字，就能够在美学上产生致命的吸引力，成为小说、诗歌当中高妙的精神佐食呢？这是个值得大家思考的问题。

似乎贬讽意味的形容在美学上都有其价值，"懒"是如此，"蠢"也是如此——因为它们无一不能促使美的创造。"蠢"就是"弱智"，我们需要它吗？我们什么时候会去感受它呢？当看到自己心爱的、崇拜的人的时候，我们的头脑往往是不够用的，花言

---

① 海德格尔提到"烦"："它不是一种精神状态，而是此在之存在的基本结构……烦是先天地使此在的一切行为方式成为可能的基本结构的统一。""烦"表现了人的生存状态的最根本、最原始的情态，亦使人意识到自由和责任。[德]海德格尔：《存在与时间》，陈嘉映、王庆节译，商务出版社2019年版，第191页。

巧语都化为一片空白，一个字都说不出来，这就是"蠢"，像是春天的虫子在脑子里拱动，躁乱而激烈。几乎所有的文化中，都有对愚人的歌颂。我要成为女神或是男神，希望其他人看见我就心动不安，就蠢动；我要当皇上，希望大家都蠢一些，忠心耿耿的，像一条狗或者一个愚人。宗教中更是注重"愚蠢"这种素养，在全知全能的上天和主面前，世人都是愚蠢的，而信徒则需要通过虔诚的信仰来安于愚蠢、巩固愚蠢。也就是说，宗教要求以信仰代替智慧与推理，一旦人开始推理，开始向全知全能的上帝提问，开始疑惑上帝他老人家能否制造出自己搬不动的石头，就麻烦了。在美学中"愚蠢"同样十分重要，这里的"愚蠢"更大程度上包含着智慧——大智若愚。

有人便将这种蠢人的智慧归结成"反智论"。然而，美学上确实需要这样的反智。比起将理性的思维与推理直接照搬到美学上，"愚蠢"的方式反而更能创造出美。有一部美国电影叫《阿甘正传》。阿甘很蠢，他喜欢的女孩后来嫁了人，生了孩子之后又和他在一起。可无论这个女孩怎么变，他始终对女孩充满了爱。这就是蠢得执着。他小时候就有一点弱智，但也正因为"弱"，反而成就了智慧。有人赞扬卡夫卡是"弱的天才"。巴尔扎克的手杖上刻着拿破仑的那句"我在摧毁一切障碍"，而卡夫卡则是相反，他说这世上的"一切障碍在摧毁我"。首先想要将卡夫卡摧毁的就是他的犹太父亲。这位老爸很有章法，用精神上的不断折磨，把卡夫卡打磨成了"弱的天才"。老子也是一位"弱的天才"，过刚易折，大智若愚——不论什么时候，他都强调弱、强调拙。可见在美学创造上，除了需要一种特别的智慧，更多的时候还需要身体具有的种种缺陷，需要我们劳动着劳动着就觉得累，玩着玩着就觉得懒，看见美丽的对象就变蠢，美的转化在这些时候就会发生，这就是美的创造。

在中国文化，尤其诗歌与词学里，往往提倡重、拙和大。如果你用的字能给人一种"沉重"的感觉，那么这个字就用得好。杜甫就擅长这种沉郁顿挫的用笔。"郁"就是郁结萦绕在心中，久久无法消散；这个"挫"犹如用锉刀挫，锉刀形状有点像锯子，现在很少再用，过去倒是常见。读他的诗，我们的心就好像被锉刀一格格地挫伤，心头在滴血，被一道道地划成锯齿般的鲜血淋漓。"拙"的倾向也是一样，你要笨笨的，这才是真正的好。不要求你轻巧、娇艳、灵活，而要求你踏实稳重，有一种沉甸甸的感觉，这才是一种比较高的境界。至于"大"的气象，譬如"苍山如海，残阳如血"，往往带着些崇高的意味。也就是说在美学及美的创造中，我们常需要调动一些寻常来讲较为负面的东西，把相对的界限打破，对痛感进行转换。厨川白村写有一本《苦闷的象征》，其中便说，文学艺术是苦闷的象征，是郁积在内心的东西被以象征的方式表达了出来。①

在美的创造中，我们尤其需要注意的不是"创造的人"而是"人在创造"。每个人都是有限的、有终点的存在，所以我们常说"人生苦短"。你从小婴儿长成青年，在大好年华里，但是很快你也会看到生活狰狞的面目。你才刚刚踏入电影院，开场还没有几分钟，后头的暗潮汹涌还在埋伏笔，最大的坏蛋还在潜藏中。到

---

① ［日］厨川白村：《苦闷的象征》，鲁迅译，人民文学出版社2007年版。

了后来，你才发现这漫长而短暂的一生充满了跌宕起伏。人的一生就好像一堂美学课，一生都在经历情感的磨炼，从我们有了感觉开始，就会感受到世界的糟糕之处。而后慢慢从哇哇大哭中生出悲剧性的预感，意识到这样的一生注定是不平凡的、不安的。从这堂课的开始直至结尾，充满了复杂的纠葛、无数的跌宕起伏，这凌乱的起伏变化中总有一些拉扯着我们的心，牵连着我们的情。于是，我们看见了自己的美学。

我在给研究生开设的课上讲述过由生到死的各个阶段中人所历经的各种心境。我认为美学是属于单个人的，每个人都能够领悟到自己的美学，达至独有的境界。但是个人必将进入社会，而一旦进入了大世界，就要与各种各样的人、机构和各种麻烦打交道。前些天我想把母亲的户口迁到南京来，费了好大的力气才备齐了繁琐的文件，可最终还是没有办成。这令我沮丧至极——为什么"证明我妈是我妈"这么难呢？这种低落的情绪一路持续到回学校，偏偏遇上下大雨，好家伙，尾椎骨就这么摔断了。那时候我就感慨，这人生可真痛苦啊！这么大年纪的人了，连"证明我妈是我妈"都做不到。你以为自己无所不能，实际上做不到的却是太多太多。每个人的喜怒哀乐、跌宕起伏，只有自己知道，所以真正的美学大抵终归是属于个人的，就像曾经担任美国历史学会主席的卡尔·贝克尔说过的那样，"人人都是他自己的历史学家"[1]，研究的是自己一生的美学历史，或者说是"美的历程"。

---

[1] 卡尔·贝克尔，美国著名历史学家，1931年就任美国历史学会主席，发表著名演讲"人人都是他自己的历史学家"，生动阐释了相对主义的历史观念。卡尔·贝克尔：《人人都是他自己的历史学家》，北京大学出版社2013年版。

老子说"出生入死",其中有大道理。我们迫不及待地出生、有了自己的身体的那一刻,便开始了奔赴死亡的漫长过程。无论热情还是倦怠,无论向着哪一个方向,都要到达同样的终点。也就是说,我们每个人都只是有限的存在,作为整体的人类也是如此。但恰恰是这些有限的地方,这些看起来是恶的部分,潜伏着我们无限的、永恒的、多变的希望,所以我们说,不好的、"负面的"东西是美的创造的契机与源泉——"负面"这个形容不大合适,毕竟这意味着首先要有明确划分正负双方的前提。换一种说法,其实就是弗洛伊德所说的人所具有的"原罪",或者说"本能"[1],是它们成了创造美的内在的动力与永不枯竭的源泉。我国的古代文论中,时常溢出人对自我的有限的感慨:在这短暂的一生中,人总希望自己能留下什么永远的痕迹,于是有"盖文章,经国之大业,不朽之盛事"。我们创造美,说到底是为了不朽,中国与西方在这一点上是共通的。不朽是什么?是永生。即是说,我们在自我的有限之中感受到了其中的永生感,感受到"你真美啊,请停留一下"的冲动,那是在瞬间的、流逝的时间里飞溅出的活着的触感,一种永生的触感。正是我们的有限性及由此而生的对永恒的祈求,激发了美的创造。

关于创造者,我们可以讲孤独,讲寂寞,讲烦恼,各式各样的部分任意拎出一条来,都能延展出很多的内容。可为什么会有这么多的爱、恶、惧,这样无尽的烦恼呢?因为这是"人生"。我

---

[1] [奥]弗洛伊德:《自我与本我》,周珺译,百花文艺出版社2019年版,第27—46页。

们作为人而活着，而不是动物，不是"动物人"。动物具有人的许多特征，所以，要作为一个完全的人活着，就要超越动物，尼采就将人认作是由动物过渡到"超人"的中介。以往我们假定的"动物只有本能而没有思维"的论断已经被动物科学所打败——动物是具有思维，具有感觉和本能的。我认为，它们同样有着自身的美的创造。它们也会劳动，也创造出形形色色的世界——鸟巢的结构浑然天成。而人所做的，不过是放大的工作，因为我们时常要借鉴动物的、自然的智慧来进行创造。可现在我们正在日益远离这样的自然。有首儿歌"小老鼠上灯台，偷油吃下不来"，什么是灯台？为什么要偷油？怎么会偷得到呢？以往点灯用的都是豆油，灯芯就放在高高的独立的台子上。可是现在我们已经很难见到这样的灯，也不容易看见老鼠了。我们被与自然隔离，属于人的生态被破坏，但通过影像记录，我们仍可以轻易发觉动物惊人的创造力。可另一方面，这种创造再惊人，最终也并没有形成更复杂的、蕴含情感的质地，它们也唱歌、也跳舞，但与人相较，却依然缺少某种能力。那是一种符号增殖的能力，尽管在动物的种的记忆中存有创造符号的本能，它们却不能由这个符号变化衍生出其他各种各样的东西。

　　人在面对动物的时候，总有一种要超越它的冲动，这叫作"人类中心主义"。马克思之后，这种理论开始受到西方的抵制，在我国则更早，庄子开始便有"齐物论"。可问题在于，庄子也是人，尽管他想要和动物平等地沟通，可当"平等"被作为一种理想提出的时候，不平等已经长久地、根深蒂固地成为现实的存在了。所以我们说，"人类中心主义"这个问题，可以被稍加克服，但是很难被彻底清除。同样的，在美学当中，首先定是要以人为中心来表达情感的。再仿真的电影戏剧，再栩栩如生的艺术，比如齐白石的虾，根本上表达的还是人的情感。所以从美学的视角来看，那些来自动物的部分，实际也超越了动物，而体现了人的创造。

在另一个维度上，也可以由此推及我们和机器人的差别。曾有一部电影叫作《我，机器人》，之后还出了续集。"我，机器人"，这话说得很奇怪，自我意识是人才具有的，批量生产的机器人如果当真能够认识到"我"，意识到"我是这样的电脑，而你是那样的，我不要和其他机器一样"，就当真要麻烦了。这部影片终了时，机器人突然流下了眼泪，智能的土壤里落下一场含情的雨，于是"我"的种子发疯生长。尽管如此，我认为人永远制造不出这样一个能够真正意识到"我"的机器人，它们的本质还是"机器"，而"人"只是外在的拟态。

马克思非常反对人的异化。但在此之前，关于"把人变成机器"的理论已经形成了一个复杂的学说。理论家将整个国家视作一台机器，即"国家机器"，在这个国家里面的人，则被按照机器的运行规则与运作机制统治着。当霍布斯的《利维坦》用机械式的、物理学的理论来解释国家的构成、动力与体制的时候，这种理念便被完全体现。[1]从席勒开始，极力反对的声音出现，之后的黑格尔及他的好友荷尔德林也对此发声。多年前有一篇谈及德国

---

[1] ［英］霍布斯：《利维坦》，黎思复、黎廷弼译，杨昌裕校，商务印书馆2017年版。

唯心论最初的体系的文章被后人发现，不少人由字迹分辨出应是黑格尔的文章。然而，这篇文章被收入荷尔德林及谢林的文集里，它的实际作者是谁则一直没有定论。它所强调的就是把人视作国家机器中的一个部件，这是很悲惨的，甚至有人据此怀疑原作者是马克思——自然这并不可能，尽管它的思想和马克思的观念确实相近。马克思如果真有自己的美学体系，我认为它将更加接近于谢林和席勒。我个人更喜欢谢林的思想，因为其中更具美学的色彩。总之，他们认为如果国家成为机器，将是一种非常可怕的前景，而当时的德国已经呈现出这样的趋势。现在我们还把德国足球比作"德国战车"，因为他们的进攻所采取的是一种很冷酷的机械一般冷硬精准的推进方式，在德国的思想传统里经常刻印着类似的痕迹。俄罗斯以及许多其他西方国家的小说都不时调侃嘲笑德国人这种一丝不苟的刻板人格，这大抵也体现出诗人和哲人们对国家变成机器这一前景的恐惧与反感。而在这样的一种情况下，机器人无疑是将这种前景往前又推进了一步，自然也会引发我们的恐慌：是否有一天，就不再需要人了，我们将被机器所彻底取代？恐怖谷效应之下，我们生出恐惧十分正常，但同时我们需要明确，再精密厉害的机器，本质都是依靠大数据和模仿形成的系统，而一旦你被纳入这个系统之中，你就将成为它的部件。

哥德尔的不完备性定理认为，任何一套系统都有不能容纳的方面，将其理论归纳总结为一句话："我不在这个系统之中。"①哥德尔本身是一位逻辑学家、数学家，而我将这句话称为哥德尔的美学宣言——"任何人在，'我'不在"，任凭怎样精密和伟大的系统，都不能把我放入其中。我要出逃，要从一切系统中逃离。我要异质性，我要做异端。古今中外众多的文学作品中都有与此相似的"我"——"我"不想待在贾府里，不要被圈在"家春秋"里，不要徘徊在白鹿原里，不要禁足在任何一个地方。美学的人生总是追求"逃离"，我独有的人生雕琢出我的个性，这种个性与你们总有不一样的部分。我要保有这样的部分，并珍而重之，因为它让你的系统装不进我。于是我冲出逼仄的囚笼，看到了天。

关于那一篇文章，曾有人说它是黑格尔、谢林和荷尔德林三人共同的思想产物。我认为很有道理，既是黑格尔的笔迹，他自然认同其中的观点，说这是荷尔德林或是谢林的思想也很对。文章认为我们应当重新发现德国唯心主义思想的体系，它肯定了康德的价值，假设人是自由的，假设是有上帝和不朽的，并由此阐述一种从"无"中生"有"的创造。这"无"中就包孕有从动物而来的感性经验所蕴藏的精神，这种精神根源于自由，而趋向于不朽。我们渴望自由，也希望永久地留存，这实际上很好地完成了一次美学的论证。这样的精神必然是带有诗性的，必然是一种

---

① 不完备性定理是哥德尔在1931年提出来的。这一理论使数学基础研究发生了划时代的变化，更是现代逻辑史上很重要的一座里程碑。该定理与塔尔斯基的形式语言的真理论、图灵机和判定问题，被赞誉为现代逻辑科学在哲学方面的三大成果。哥德尔证明了任何一个形式系统，只要包括了简单的初等数论描述，而且是自洽的，它必定包含某些系统内所允许的方法既不能证明真也不能证伪的命题。

神话。谢林晚年曾经写过《神话哲学和天启哲学》，对神话尤其重视，这也就不难理解文章本身被认为是他的作品。无论是谢林、荷尔德林还是黑格尔，都认为人最重要的精神创造必然是神话的创造，一种诗性的、美学的创造。这听起来有些虚妄，但从人与"动物人""机器人"的复杂关系中，我们会发觉自己确实由一种盲目的冲动中开始了对世界的创造。

在创造世界的进程中，我们万不可被机械的思维所捆绑束缚，让自己变成机器人。当我们乘车的时候，使用电脑的时候，都不会感受到恐慌，因为我们清楚地意识到是人在驾驭机器，机器与我们界限分明；而我们畏惧"机器人"，是担心它的能力将要渗入我们根本的智力领域，将要对这样的界限发起冲击，从而反客为主地掌控我们。畏惧的产生情有可原，但比起畏惧，我们更应该好好思忖和探讨这种恐慌的性质及克服它的方法。黑格尔、谢林、席勒和康德，他们的厚重深邃的思想极具穿透力：因为我们是人，所以我们不能被机器束缚，要自由地发展自己的天分和才能；正因为人是有限的，会死的，才能够进行美的创造。机器是能够永恒运行的吗？机器是永不出错的吗？其实也不是，不过是面对机器时产生的恐慌把我们带入不可测的误区之中。

总的来说，美的要义就在于其鉴赏与创造之中，以往的美学对后者的关注相对较少，我所探讨的东西也十分浅显，但创造这一领域无疑更加重要，进一步的研究希望由你们来完成。

而我们人类的心灵中，永远都不会灭绝掉美学的智慧灵光。

康德在《纯粹理性批判》中曾提出，先验综合判断是怎么可能的？在《判断力批判》中，则以介于知性与理性之间的判断力进行研究。我认为，若扩大"先验综合判断"的范畴，不妨说，其中包藏着一切创造的奥秘。与分析判断不同的综合判断，最重要的是通过经验的或者先天的直观，提供了新的东西。

这是人类精神创造性的绽放！包含了审美判断力的先验综合判断力，指向的是无限的创造力。都是"多"出来的一点点，但其中既有已呈现出来的东西，又包孕着未曾、无法呈现出来的东西。所谓"象外之象""味外之味""言外之意"，所谓"余音""神韵"，均在于"剩余"，在于"溢出""逸出"；亦在于蕴藏，在于缺乏，你可以说，是感到的"少"，感到的"不足"，感到需要填充并且调动着你去填充的东西——欲望、愿望、祈望。是唤醒的匮乏和充实感，是精神的新的陌生体验。

一切创造，由此打开。

结语　美无邪

思无邪。美不羁。

天真无邪，美是这个无邪！

"最喜小儿无赖"，此"无赖"亦无邪也。

青春无敌，此"无敌"即无邪也。"年轻，做什么都可以。"

"一天早晨，格里高尔·萨姆沙从不安的睡梦中醒来，发现自己躺在床上变成了一只巨大的甲虫。他仰卧着，那坚硬得像铁甲一般的背贴着床"，自我"物化"、猛然间发现社会也"物化"，这种现实，是否令跨过青春门槛的入世者心生冷漠、虚无？甲虫格里高尔死去，他的父母，"几乎同时突然发现，虽然最近女儿经历了那么多的忧患，脸色苍白，但是她已经成长为一个身材丰满的美丽的少女了。……在旅途终结时，他们的女儿第一个跳起来，舒展了几下她那充满青春活力的身体"。盲目蠢动的青春生命，有些令人厌恶，却也展现出无尽绵延的希望。迈向理智之年，却最有懵懂的深不见底的情动。

"结束铅华归少作，屏除丝竹入中年"，中年似乎彻底"无情""无乐"，但是，"无何有之乡，广莫之野，彷徨乎无为其侧，逍遥乎寝卧其下"的"屏除"，却进入另一种"无邪"。

老顽童,"老子"——美,越老越天真,越无邪。

直至:无。

无善无恶心之体。王阳明说。

心体抵达,亦抵达智慧之体。

否则,如傻大姐看妖精打架。

分清神仙、妖精,已是"为善去恶是良知"。

但是,离智慧尚去一间。

只有"无邪",方是顿悟。

老子曰:有无相生。留一点"无",方能生生不息地"有"。

佛曰:无相;《金刚经》:无我相、无人相、无众生相、无寿者相。

现象学:无前提(悬搁)。海德格尔:解脱自身而入"无"。萨特:存在与虚无。

现代学术乃至现代社会,均是在三个"不"上建立的:不确定,不完全,不可能。不确定,即海森堡的不确定性原理:不能同时精确确定一个基本粒子的位置和动量;不完全,即哥德尔的不完全原理,任何一个形式系统,只要包括了简单的初等数论描述,而且是自洽的,它必定包含某些系统内所允许的方法既不能证明真也不能证伪的命题;不可能,即阿罗不可能性定理,如果众多的社会成员具有不同的偏好,而社会又有多种备选方案,那么在民主的制度下不可能得到令所有的人都满意的结果。

这些"不",这些"无",其实,均通向精神境界上的"无",那就是:自由!

美无邪:美是一种极致的自由!是冲破牢笼——任何思想的牢笼——的自由!是反对任何格式化、任何方法的自由!是溢出、反叛、游牧、超越、扶摇直上……的自由!

科学借助着"无邪",冲破宗教神学获得自由。

但是,科学也会僭为"上帝",也需"祛魅",也需祛毒。

伦理道德借助"无邪",从原始、封建、资本主义社会获得解放!

美,当她剥开重重铁幕、重重律条、重重自设的规训,历史地"解衣磐礴"时,上帝微笑拈花,让"人"回归伊甸园。

毒蛇咝咝乱叫。复归伊甸者,赤身裸体,面对上帝!

这就是美的智慧:无邪!

复归婴儿,便是复归上帝。

或曰:蒙娜丽莎的微笑,有诱人的欲望,但被遮掩在似乎优雅的倾城之美中。

无邪……

"芴漠无形,变化无常,死与生与,天地并与,神明往与!芒乎何之,忽乎何适,万物毕罗,莫足以归……以天下为沉浊,独与天地精神往来,而不敖倪于万物……"(《庄子·天下》)

不确定,不完全,不可能,阴阳不测之谓神,神无方而易无体,独,与天地精神往来,岂非美乎?

美无邪,无端涯,"其应于化而解于物也,其理不竭,其来不蜕,芒乎昧乎,未之尽者"。(庄子·天下)

美,启动着无尽!

西文之"天才":genius。根据古希腊神话,每个人出生时都有一位介于神人之间的守护神被分派来终生守护在人的身边,而守护神的希腊文为daimon,拉丁文则为genius(birth),即发生、起源、诞生之意。古罗马神话里的守护神之所以被称为genius就是因为他在一个新生命诞生时方才出现。gen-这个拉丁词根所代表的第一个含义即"起源、诞生"。善良的人们对神寄予厚望，企盼在婴儿呱呱落地时这位守护之神能赐给孩子优秀品质、非凡的能力。久而久之，守护神的名字genius就成了天才、天赋的代名词。天才，是天资、天赋，是天"生"的创造力，是一种神性的力量——这种力量，既需要小心翼翼地守护，又具有摆脱羁绊、猖狂痛快地奔逸超迈！

杜甫赞叹李太白曰：痛饮狂歌空度日，飞扬跋扈为谁雄？

天才与疯狂之间，相隔着什么？

是无邪！狂者进取，狷者无为。唯无邪者超越狂狷，以一道灵光，抵达慧体。

灵性的探求！

无邪是天真。天真烂漫，很容易被击碎。珍贵的东西，均如是。

天，胜于人。"天"人，才是"真"人。"天"才，注定是人人均具有的。但是，在不知不觉中被摧毁于无形、无心。其中，被计算、被机器、被动物与人之"几希"所摧折的乃其大者。

因此，在动物、机器之间，还得向着那个"无"，那个"天"，呼吸、领会、感悟、直觉、深思……

吾丧我。

吾得天！天机。

故无邪方可得天机，成天才，创世界（"天"下）？

美无邪。美是天才的呼吸。美是天才的创造，创生，创发！

无邪，方可回皈本真。

天才，方可一扫凡庸，直上天灵。

"登天"，全人类的热望，"青冥浩荡不见底"的无涯畅想，通向话语或心灵之声共同体的"巴别塔"妄念，帕拉斯的翱翔之翼……

思无邪——人的美学慧根，给心灵插上翅膀，正是造物者赐予造物妄想登天的一线生机。

无邪，即无偏；无偏者无位。数学概念中，一条线段不存在真正意义上的中位点，这一点若实际存在则必将偏离一方，而此中位之念，只在于虚空凌限处危悬！中即无。"天地之间，其犹橐龠乎？虚而不屈，动而愈出。多言数穷，不如守中。"《道德经》天地之间像风箱一样的存在，"虚"和"动"形成着空灵的流涌。此处之守"中"，或曰"冲"，即空虚；其实，中即涵冲，即指向"无"。

于是，在登天的一线生机处，在无邪的渺茫切近中，人开始挣扎——

人者、妖者、机械者，在窥心中迷狂，

仙者、慧者、无邪者，在洞察中冥思，

圣者、神者、天机者，在本真中微笑。

我，本我，真我，何处染尘埃？

于"我"中长出了"手"来，"手"即是"我"，"手"舞足蹈，向着"无"，这是从无到有的身体性；于"我"中觉出"苦痛"来，痛苦即我，这是感觉的存在性；于"我"中逸出"智慧"来，智慧寓我，这是深思的边界性。而此时，将"手"、苦痛、智慧再重新并苞于"自己"中，浑然出一个复归的"我"，这是美的创生性。

美无邪！——自由自在地优入空灵神妙境界。

后　记

教师讲课，谋生必需。但谋生之上，别有所求，那就是不做知识的复读机，说点儿自己所思所想。

曾经浪漫狂想，认为，一个教授就是一所"大学"。不过，那是古昔佛陀，老、庄，孔、孟，苏格拉底、柏拉图、亚里士多德……时代的奇迹。后来，当大学成为 Unversity，"大"学里，教师却成为某一狭窄学科的从业者，成为知识传授者，被压榨为"小"部件。但是，仍有许多创造者，突破学科界限，兀然窥破天际，成为教授中的教授，自然，还是无愧于一个人便是一个宇宙（universe）。

所以，我以为，大学老师授课前，至少，也要以自己的脑与心，感悟与体会，思考一下。甚至，要有自己的见解、自己的创造。否则，嚼饭与人，徒增呕秽。高标如康德、黑格尔、胡塞尔、海德格尔、维特根斯坦、科耶夫、福柯、德里达，则是大学文科老师的"天花板"。

开过一些选修课，以自己的意愿，讲一点心得。由于课堂的当下感，未免有些浅近譬喻，乃至切身体会。但是，也有某种优长，那就是竭力以口语讲清某些高深的道理。有老师说，因为常常面对学生,所以许多大学老师的文章,总是尽力为读者考虑,表达上注重明白晓畅。甚至,有位尊敬的老先生曾要求我,学习一些舞台的语言艺术,那才能充分呼应顺和接受者心灵期待视野。

努力为之。

课堂上的演讲过程中,我也常常会有不期而然的思绪飘逸而至,在学生目光的烘托或逼迫下,甚至会飞出某种新的感悟和思绪。这对于沉默寡言的自己,是一个巨大的挑战和急迫的挣扎。内心的小翅膀猛地乱动。

讲课过后,往往一切荡然无存,震颤的气息随着时光消逝,了无踪迹。——如同人生。

并不想抓回。直到一次参加高考命题,在"闱点"做了个《红楼梦》讲座,因为保密纪律要求,被录音。忽发奇想,向考试院要回录音,请学生整理出来,发给《文史知识》的好朋友刘淑丽,她竟勉励有加,删削之后,发表出来。这极大鼓舞了我的自信心。后来,讲述的一门课,也是经当时在中华书局工作的淑丽教授编辑成书,即二〇一五年出版的《情性人生:心灵美学讲稿》。

此书稿,也是请学生整理的讲课录音。思绪托赖录音转变为数码,数码变为文字。我上课时,从无讲稿,祈求和学生共同进入某种自由探求的思想情境。《美学智慧》课,曾在本科高年级选修课和研究生中讲授。学生中,大多为汉语言文学专业,但亦有外专业的,学习数学、物理的几位,曾给我留下极其深刻的印象。他们考试的答卷,则有许多令我狂喜。当时听课的李欣悦同学,结课后还发来自己整理的觉得有启发的语句,令我感动而窃喜,激奋而鼓舞。

感谢他们。

更要感谢帮我整理听课录音的诸位小友。王雯杰整理录音出力尤多。黄明曦、柏红果则为整理录音和全书成稿贡献了许多心息，特别是在补足语气、勾连篇章上下了许多功夫。她俩研究生毕业后，一直和我保持联系，令我获益甚深。也要感谢刘潇、俞杭、谭丰雪、吴沁怡诸位，在帮我整理文稿中所做工作。

特别感谢朱俐俐、唐闻君，阅读讲稿后，提出编排建议。感谢黄钰，帮我仔细校对稿件。

最后，是亲爱的徐婷小朋友，她为此书的编辑出版，付出了许多辛劳，衷心铭感！

所以，此书稿在一定意义上，是集体成果。

当然，所有存在问题，均应由我负责。

骆冬青

2024年2月14日于金陵益疑斋